【历史新阅读丛书】

南北朝那些事儿

【南北争霸卷】

贰

云海孤月 著

中国工人出版社

南北朝形势图

目录

楔子

本书继《南北朝那些事儿·刘裕拓跋珪卷》之后，接着讲述南北朝历史，此段为北魏帝国与刘宋王朝争霸、对峙时期。

拓跋珪建北魏国，迁都平城，鲜卑民族迎来新的春天。北魏国地跨草原和平原，国内并存两种文明。是把耕地变成草原，还是把草场拓垦成农田？看似简单的命题，却成为拓跋皇族的魔咒。纵使拓跋珪为之付出生命，仍然没有答案，争斗反而愈演愈烈。拓跋珪的灵魂附着在鲜卑人另一位伟大的征服者身上。

北魏太武帝拓跋焘，我们在辛弃疾的诗中可以听到他的名字，“可堪回首，佛狸祠下，一片神鸦社鼓”。佛狸是拓跋焘的小名，也是他的鲜卑名字。拓跋焘一生不断用兵，攻陷匈奴大夏国的都城统万；消灭辽东的北燕政权；灭亡卢水胡匈奴人的北凉；派兵接管西域，结束五胡十六国战乱，一统北方。

他对蒙古草原的新兴势力柔然汗国进行持续、先发制人的军事打击。北魏骑兵一次又一次穿越大戈壁，取得辉煌胜利。中原帝国第一次对游牧民族国家保持全面优势，使汉武帝远征匈奴的战役变得黯然失色。魏国的威名经过阿尔瓦人传到西方，西方世界敬畏地称之为“桃花石帝国”。

桃花石帝国与刘宋王朝隔江对峙。

南朝是一段乱世，一方英雄用武之地，一曲婉约哀怨的长歌，一个浪漫凄凉的时代，也是一段充满血腥杀戮的历史。

刘宋王朝的都城在建康，即今南京，别号“金陵”。唐末五代诗人韦庄的诗《金陵图》便是南朝时代的真实写照，“江雨霏霏江草齐，六朝如梦鸟空啼。无情最是台城柳，依旧烟笼十里堤”。

繁华与萧条、兴盛与衰亡从来没有更替得像南朝这么快，如同街市上来去匆匆的过客，一百六十九年间，四个短促的王朝一个接一个地兴而复衰，只剩下六朝古都寂寞的鸟啼声伴着滚滚东流的江水，依畔岸边的长堤烟柳。

朝代是帝王的，土地是人民的。江南是个美丽的地方，使人流连忘返。“江南好，风景旧曾谙。日出江花红胜火，春来江水绿如蓝。能不忆江南？”南朝英雄辈出，才子云集，有“唱筹量沙”的名将檀道济；苍头公沈庆之；常胜将军柳元景；铁血将军宗越；以三百兵东下数郡之地的白衣吏吴喜；孤军闯钱溪、声名起鹊洲的张兴世……

宋文帝刘义隆奋武皇帝刘裕余烈，三次北伐中原，与拓跋焘展开争霸河南的元嘉大战。南北大军在黄淮平原纵横驰骋，双方互有胜负，三次战役均以平局收场。南朝步兵进临黄河，北魏铁骑饮马长江，两大王朝隔江叹息。谁都没有能力再越江淮一步。

自刘义隆之后，南朝丧失了统一国家的勇气，也丧失了凝聚人心的理想，一度沉沦于烟火缭绕的极乐世界、温室暖乡磨去南朝人的斗志，乱伦、荒唐、内战，南朝给人留下心酸的记忆。

那一串串名字绝非英雄豪杰：中国历史唯一一位具有“恋母情结”的情痴皇帝宋孝武帝刘骏；被史家评为“罪孽，纣王不及万分之一；荒淫，昌邑王不及毫厘”的前废帝刘子业；舍弃皇帝尊严不顾，终日游玩街巷，以私生子为荣，自称李统李将军的后废帝刘昱；拥有三十面首仍不满足的“山阴公主”，他们荒淫堕落的背后到底是一个什么样的社会？

拓跋焘完成北中国的统一，依旧无法解读拓跋鲜卑未来的命运。信仰危机、宗教冲突，逼迫北魏国恪守理念的精英们拔剑对峙，汉人豪强与鲜卑贵族的矛盾愈演愈烈，门阀士族策划“太武灭佛”，鲜卑贵族报以“国史之狱”。双方两败俱伤，拓跋三王被杀，十余名鲜卑贵族人头落地；权臣崔浩以及北方四大高门亦被灭族：一代雄主拓跋焘不明不白地死去，还搭上了他的太子。

又一个征服者死掉了。魔咒，永远的魔咒，似乎没有人能够解开。世上无难事，只要肯登攀。没有人办不成的事情，何惧血色魔咒？

“千古一后”冯太后登上历史舞台，运用个人魅力、铁血意志和非凡的政治手腕成功调和了两大利益集团的矛盾，使得北魏帝国保持安宁和稳定，推行汉化。北魏帝国从野蛮走向文明，由武功转向文治。

冯太后的多情擅权与儿皇帝恩怨交织，一时疑云密布，宫闱惊魂，灭门惨案，流血涂地，最终导致中国历史上诞生了最年轻的一任太上皇——十八岁的献文帝拓跋弘。冯太后没有就此收手，六年后，太上皇暴崩于北苑崇光宫的一处叫作“鹿野浮屠”的佛寺中，冯太后再度听政。

如何推动经济发展，使国家走向富强？北魏国上上下下围绕“土地改革”争论不休。耕者有其田的“均田制”在一片争议声中出炉。承继北魏兴起的东西魏、北齐、北周、隋和大唐亦坚定不移地继续这一基本国策。

冯太后的情人们先后掌权，班禄制、三长制相继推出，轰轰烈烈的社会大变革在北中国展开。北魏帝国依靠拓跋鲜卑人的武力复兴了八王之乱以来，汉人几乎无法恢复的传统政治经济秩序，帝国达到辉煌顶峰。

第一章
鲜卑人的“上帝之鞭”

公元5世纪上半叶，东方同时出现两位伟大的征服者，匈奴王阿提拉纵横欧洲大陆，战马踏过顿河、莱茵河，进入高卢，攻占米兰，直逼罗马。胡人征服者骄傲地宣称，要用马鞭替上帝惩罚那些不听话的人。

东方大地另一位征服者纵马扬鞭，漠北草原、楼兰古道、东海碣石、万里大江，在他的马蹄下隆隆颤抖。匈奴人、氐羌人、柔然人、高车人、契丹人、高句丽人、西域人拱手臣服。他就是结束五胡十六国战乱、统一北中国的北朝太武皇帝拓跋焘。

魏国人充满激情地赞扬着他们伟大的皇帝：“世祖聪明雄断，威豪杰立，藉二世之资，奋征伐之气，遂戎轩四出，周旋险夷。扫统万，平秦陇，翦辽海，荡河源，南夷荷担，北蠕削迹，廓定四表，混一戎华，其为功也大矣。遂使有魏之业，光迈百王，岂非神睿经纶，事当命世？”

他的最大敌人刘宋王朝用敬畏的口吻评价拓跋焘：“佛狸篡伪，弥煽雄威，英图武略，事驾前古，虽冒顿之鸷勇，檀石之骁强，亦不能及也。西吞河右，东举龙碣，总括戎荒，地兼万里，连骑百万。”

壹 佛狸与管阳王

拓跋焘生于公元408年，是北魏明元皇帝拓跋嗣长子，小字佛狸，也是他的鲜卑名字。他出生时体貌瑰异，他的爷爷、北魏开国君主拓跋珪感到惊奇，特别兴奋，毫不掩饰对爱孙的喜爱：“成吾大业者，必此子也。”

拓跋珪是个奋发有为的君主，把拓跋鲜卑人带入中原，使一个不起眼的蛮族小国在五胡争雄的乱世中脱颖而出。从他为帝国更改的国号中不难揣度其雄心壮志，魏，中原上国，要成为战国七雄之首。

承载着拓跋鲜卑人的希望，拓跋焘“五岁就被封为太平王，同年立为皇太子”。北魏历代皇帝有个共同且奇怪的特点——少年继位。这成为北魏皇帝们的魔咒，他们大多盛年弃世，纵然不是病死，也会遇害身亡。

拓跋嗣身体不好，有意历练太子，国事交由太子处理。皇帝是一门职业，要慢慢学习。拓跋焘做起实习生，当时叫作太子监国。

拓跋嗣避居西宫，不参与政事，只是时常悄悄踱出来，从旁窥视，观察太子如何裁断政事。经过一段时间的观察，拓跋嗣发现年轻太子聪明能干、豁达大度，感到非常欣慰。群臣有疑难政事请示时，拓跋嗣总是说：“这个我不清楚，让你们的国主决定吧！”

年纪刚过三旬的拓跋嗣之所以放手交出政务，还有一个原因，就是他一直服用寒食散，药性持续发作，担忧身体状况。国都定在塞北平城的北魏国仍然存有浓重的游牧习气，兄终弟及是游牧民族的遗俗。拓跋嗣为尽早确立父死子继制，不但早早立下太子，而且创造出太子监国制度。太子监国制度日后成为唐王朝的一项重要政治制度。

拓跋嗣还要离开平城，集中全部精力完成一项关系到大魏国千秋伟业的重大战略——夺取洛阳，占领河南。

河南是刘宋王朝的领土，拓跋嗣领教过气吞万里如虎的宋朝开国皇帝刘裕的武功。刘裕曾摆下却月阵大败北魏十万铁骑。

不管你多么伟大，终难逃过死亡之神的眷顾。公元422年五月，五十九岁的一代名将、南朝第一任皇帝刘裕去世，太子刘义符继承帝位。魏国得到消息：这位新皇帝狎爱群小，游戏无度，毫无帝王风范。

拓跋嗣趁刘裕新丧之机南下讨伐宋国，经过长达半年艰苦卓绝的城市攻防战，魏军以损失十分之三的兵力为代价，总算攻下滑台、虎牢关等宋朝军事要地，继而攻克洛阳、许昌，打下河南。

虽然魏军损失惨重，但此次河南攻防战对历史发展起到至关重要的作用，魏国将中原的象征河南及晋朝旧都洛阳牢牢控制在手里，为日后华夏正统之争抢得先机。

北魏攻占河南的战争引起了刘宋王朝的宫廷政变。

刘裕有七个儿子，长子刘义符、次子刘义真、三子刘义隆、四子刘义康、五子刘义恭、六子刘义宣和小儿子刘义季。刘义符出生时正值刘裕讨伐桓玄功成名就，刘裕晚年无男，喜得贵子，兴奋之情可想而知，视若掌上明珠。少年刘义符有膂力，善骑射，解音律，是个聪明勇敢的孩子。刘裕受禅，立他为皇太子，刘裕死后，他得以名正言顺地继承帝位。

家天下的弊端在于不管你是否情愿，只要出生皇族，皇冠就有可能落到你的头上，尤其嫡长子更是卸不掉千钧重的军国重担，没有任何选择余地。

如果让刘义符来到当今社会，必会成为优秀的导演和演员。他喜欢演戏，皇宫成了演武场，鼓声震动宫禁。一排排商铺在皇宫华林园搭建起来，刘义符安排太监、宫女们装扮成商人和市民，吆三喝四，讨价还价做起买卖，日复一日，玩得开心热闹。

顾命大臣们看不下去，这个闹法，江山社稷怎么办？

当初刘裕给儿子挑选了四个顾命大臣，司空徐羡之、领军将军谢晦、中书令傅亮、护军将军檀道济。刘裕病危时暗中嘱咐刘义符留意辅臣们的动向："檀道济虽有干略，而无远志；徐羡之、傅亮，当无异图；谢晦数从征伐，颇识机变，若有同异，必是此人。"又写下手诏："后世若有幼主，朝事一委宰相。母后不烦临朝。"刘宋王朝以后七帝没有发生母后当权的事，然而叔侄兄弟争位，最终被权臣夺去天下非刘裕可以预测。

魏军入侵河南，刘义符不管不问，全凭大臣们做主。檀道济诸将救援不力，致使河南沦陷，执政大臣上表自责，请求处分。刘义符也不追究，早将父皇提防辅臣的嘱托抛到脑后，真正做到了用人不疑，疑人不用。

有时候好心人不一定得到好报，顾命大臣们开始密谋除掉他另立新君。刘义符的错不在于品德才学方面，错在他根本不是做皇帝的材料。

顾命大臣们既然得到刘义符信任，为什么还要废他呢？

东晋以来，江南是门阀士族的天下，刘宋王朝却是由平民开创的国家。傅亮和檀道济是庶族。徐羡之虽非寒门，然祖上无显官，在桓楚时代只是个普通军官。京口建义后，靠与刘裕同事的关系，一路平步青云，做到司空、录尚书事，接替刘穆之成为宋朝的宰相，第一顾命大臣。

在高门望族看来，起自布衣的中才寒士骑在士族头上令人委实感到不舒服，一旦因为人主的荒诞导致晋朝复辟，他们执政地位能保得住吗？所以包括刘裕最不放心的谢晦在内的辅政班子对待这次废立事件竟出奇地步调一致。

废掉刘义符，谁来做皇帝呢？按理说轮到刘裕次子，聪睿敏捷、喜爱文学的庐陵王刘义真。可他性情轻浮，与高门士族过从甚密，和大文学家谢灵运、员外常侍颜延之等人都是挚友。性格疏放的刘义真曾经扬言说，如果自己是皇帝的话，一定任用二人做宰相。他们当权，辅政们搁哪儿？

徐羡之等人放弃刘义真，想立刘裕的三子刘义隆。刘裕喜欢从小历练诸子，四岁时刘义隆在参军刘粹辅佐下坐镇京口抵御卢循；十四岁那年，已经当过无数州的都督；宋朝建立，封宜都王、坐镇荆州。若非两个哥哥不争气，不会轮到他当皇帝。

既然选中刘义隆就得把刘义真搬开，几个顾命大臣串通一气，进宫说刘义真的坏话。刘义符不管是非，加上以前和二弟有过节，听凭执政大臣罗列罪状，把刘义真废为平民。

顾命大臣们加紧行动，担心力量不足，调手握淮南军权的檀道济进京，告诉他废立皇帝的计划。本来檀道济远在边关，事不关己，这一下非得表态不可。顾命大臣们晓以利害，檀道济磨不开面子，只得答应下来，上了贼船。

公元424年五月二十五日凌晨，檀道济引兵开路，徐羡之等人随后继进，从云龙门入宫，把继位不满两年的年轻皇帝刘义符从华林园的龙舟上揪出来，废为营阳王。为斩草除根，徐羡之派人将刘义符和刘义真杀掉。傅亮率百官备法驾去荆州迎接刘义隆到建康（今南京）称帝。

江南发生政变，可北魏无力继续南攻，因为拓跋嗣病死了。

拓跋嗣去世，拓跋焘继位，成为北魏帝国叱咤风云的太武皇帝。刚刚登基不到一年，上天跟年仅十七岁的拓跋焘开了一个不大不小的玩笑。大批柔然汗国的骑兵进入云中，拓跋家历代祖宗的陵寝地——盛乐宫失陷。

盛乐在今呼和浩特和林格尔一带，是魏国旧都。北魏进入中原，从盛乐迁都平城（今山西大同市），政治中心向南移动，但身后的草原上兴起另外一股可怕的力量。

贰 柔然人和高车

北魏开国皇帝拓跋珪称霸蒙古高原，曾经与柔然人大战，拓跋骑兵千里追击，几乎将柔然这个名字从草原中抹去。南床山之战，帝国骑兵全歼东、西两部柔然，俘虏发往漠南，成为拓跋鲜卑人的奴隶。

北魏帝国向中原扩张领土，把柔然遗忘。遗忘是件坏事。危险从萌芽缓缓生长而不加以注意，最终要付出代价。

柔然贵族们从主子变成奴隶，失去往日尊贵，自然心有不甘。西柔然贵族郁久闾曷多汗与堂弟郁久闾社仑率领部众摆脱魏国人，向大西北逃亡。北魏将军长孙肥率骑兵追击，追到上郡跋那山（今内蒙古乌拉山），斩杀郁久闾曷多汗，柔然部众逃散。

追兵退走，柔然人重新聚集起来，只剩几百个男人。鲜血、恐怖、屠杀没有吓倒顽强的柔然人。弱肉强食是大草原的生存法则。如果你是一只羔羊，只能变成强者口中美食。只有成长为狼，才有可能在草原上生存下去。若想成为大草原的主宰，必须结成嗜血的狼群。郁久闾社仑不久后成为新的头狼。

柔然人要感谢郁久闾社仑。如果没有他，柔然只能像其他众多默默无闻的草原部落一样，湮灭在荒草与冷风中。

社仑带着残余的狼群投奔堂叔东柔然首领郁久闾匹候跋。匹候跋对西柔然的人心存猜忌，因种族血亲又不得不收容。匹候跋把他们安置在驻地以南五百里外的偏僻地方，派四个儿子监视西柔然人的一举一动。

命运总是青睐有胆量的人。社仑狡猾凶残，胆大心细。一个吞并东柔然的计划浮现于脑海。

社仑挟持匹候跋的四个儿子，突袭东柔然营地，抓住匹候跋，打散东柔然部众。匹候跋的其他儿子收集散落部众投靠漠北高车斛律部。为了引诱东柔然人回归，狡猾的社仑马上释放匹候跋，假意和东柔然和解。儿子们高兴父亲归来，各自带人回到原来的牧场。残忍的社仑再次突袭东柔然营地，杀死匹候跋，兼并其部落，做起柔然人的部落首领。

匹候跋的儿子郁久闾启跋、郁久闾吴颉等人投奔北魏。社仑知道拓跋魏国不会罢休，一不做二不休，于是率部众大肆抢掠五原以西的魏国部落。而后向北穿过沙漠，逃往漠北贝加尔湖畔。

风景秀美、景观奇特、形如弯月的贝加尔湖在南北朝时期有另外一个名字，叫作北海。湖水北面是一望无际的西伯利亚广袤的原始森林，南部是雄伟起伏的山峦，以及鄂尔浑河和克鲁伦河畔草原。

北海是高车人的故乡。他们世代在肯特山南北的草原和森林一带放牧狩猎、繁衍生息。

社仑带领群狼闯入高车人的地方，靠着高车斛律部的牧场游牧。斛律部首领倍侯利深知社仑狡诈多变，他若在漠北草原长久留下来势必对高车各部落造成威胁。倍侯利抢先发难，乘柔然人初来乍到、马匹缺乏之际大举进攻。柔然人抵挡不住，纷纷逃跑。女人们来不及逃，成了高车的俘虏。

高车人当时处在原始状态，考虑问题简单，见柔然男人跑了，不去追赶，却争抢柔然人留下的毡包和女人。搂着柔然女人，住着柔然穹庐，得意之情可想而知，他们没有觉察到悄悄逼近的危险。

隆冬，寒风刺骨，草木枯萎，是漠北最寒冷的时候。

社仑登上高地，静静地看着高车人蹂躏他的营地，听着柔然女人们尖锐绝望的喊叫声。

太阳向西坠落，寒鸦已经落在死人身上，狼群慢腾腾地出现在荒原的边缘。社仑招集亡散的部落，身边汇集了一千多人。

半夜时分，柔然人再次出现在他们的营地旁。社仑的眼睛像狼一样露出凶残的光芒，静静地，直到红日缓缓露出地平线。柔然人突然发起冲锋。马匹的嘶鸣声、刺耳的喊叫声把高车人从睡梦中惊醒，迎接他们的是一道道弓刀留下的光芒。高车人只逃脱十分之二，其余的人全部被杀死。

这一次战役并没有在史书中留下详细记载，但它决定了两大民族的生存和命运。漠北之战，彻底改变了高车与柔然人的力量对比。高车最厉害的部族被击败，首领倍侯利率残部南渡大漠投降北魏。倍侯利是高车最勇敢的人，北方人的孩童哭泣的时候，大人吓唬说："别哭！倍侯利来了！"

拓跋珪对倍侯利极为看重，让他的部落世代栖息在漠南大草原，即使部落离散时也没有改变它的归属。慢慢地，中原人开始叫倍侯利的部落为敕勒，把他们居住的地方叫作敕勒川。

漠北的高车人抵挡不住狡诈的社仑和柔然人，有的向西遁去，有的效仿倍侯利投降北魏，大多数高车人成为柔然人统治下的奴隶。

头狼社仑一声长啸，向世界宣告，柔然人的时代来临了。

叁 柔然汗国

公元 402 年，社仑在弱洛水（今蒙古国土拉河）设立庭帐，自号“丘豆伐可汗”。可汗原为鲜卑人对部落中德高望重的贵族的称呼，社仑把它定为如同皇帝一样的尊号。从此“可汗”成为君主的代名词。“丘豆伐”是柔然语。也是东胡语，属蒙古语系。它的意思用汉语解释即“驾驭开张”，“丘豆伐可汗”即开国皇帝之意。一个地域广阔的柔然汗国开始登上中国的历史舞台。

柔然人不识字，没有书籍，采用羊屎豆计算敌军人数。随着不断接触外部，他们慢慢学会刻木记事。社仑可汗学习中原国家的制度，建立军队，制定军法。一千人为一军，每军设军将一名；一百人为一幢，每幢设幢帅一人。每次出征打仗，冲在最前面的人可以得到缴获的奴隶和财物，后退不进的人用大石头砸死或者用皮鞭抽打。

柔然汗国在社仑的带领下越来越强大，向西攻打匈奴的残余部落，鄂尔浑河一战，大败匈奴拔也稽部，彻底击败北匈奴在亚洲的残余势力。柔然人随水草畜牧，不断征服北戈壁的草原和森林，蒙古高原和周围的民族纷纷降附。

柔然骑兵足迹西至焉耆，东至高句丽，北略瀚海，南临大戈壁。时常在敦煌、张掖之北张置可汗庭，频频侵入西域，抢夺财物，掳掠人口，西域诸国苦不堪言。

像传统草原帝国一样，柔然汗国一出生就成为中原王朝的敌人。北魏深受其害，柔然骑兵“风驰鸟赴，倏来忽往”，常常抄掠漠南部落，魏军一出动，他们就消失。

面对新游牧帝国的威胁，拓跋鲜卑人不会放弃生养自己的家园。魏国皇帝们以中原保卫者的姿态发起了一场又一场穿越大戈壁的骑兵反击战。

北魏与后秦柴壁战争爆发，社仑可汗亲率大队骑兵入塞，越过参合陂，劫掠豺山、善无北泽一带的人口牲畜。拓跋珪严令大将拓跋遵率一万轻骑反击，柔然人又跑得无影无踪。

拓跋珪曾无奈地对大臣崔宏叹息说：“柔然人，我和他们打了一辈子交道，太了解了。顽劣野蛮，四肢发达，头脑简单。以前每次来掳掠财物，总是骑着母牛逃跑，驱赶犍牛跟随。其他部落的人告诉柔然人，骑犍牛跑！他们会说：‘母亲都跑不快，更不用说儿子了。’从来不改这习惯，所以他们经常被我们捕获。而今不同了，社仑学中国，立军法，摆战阵，终成边害。老子说：‘圣人生，大盗起。’我今天算是相信了！”

人活着就要战斗，为利益而战斗。

社仑凶狠，不代表没人敢打他主意。只要你是大汗，就有无数饿狼幽灵般地盯着你。社仑的堂弟悦代、大那谋杀社仑，阴谋败露，悦代等人逃往魏国。

拓跋珪暴薨。拓跋嗣继位，是为明元皇帝。老对手死了，社仑很开心。柔然骑兵以抓捕逃犯为借口，频频进入魏境，抢夺牛羊。

人与人打仗，比的是心狠；国与国较量，比的也是心狠。谁狠谁占上风。

拓跋嗣下令反击，北魏老将长孙嵩率大队骑兵出塞，柔然人逃走。魏骑长驱大进，深入漠北，没有找到敌人。回军途中，在牛川被柔然军队包围。拓跋嗣亲自率兵救援，害怕遭到夹击的社仑可汗照旧退却。

这一次运气没那么好，社仑死在退军的道路上。儿子郁久闾度拔年少，部众不服。柔然人立社仑的弟弟郁久闾斛律为可汗，号蔼苦盖可汗，即英俊的可汗。

这位外表英俊的可汗实在不是厉害的角色，打了周边两个小部落之后，不再打仗，对于南方强大的魏国更加不敢侵犯，两国之间趋于平静。

游牧民族全靠抢夺财富，柔然贵族们不从事劫掠得不到更多的奴隶和牲畜，国中对英俊可汗不满的人逐渐增多。

蔼苦盖可汗主张与四邻国家和亲，将女儿嫁给北燕国主冯跋。送亲的队伍将要出发的时候，侄子步鹿真出主意说，妹妹远嫁异国他乡，语言不通，如果想念家乡怎么办？没个说话的人容易生病，不如让她的那些好朋友，贵族树黎、匀地延等人的女儿陪她一块儿去，也好有个说话的伴儿。

步鹿真说得合情合理，蔼苦盖可汗却没有听。步鹿真是只狡猾的狐狸，他说那番甜言蜜语没安好心，让部落贵族的女儿们嫁到国外去，贵族们能愿意？肯定对可汗有意见，他就有机可乘。蔼苦盖可汗外表英俊，也不笨，不想挑起部落中的矛盾。

步鹿真见蔼苦盖可汗没上当，从可汗廷出来，溜到树黎等人的帐篷里说："斛律不是东西，准备让你们的女儿跟他女儿一起到燕国去，他女儿有了说话的人，但各位就再也见不到自己的女儿了，回家告别去吧！"

树黎等人一听，什么？这个斛律好事不干，财物奴隶抢不着，往外送倒是挺大方。不行！不能由着他蛮干。几个人合计密谋，当下找了几个心腹柔然勇士趁着夜色摸进可汗廷的穹庐，把英俊可汗逮了起来。你不是想让我们的女儿去燕国吗？燕国那么好，你去！几个人把英俊可汗捆绑起来，塞进马车，和他漂亮的公主一道发送到燕国去了。

步鹿真如愿以偿当上了可汗，他是个花花公子，整天就知道玩女人，竟玩上了叱洛侯的小老婆。

叱洛侯是高车人，柔然与高车漠北决战的时候，他背叛高车，带领部落投降了社仑，为社仑征服高车诸部立下大功。他一听自己的女人被步鹿真玷辱，火冒三丈，马上派人联络社仑的小堂弟大檀，献上金马为凭，拥立大檀为可汗。

步鹿真得到消息，派出八千骑兵围住叱洛侯的牧场，叱洛侯焚毁珠宝财货自刎而死。步鹿真又派兵去杀大檀，大檀可不是叱洛侯，立即召集部众，打败步鹿真，将其绞死，自立为可汗，号称牟汗纥升盖可汗，汉语的意思为制胜可汗。既然是制胜可汗，武功一定很强，那就找人较量一下吧。

肆 云中保卫战

公元414年十二月，大檀刚坐上可汗宝座，便率兵劫掠魏境。拓跋嗣亲自率兵反击，大檀听说魏帝亲征，又玩起屡试不爽的把戏，率部逃往沙漠。

拓跋嗣气恼之下，不顾天气变化，断然派大将奚斤追击。行至半路，天色大变。暴风雪席卷漠北，淹没魏军的马队。气温骤降，冰天雪地，“士众冻死堕指者十二三”，魏军无功而返。

面对游牧民族的骚扰，敢于每次深入漠北的中原军队，北魏算是开了个先例。有人开玩笑说，中国的一国两制始于北魏，游牧生活方式与农耕生活方式并存不能不说是两种制度。游牧生活方式使北魏军队保持着游牧民族的彪悍和血性。

魏军的快速反应使柔然数年不敢犯边。公元 424 年（刘宋元嘉元年），自塞上传来一个令人振奋的好消息，魏国皇帝拓跋嗣病死，年轻的拓跋焘继承皇位。

制胜可汗等到机会，率领群狼出动。大檀要给南方邻国的新君一个下马威。柔然几乎倾巢而出，六万骑兵越过大漠，黑压压地扑向大草原，直入云中，逼近盛乐官。魏国北境的牧民陷入群狼的包围之中。

没有一个柔然人会料到，他们面对的年轻皇帝竟是一个比拓跋嗣更勇猛、更有血性、更具军事才能的英主。

沧海横流，方显英雄本色。

年轻气盛的拓跋焘如何咽得下这口气！拓跋焘原本看不起柔然人，恨其来去无踪，不敢交战，只搞游击战术，蔑称为蠕蠕（一种多足的小爬虫）。讥讽柔然人只会逃跑，却又跑不快。而今这群小爬虫以为自己年幼好欺负，竟敢到金陵撒野。

面对柔然汗国的挑衅，拓跋焘亲率轻骑自魏都平城北进，马不停蹄，日夜兼程，仅用三日两夜即赶到云中。

牟汗纥升盖可汗万没料到魏国皇帝亲自赶来，大惊之下却轻视眼前这支远来疲惫、人数不多的轻骑队伍，率领柔然骑兵将拓跋焘的骑兵队围住，包围五十多重。柔然骑兵紧逼魏骑的马首，一层层一队队如同铁墙。

北魏将士大为恐惧。万马丛中，少年拓跋焘面不改色，毫不慌张，镇定自若，骑在马上从容指挥魏军列队迎击。军心逐渐安定，魏军依靠密集的箭矢射杀群狼。柔然骑兵纷纷坠马，可汗的侄子大将郁久闾于陟斤亲自突阵，被乱箭射死。

狼群心里终于崩溃，因为他们不知道魏国还有多少军队会来。牟汗纥升盖可汗恐慌失措，率柔然大军逃走。

云中之战是柔然汗国自建国以来与北魏进行的第一次面对面的会战。牟汗纥升盖可汗在战术上输了一筹，轻敌强攻反被魏军箭阵遏制，束手无策率军遁逃。牟汗纥升盖可汗无备而来，轻易撤军，让北魏看到柔然军队不成形的战术体系和毫无斗志的战争精神。

魏国尚书令刘洁在战役结束之后对拓跋焘说："依照惯例，如果我们撤军，他们仍旧会不停地来骚扰北境，不如我们收完塞上粮食后，两道发兵，东西并进，主动讨伐柔然。"

柔然汗国军队表现出的软弱注定了其被攻击的命运。两个月后，拓跋焘坐镇柞山（今内蒙古上默特左旗北），命安集将军长孙翰、安北将军尉眷分兵两路，从东西两个方向越过沙漠同时进军。柔然不敢交锋，向北遁逃，北魏诸军追击，大获马牛羊而还。

第二年十月，拓跋焘再次发兵，五道并进，大规模讨伐柔然汗国。长孙翰等将领从东道出黑漠（内蒙古兴和北），廷尉卿长孙道生等将领出白、黑二漠之间，拓跋焘自居中道，东平公娥清出栗园，奚斤等从西道出击，出尔寒山。诸军到达漠南之后，舍弃辎重，一律改作轻骑，每人带十五日干粮，渡过大漠，深入漠北。五路骑兵在荒凉的草原上纵横驰骋，所到之处，柔然各部逃得无影无踪。

柔然汗国为轻率出击付出惨重代价，魏军两次深入漠北，沉重打击了柔然诸部。柔然损失无数的马牛羊和皮货，元气大伤，此后数年不敢犯边。

青年皇帝拓跋焘小试锋芒，让世人领略到他的军事天赋，拓跋嗣做不成的事，他轻而易举完成。

攻打地域广阔的游牧民族困家，孤军深入没有出路，数路进攻才是制胜之道。拓跋焘的战争表演相当完美，给周边的国家提了个醒，小心了，鲜卑帝国的马队随时会出现在你的面前。

拓跋焘暂时解除了柔然对帝国北部威胁后，这位好战皇帝又重新审视起北魏帝国的版图。

除去漠北的柔然汗国，当时中国境内共有九处政权，中原的北魏帝国，江南的刘宋王朝，关中的匈奴夏国，甘肃地区的卢水胡匈奴北凉，甘南的乞伏鲜卑西秦国，青海的吐谷浑王国，以及辽东的北燕国和高句丽王朝。

在北魏帝国的周围，北面是柔然，南方是刘宋，东北有北燕，西方是匈奴夏国。

在拓跋焘眼里，帝国若要生存下去必须进行战争，以武力捍卫生存的权利。南朝不在征服考虑范围之内，长江和淮河使多少北方雄豪为之折腰，汹涌的涛水和连江的战船令北方铁骑望而生畏。他宁愿扬鞭万里远渡大漠草原去追逐蠕蠕，也不愿去和那些浪里来水里去的岛夷过招。

经过深思熟虑之后，拓跋焘的马鞭指向关中，指向匈奴人的国都，那高耸入云端的天下第一城。

第二章
匈奴大夏国

匈奴人在亚洲最后的荣光注定要由铁弗匈奴人赫连勃勃来实现，这位具有传奇色彩的美男子为匈奴人的王国取了一个显赫的名字“夏”，以此表明天之骄子大匈奴是大禹的后代，是真正的中国人，是中原的主人。为证明匈奴人不仅仅会游牧，他建造了当时世界最雄伟的都城统万。但是再坚固的城堡也阻挡不了一颗勇敢的心，太武帝拓跋焘马踏统万城，开始了统一北中国之路。

壹 东方特洛伊

提起统万城，许多人相当陌生。虽然它位于中国，但纵是本国的历史爱好者对它的感觉也非常朦胧。

如果提及另一座坚城特洛伊，很少有人不知道它的名字。美国好莱坞大片《特洛伊》让世人记住了这座太阳神之城。一位绝世美人，一场东西方的大决战，希腊与特洛伊的十年战争让这座沉沦于地下的一千年前的坚城名扬四海。

中国统万城之规模与坚固，特洛伊难以望其项背。它同样上演了一场两个民族之间的终极决战，决定了匈奴与鲜卑人最终的命运，同时也诞生了一个美丽的爱情故事——鲜卑太武大帝抢走匈奴夏国三位赫连公主。

如同埋藏于地下的特洛伊一样，繁荣显赫近五百年的统万古城，几经毁废，最终沉寂于历史长河深处。

统万城遗址位于陕蒙交界的陕西省靖边县境内，南靠无定河，北临毛乌素沙漠。经过千年的风沙剥蚀，我们只能看到黄沙掩盖中残破的城垣，漫步其中，仿佛可以看到昔年高大坚固的城墙。漫漫黄沙淹没千年古城，胡笳、号角、骏马、长戈、旗风，一切的一切全部湮灭在浩瀚无垠的沙漠里。

一千五百年前的统万城决非眼前这片荒凉之所。据《太平御览》记载，当时赫连勃勃北游契吴山，面对这一片形胜之地，不禁失声赞曰："美哉斯阜，临广泽而带清流……"《统万城铭》如是描绘当时城郭之胜景："背名山而面洪流，左河津而右重塞。高隅隐日，崇墉际云，石郭天池，周绵千里……"

山河掩映，绿草如茵，林木茂盛，这片土地给我们留下的并非美丽传说，而是一句悲凉、惆怅的诗歌："可怜无定河边骨，犹是春闺梦里人。"

趁刘裕回师江南之际取得关中地区，志得意满的匈奴夏国开创者赫连勃勃决心建造一座雄伟的国都，他给新都起名"统万"，意为"统一天下，君临万邦"。

统万城的监工、赫连勃勃的患难好友叱干阿利担任"将作大匠"，征发岭北十万胡人、汉人，耗时六年把统万城建造成当时世界上最坚固的城池。

叱干阿利性机巧而残忍，对工作精益求精，忠诚无比。此人曾经监造过兵器，只要呈给他过目的武器，做工的人当中一定会有人被杀死。他这样验工："弓箭如果射不透铠甲，那么做弓的人要死掉；如果射透，就要杀死制作铠甲的工匠。"他一个人前后杀掉几千名工匠，因此，夏国武器装备打造得非常锋利、精良。

修筑统万城，叱干阿利的机巧残忍的天性发展到极致。用蒸过的土修筑城墙，验工时铁锥如果能插入墙体一寸深，就把泥工杀掉并将尸首筑进城中。统万厚厚的城墙里有多少工匠的灵魂啊！

史书记载了统万城的巍峨壮丽，西方世界的如来宝塔、天国神宫也难以比拟它的雄伟壮观：

"城高十仞，基厚三十步，上广十步，宫城五仞，其坚可以砺刀斧。台榭高大，飞阁相连，崇台霄峙，秀阙云停，千榭连隅，万阁接屏，宫室嵯峨。层城参差，楹联雕兽，节镂龙璃……故善目者不能为其名，博辩者不能究其称，斯盖神明之所规模，非人工之所经制。虽如来、须弥之宝塔，帝释、忉利之神宫，尚未足以喻其丽。”

统万城完工后，叱干阿利用铜铸成一面大鼓，雕刻飞廉、翁仲、铜驼、龙、虎等塑像，面上装饰黄金，排列在宫殿之前。铸造一口百炼钢刀，作为镇都之宝，号曰“大夏龙雀”。刀背镌刻铭文：“古之利器，吴楚湛卢。大夏龙雀，名冠神都。可以怀远，可以柔逋。如风靡草，威服九州。”大夏龙雀成为中国古代十大名刀之一。

赫连勃勃亲自题名四门，东门名招魏，南门名朝宋，西门名服凉，北门名平朔。难道建起一座坚固的要塞就足以让北魏、刘宋、北凉和柔然向夏国俯首称臣吗？

落日西下，红霞满天。赫连勃勃端坐统万城头，俯瞰大地是那样渺小。大匈奴终于有了属于自己的国都，刘渊的小小平阳城怎及得上统万城，冒顿之流不过是些野蛮人而已。赫连勃勃才是大匈奴最伟大的帝王，全天下都将臣服在他的脚下。

只有赫连勃勃自己知道，他在意淫。黄河东岸的魏国、江南的宋国国力之盛，远在夏国之上。他没有胆量去复仇，只有像父亲那样，把万贯家财用一座坚固的要塞保护起来。这座世界上独一无二的城堡永远不会陷落，永远不会！

有人在笑，在讥笑，笑他这座坚固的城堡，笑他这个可怜的人。

赫连勃勃抄起身侧的弓，拉箭射去，一人哀号着倒在地上。

我已经是至高无上的皇帝，不能容忍任何人对全天下的主宰不敬、不恭。臣下们稍有不顺从的眼神，挖眼；略有嘲笑之意，撕唇；有敢规谏的人，以诽谤论处，先割舌再斩杀。

有其父必有其子。父亲凶顽，儿子们也狂悖得紧。

太子赫连璝触怒赫连勃勃，赫连勃勃二话不说，摘去赫连璝头顶的太子之冠，改立四子赫连伦。赫连璝听到消息后勃然大怒，点兵七万北上进攻赫连伦。赫连伦不甘示弱，率兵三万迎击，双方在高平大战，赫连伦兵败身死。

赫连伦的同胞兄赫连昌率一万骑兵突袭太子军队，斩杀扬扬得意、毫无防备的赫连璝，收编其部众，回到国都统万城。

赫连勃勃大喜，立马加封赫连昌为太子。谁能打谁称王，谁狠谁称霸，这就是赫连勃勃的野蛮逻辑。夏国骨肉相残不到一年，骄狂不可一世的赫连勃勃病死，结束了他罪恶而又可怜的一生。

史书对他的评价可谓恰如其分：“器识高爽，风骨魁奇，姚兴睹之而醉心，宋祖闻之而动色。”美男子中的英雄豪杰，只可惜赫连勃勃心理扭曲，从死尸中爬出来的那一刻就注定了他凶残的人生。背叛帮过他的人，杀人无数，每次打胜仗，总把人头垒起来当作景观，以此慰藉他残破的灵魂。

赫连勃勃缺乏一统天下的雄心，空有关中之地、朔方之土，北不能击柔然，南不敢下江淮，西不能平凉州，东不敢渡黄河，至于“朝宋、招魏、服凉、平朔”的大话，只能贻笑世人。

他尸骨尚温，北魏铁骑在鲜卑人“上帝之鞭”的引领下踏上坚不可摧的所谓一统万年的千古坚城。

贰 北朝第一谋士

称雄关中的匈奴夏国亡在一个汉人贵族手里，他的相貌妍丽洁白、清秀美丽，有如美人。

轻轻一拢袖，匈奴铁骑冰消，淡淡一挥手，统万坚城崩塌。谁还能说，百无一用是书生。

崔浩字伯渊，出身贵族，从小喜好文学，博览经史，才华出众。什么玄象阴阳、百家之言，无不关综，研精义理，时人莫及。只要书里有的东西，他都懂。

崔浩带着与生俱来的贵族气质，傲气十足。第一，出身好，根红苗正。清河崔氏是北方一等一的高门士族，祖辈自三国曹魏开始，七代高官。第二，谋略高，算无遗策，是北魏帝国第一谋士。运筹帷幄之中，决胜千里之外。崔浩自比西汉张良，有过之而无不及。

打掉柔然人的威风，北魏宫廷开始讨论下一个对手。

“铁弗匈奴是鲜卑的仇人，他们不会忘记黄河中的仇恨，我们要把他们斩草除根。”

这是崔浩的开场白。人不该被容貌欺骗，漂亮并不代表仁慈。赫连勃勃是一个，崔浩也是一个。

拓跋焘锐利的目光透过狭长的眼帘掠向鲜卑贵族们，似乎征询着他们的意见。

皇帝年轻，刚刚登基，群臣们远不必瞧着皇帝的脸色说话，暗自打着如意算盘。

既然我们这位皇帝要向天下宣示他的武功，莫如攻打柔然好了。

鲜卑贵族长孙嵩、长孙翰、奚斤的意见出奇一致：“赫连土著，千百年来安宁的生活已经磨去铁弗匈奴人的野性，不足为患。不如再伐蠕蠕。蠕蠕人虽然跑得快，如果我们追到，可以大获全胜；如果追不到，权当去阴山作一次大狩猎，顺道捕获些禽兽的毛皮骨角，充实军资。”

鲜卑贵族们对夏国相当轻视，竟称赫连匈奴人为土著，赫连勃勃的保守战术和神经质让敌国极端轻视。柔然汗国是漠南牧场心头大患，漠北千里草原牛羊丰足，战利品多。鲜卑贵族们从前两次对柔然作战中尝到甜头，极力主张先进攻柔然。

尚书令刘洁、安原又有不同意见，要求先讨伐辽东的燕国。

崔浩笑了，众人的心思如何瞒得过他。长孙嵩之流担心的不过是他们塞北的牧场。刘洁、安原这些祖辈曾在燕国作官的人，无非想着项羽的那句话：“富贵不还乡，如衣锦夜行。”

沐猴而冠何止楚人，匈奴和西域人何尝不是（注：刘洁匈奴人，安原西域人）。

关中地区对魏国战略意义的重要不言而喻，长安是周、秦、西汉三朝古都，得关中，便将整个中原地区揽入怀中，才有帝国气象。崔浩是汉人，把魏国塑造成中原大帝国是他最高的理想。

这个理想只能藏在心里，决不能让这群野蛮的鲜卑贵族知道，否则，下场如何只有上天可以解答。

崔浩保持着惯有的矜持，他只能从军事技术角度解释为何先取关中，声音平和而又略显激昂：

“蠕蠕像飞鸟一样聚集，如同野兽般逃散，举大众追之则不能及，轻兵追之又不足以制敌。赫连氏土地不过千里，政刑残虐，人神所弃，这样一个得不到上天保佑和人民拥护的国家，难道还应该让它继续存在吗！”

大家七嘴八舌，争议不休。拓跋焘居高临下审视着大臣们，他们心中的恐惧无外乎害怕那座高大的坚城。自己呢？真有把握打下世界最坚固的城堡？廷议不了了之。

上天总喜欢挑逗犹豫不决的人。好消息到：赫连勃勃死了。拓跋焘异常振奋，伐夏军事行动又一次摆上桌面，平城宫廷再次鼎沸。

长孙嵩等人一听，皇帝不采纳己方意见，又要出击夏国，一起反对：“匈奴人有统万城，城高墙坚，敌军如果固守城池，以逸待劳，我们怎么办？统万城久攻不下，柔然人乘虚而入，太危险了！”言外之意，去打匈奴，我塞北牧场的牛羊咋办？还是先收拾柔然吧，最差也能弄点儿皮毛货什么的。

长孙嵩是代国元老，少年得志，十四岁统领部落，老代王什翼犍时的臣下。历经拓跋珪、拓跋嗣两代，如今封爵北平王，已是四朝元老，说话非常有分量。长孙嵩曾极力怂恿拓跋嗣立拓跋焘为太子，有拥立大功，鲜卑贵族唯其马首是瞻。长孙翰是北魏开国大将长孙肥的儿子，同样是个王爷。奚斤资历也不差，登国年间与长孙肥一道统领禁军，跟随拓跋珪平定中原，是辅政八臣之一、魏国的宜城王。

北魏孝文汉化之前，最高的爵位为王，皇族、功臣大多封王。三王反对伐夏，鲜卑贵族们齐声附和。

崔浩急了，不行，不拿出点儿真本事唬不住这帮人，便把占星术倒腾出来：“往年以来，火星两次紧傍羽林星和钩已星运转，意味着什么呢？那是上天告诉我们秦国一定灭亡。怎么样，亡了吧！今年，金、木、水、火、土五星同时出现在东方，显示西征一定胜利，夏国必亡。上天的旨意和凡世的人心互相呼应，良机不可失去。”

崔浩的占星术厉害，想当年，从天上失星预测到姚兴之死，从星变中指出刘裕篡位，曾经震惊魏国。

巫术，又是巫术。在长孙嵩他们看来，崔浩像个异国巫师，可惜缺件黑衣。

“崔浩，要不要给你准备一面铜鼓？”

嘲弄过后，鲜卑贵族们哈哈大笑。崔浩也笑了，他知道有一个人要生气了。这个人一旦生气，后果很严重。

拓跋焘暴跳如雷，第一次让满朝文武领略到这位青年皇帝狂暴无常的性格。拓跋焘就像宽阔无际的大海，风平浪静中突然掀起滔天巨浪。他发起火来，强悍凶狠，如同雷电交加的暴风雨，会将许多人淹死在里面，包括无数鲜卑贵族、汉人豪强以及他自己和他的太子。

那具有穿透力的目光，恶狠狠地扎进人们的心窝，似乎可以洞察每个人内心的秘密。“长孙嵩老了，你们呢？一门心思捞皮货、抢牛羊、抓奴隶，费那么大劲打下城池来，是皇帝的，与你们无干，不肯卖力气。”

拓跋焘的脑子飞速旋转，年轻人控制不住火气，何况他的性子是那样暴烈，吼叫声震得宫廷梁柱嗡嗡作响：“上天指引我们去惩罚匈奴人，让他们给我们做奴隶，你们竟敢违背上天的意志，难道不怕灵魂受到惩罚。你，长孙嵩！收取了多少牛羊，家中藏了多少布匹，比那天上的星星还要多。武士在哪里？给我打！给我打！以神灵的名义！”

拓跋焘声色俱厉，不好拿西征说事，斥责长孙嵩做官贪赃枉法。殿内武士粗暴地摁倒长孙嵩，掐住脖子，将头猛烈向地上撞击，殴打侮辱，把个白发苍苍的前朝旧臣、四朝元老一通暴打，吓得一殿的官员大气不敢出。

贪污腐败是历朝官员们的通病，常在河边走，不小心要湿鞋，不加强法律威慑、增加自身修养，想避免腐败难于上青天。贪腐会引起最高统治者、长官、同事和普通老百姓的嫉恨，不得人心，是宦海人生一颗随时有可能引爆的地雷。官职愈高，危险愈大。东晋的诸葛长民、北魏的崔浩、后世的和珅，莫不如此。

长孙嵩面对指责，无言以对，老迈年高、德高望重受此屈辱，只能打碎牙和血吞，总不能哭天抹泪地大叫：“好多人比我贪得多！世上有不贪的官员吗！凭什么拿我开刀啊！”

也许，换一个领导人会有另外一种解决方式，效果要好的多。但拓跋焘就是拓跋焘，不会委婉，也不必委婉，他是上天派来的征服者。

大殿里仍旧响着拓跋焘洪亮的声音：“按照上天的旨意办事，不需要仁慈，让我们的战马踏上统万的城头，镌刻拓跋鲜卑人的光荣。”

群臣默然无声，谁也不敢再提什么反对意见。大家都在想，我们靠什么爬到统万城头，靠马？靠嘴皮子？

年青的皇帝暴怒之后马上恢复大海般宁静。对待战争，拓跋焘思路清晰明了。统万城高大坚固，绝非不善于城市攻坚作战的鲜卑骑兵可以很快占领的。

白虎团怎么歼灭的，奇袭！

叁 奇袭统万城

古德里安创造了闪击战，但他不是闪击战的鼻祖。拓跋焘将骑兵军团机动性运用到极致，对同样善于马背作战的匈奴人发起高速度、大纵深的突袭。

魏军兵分三路，魏将奚斤率四万五千人从山西进攻蒲阪（今山西永济县东），河南镇将周几领一万人进攻陕城，进逼潼关。两路军队的军事目标直接而又明确，那就是长安。这个取关中的战术，三国曹操打马超时用过，刘裕北伐也用过。

拓跋焘的着眼点并不在关中，而在匈奴国都统万城。他要率一支两万轻骑组成的奇兵从现在的内蒙古托克托，当时的云中郡出发，南渡黄河偷袭统万城。

突袭部队到达黄河渡口君子津，天公作美，气温骤降，暴寒的天气让黄河水冰冻。魏军马队不必依靠渡船，踏冰渡河，一路急行军，直插统万城。

公元426年（刘宋元嘉三年）十月冬至日。

大批魏国骑士蹚过距离统万城仅三十多里的黑水（无定河北岸的支流淖泥河），隆隆的马蹄声和鸣溅的水声回荡在草原上空。

杀气弥漫天地，统万城内喜气洋洋。

“冬至大如年”，古代对冬至日极为重视，除了春节便是冬至。

匈奴夏国皇帝赫连昌正在宫中杀牛宰羊大宴群臣，欢歌宴饮，庆祝冬至节。突闻魏军偷袭的消息，上下惊恐，乱作一团。赫连昌仓促间出城迎战，大败而退。

城门未及关闭，北魏禁军将领豆代田率领先头骑兵乘势攻入西门。匈奴兵将簇拥着赫连昌慌忙退入皇宫。豆代田杀得性起，指挥魏骑冲进皇宫，纵火焚烧西宫城门。夏军关闭所有宫门，围剿进入宫中的魏兵，豆代田见势不妙，弃马跳出宫墙逃到城外。

魏军与匈奴军队城里城外混战到日落西下。拓跋焘孤军深入，唯恐陷入巷战之中，从城中撤出，当夜在城北扎营。

次日凌晨，统万城四门紧闭，不敢出战，魏军乘机劫掠四郊，俘虏夏国军民数万人，缴获牛马十余万头。拓跋焘仰望高大的统万城高墙，冷笑着注视东城门上雕刻的“招魏”二字，对诸将道：“这次统万恐怕打不下来，他年再与诸位来取！班师吧！”

拓跋焘退回平城，奇袭统万城的军事目标没有实现，进攻关中的魏军却取得出人意料的战绩。夏国弘农守将曹达听说河南魏军将要打来，不战而退，尽弃陕城、潼关等军事要地。魏军深入三辅，逼近长安，可惜主将周几在行军途中突然死了，长安未受到攻击。

蒲阪守将赫连乙斗在魏军到达之前，派快马向统万城告急，请求援助。等使者赶到统万，登上一处山坡，远远望见旌旗飘扬、人喊马嘶，城里城外一片混战，慌忙快马加鞭跑回去报告：“统万城失陷了！”

你倒是瞧明白再说呀！赫连乙斗惊惧不已，国都丢了，在蒲阪等死吗？立刻动身弃城而逃，西奔长安。长安守将赫连助兴忙问：“怎么回事？仗没打，人先跑回来了。”赫连乙斗说：“你知道什么呀，统万丢失，关中守不住了。回老家打游击吧！”

两人集合队伍，长安也不要了，一路狂奔逃往安定。童话里有个“咕咚来了”的故事，我们会笑话兔子、狐狸和野猪的无知。连穷凶极恶的匈奴人都在翻版童话故事，可见人性中的恐惧足以摧毁人们的意志。

奚斤率领魏军兵不血刃攻克蒲阪，进入长安。魏军第一次伐夏军事行动战果辉煌。

赫连昌气得直跺脚，破口大骂：“一群废物、饭桶、草包！”五弟赫连定领兵两万杀向长安，意图夺回失去的城市。

成群结队的魏国人去阴山伐木。市场需求大，木材价格越涨越高。因为北魏皇帝拓跋焘又一次看到攻陷统万城的希望。

云梯、攻城槌、攻城塔、投石机、撞冲车……魏国工匠加班加点，日夜不停地制造攻城武器。拓跋焘对着一大堆攻城器具发誓：拿下统万城。

十万魏军分成四队：贺多罗领骑兵三千为侦骑；拓跋焘亲率三万骑兵为前锋；常山王拓跋素、丘堆领步兵三万为后援；优真领步兵三万运送攻具、粮草，负责后勤保障。

魏军先头部队兵过君子津，到达拔邻山（在今内蒙古准格尔旗境），那批攻城器械还没个影子。

拓跋焘突然做出一个出人意料的决定，带手下三万轻骑奔袭统万城。将领们不同意，劝阻道："上一次突袭侥幸得手，这一次匈奴人肯定有准备。统万城坚固，非朝夕可拔。我们轻军而进，攻不下城池，又得不到物资供应，到那时进退两难，不如和步兵携带攻具一起进攻。"

这是显而易见的道理，三万人如何攻城？何况是天下最坚固的城堡。

拓跋焘笑了："敌人分兵救援关中，我们带那么一大堆攻城机去，声势浩大，敌人会出城来交战吗？如果我们攻不下统万城，到时候，粮尽兵疲，才是真正的进退两难。用先头部队攻城，敌人一定有轻敌心理。我们装出羸弱不堪的样子，引诱敌人出击。只要他们敢出城迎战，我就有把握打败他们。"

拓跋焘环视诸将，眼神中透出自信的光芒，继续说道："你们知道为什么吗？我们的将士离家两千余里，又隔着一条大河，这就是所谓的'置之死地而后生'。三万轻骑，攻城自然不够，但用来决战，绰绰有余。"

我们不得不佩服拓跋焘，对敌人心理琢磨得一清二楚，对兵法运用得炉火纯青，明白"用兵之道，其下攻城"，深谙"死地则战"的奥妙。

魏军到达黑水，拓跋焘在周围山谷中设下伏兵，领一万军队直逼统万城。拓跋焘想法是好的，但实战不是拍戏，不会照着剧本来，人家匈奴人根本不想出来打。

赫连昌得知北魏大举来犯，急令攻打长安的赫连定回师援救。赫连定正与魏军胶着不下，回复说："统万城坚固险峻，不容易攻破，等我生擒奚斤，然后再赶赴统万，内外夹击，必能大破敌军。"赫连昌同意防御计划，专心守城，等待援军。

拓跋焘见夏军坚守不战，继续表演。想让龟缩城中的敌人探出头，必须让他们相信能够打败你。

军中有粮食，拓跋焘不准吃，下令士兵采集野菜，派出骑兵劫掠夏国居民，抢夺食物，以示军中无粮。拓跋焘假装发怒，鞭打犯错的士兵，打完任由他们逃到匈奴人那边去了。

一切只有一个目的，等待匈奴人出来，等待匈奴人自己放弃他们坚不可摧的堡垒。

肆 坚城陷落

北魏降兵信誓旦旦地向匈奴皇帝报告：魏军孤军深入，补给供不上来，已经断粮，士兵每天只能吃野菜，正是歼灭魏军的大好机会。

城中有三万军队，赫连昌本来不敢出战，此时被拓跋焘欺骗，尽起大军出城攻击。匈奴人的勇猛不亚于鲜卑人，天之骄子不是浪得虚名。夏军阵容严整，气势正盛。长孙翰等将领劝拓跋焘避开匈奴人的锐气，拓跋焘摇头道：“我们远道而来，就是要引诱敌人出城交战，老虎已经出洞，我们却避而不打，只能使敌军气盛，我军气馁，这怎么是用兵的好计策！”下令集结骑兵撤退，引诱敌军来追。

上天似乎站在匈奴人一边，天空中阴云浮动，东南风扬起漫漫尘沙夹杂着粗大的雨点砸向魏兵面颊。

赫连昌将夏兵分为两翼，左右包抄追击。鼓声震天，追了五六里路，风雨更急。宦官赵倪大声对拓跋焘说：“风雨从敌人那边来，我们逆风，敌人顺风，天不助人，何况将士们饥渴交加，陛下先行撤退，等以后再寻找时机。”

崔浩厉声喝止说：“这是什么话！我军千里而来，破敌策略一日之内怎么可以说变就变。敌人贪进不止，骑兵在前，后军已绝，正可出其不意，将他们一举歼灭。刮风下雨，要看人怎么加以利用，如何认定对我们不利！”

拓跋焘振奋精神，把骑兵分作两队反击。夏国大将斛黎文率领匈奴军倚仗风势猛冲上来。风雨扑面，拓跋焘马失前蹄，跌落地下，匈奴人围上来砍杀。侍卫拓跋齐用身体护卫，拼死搏战，打退围攻的夏兵。拓跋焘趁此机会，翻身跳上马背，一矛刺死斛黎文，又杀骑兵十余人，身中流矢，奋击不辍。魏军在他的带领下奋勇冲杀，夏军大溃。

魏军追击败兵，斩首一万余人，赫连昌来不及入城，逃奔上邦（今甘肃天水）。拓跋焘身先士卒，杀进统万城。匈奴人关起城门，将大部魏军挡在城内，进行巷战。拓跋焘度过惊心动魄的时刻，与拓跋齐等人混进内宫之中，弄到几件女人穿的裙子，系成绳索，绑在铁槊上，借此爬上城墙逃出城外。

匈奴人的失败不可避免，皇帝逃跑，群龙无首。成千上万的鲜卑骑兵涌进统万城，俘虏夏国的王、公、卿、将、校尉以及后妃、公主、宫女等数以万计，缴获马匹三十余万匹，牛羊几千万头，国库中的珍宝、车辆、旌旗，各种精美的器物，多得不可胜数。拓跋焘把它们分别赏赐给将士。赫连勃勃终其一生聚敛的财富一朝瓜分完毕，三个女儿被拓跋焘收入后宫为妃。

拓跋焘巡视统万城，感叹道："蕞尔小国，把百姓奴役到这种地步，怎么能够不亡国呢！"坚固的堡垒挡不住人们追逐利益、勇敢前进的步伐。特洛伊、统万城、马其诺防线的崩溃，告诉人们，如果不思进取、腐化堕落、丧失人心，纵是金城汤池、铜墙铁壁也挽救不了灭亡的命运。

北魏大臣曾经请求增峻京城、修建宫室，搬出《易经》的话说："王公设险，以守其国。"引用萧何的话讲："天子以四海为家，不壮不丽，无以重威。"拓跋焘反驳道："古人有言：'在德不在险。'屈丐蒸土筑城而朕灭之，岂在城池的坚固与否？今天下未平，方须民力，大兴土木的事，朕不想去做。萧何之对，非雅言也。"

拓跋焘生性俭朴，衣服饮食够用就行，把财物看作军队和国家的基础，从不轻易浪费。至于赏赐，也都赏给为国死难将士的遗属或有功之家，皇亲国戚以及备受恩宠的人和显贵达官很少有人无缘无故得到赏赐。他把北魏国打造成了一台永不停歇的军事机器。

得知统万失守的消息，赫连定退到天水，坚守陇西之地。拓跋焘从统万回兵，下令关中大军原地休整。奚斤立功心切，一再请求增援马匹和士兵，坚决进兵天水，消灭夏国残余势力。拓跋焘只得拨给战马三千匹，增派丘堆和娥清率一万人马与之会师。

战局的进展远没有奚斤想象的那么简单，匈奴皇帝赫连昌坚守平凉，魏骑长途跋涉，水土不服，马匹染上瘟疫大批死亡。

没有战马，对于善于马上作战的鲜卑人来说意味着丧失战斗力。奚斤和丘堆只得采取守势，退到安定。赫连昌大举反击，包围安定。奚斤一筹莫展，静待统万城再派援兵。

危难之中，一个叫作安颉的出类拔萃的鲜卑军官站了出来。他是北魏开国功臣安同第三子，为人正直，连父亲安同晚年好敛财的事都是他检举揭发。他对奚斤说："我们有进无退，若不为贼所杀，也当受到军法惩处，拼死一战吧。"

奚斤没有了半年前的意气风发，一脸疲惫："没有战马，用步兵攻击骑兵，必无胜理，只有等朝廷派兵赶来救援，内外夹击敌人。"安颉对他这种失败情绪恨得要命，"如今强敌在外，我军兵疲粮尽，不与敌人决战，死在旦夕，等什么援兵！"

奚斤不为所动，喃喃道："马少！马少！"

安颉满怀信心地说："把诸将的坐骑集中起来，可以凑到两百匹，我率敢死之士冲锋，即使不能破敌，也可以挫其锐气。赫连昌急躁无谋，轻率好斗，常常亲自出阵挑战，军中士卒认识他的模样，我们伏兵掩击，赫连昌可擒。"奚斤面有难色，不置可否。

安颉不和他商量，去找另一名军官尉眷。两人一拍即合，挑选了百余名精骑，趁夏兵攻城之际，突然杀出城来。赫连昌果然冲在前面。此时，狂风突起，尘沙飞扬，遮天蔽日，白天像黑夜一样昏暗。魏军敢死队认得匈奴皇帝，争相围攻赫连昌，赫连昌抵挡不住，打马逃走，安颉紧追不舍。赫连昌坐骑突然栽倒，坠马倒地，被安颉生擒活捉。

匈奴人再一次被打败，赫连定收拢残兵败将奔还平凉。奚斤这个元帅当得窝囊，活捉匈奴王这么大的功劳被偏将所得，脸上实在挂不住，留下辎重，带三日粮，追击赫连定。他们在马髦岭被匈奴夏国的军队阻击、包围，缺水少粮的魏军顿时溃败如潮，六七千人战死，奚斤、娥清等将领被夏军活捉。

丘堆得知败信，弃辎重，千里奔败，从安定逃往长安，又从长安逃到蒲阪。夏军轻易收复长安。拓跋焘闻报，怒不可遏，下令安颉斩杀父皇拓跋嗣给自己留下的六辅臣之一的丘堆，提拔安颉为主将，镇守蒲阪抵抗夏军。

马髦岭反击战是匈奴夏国最后一场胜利，从此，匈奴人再也掌握不住自己的命运。统万城的失陷预示着匈奴人在亚洲的未来，即匈奴人不再是华夏民族中具有正式称谓的一个民族，不久的将来，他们和鲜卑人将一起不可避免地融入汉民族，成为真正的汉人。

少年时代残暴无赖的赫连定登上苛蓝山，遥望笼罩在统万坚城上的那最后一抹余晖，泪流满面，痛哭不止："先帝若让我来继承大业，怎么会有今天的事！"

如果想战胜强大的北魏帝国，匈奴人需要盟国，需要战略伙伴。赫连定不止一次地问：柔然人在干什么？大宋王朝又在干些什么呢？一个和他一样雄心勃勃的宋国皇帝正霍霍地磨着钢刀。

第三章
书生皇帝刘义隆

太武帝拓跋焘一生英雄，生平只有一个对手，那就是南朝皇帝刘义隆。“书生意气，挥斥方遒。”宋文帝刘义隆在历史上是个饱受争议的人物，既开创南朝有名的元嘉盛世，又有三次北伐兵败的耻辱。人们习惯于以成败论英雄，既然失败就是笨蛋一个。谁去考虑他的对手是远击柔然、消灭匈奴、统一北方的盖世之英雄。元嘉北伐以平局收场。能够和拓跋焘打个平手的人，其时也只有刘义隆。

壹 元嘉盛世

刘义隆，小字车儿，是刘裕第三子，中等身材，其貌不扬，博涉经史，善隶书，是个典型的书生。母亲胡道安是淮南人，不知是何出身，京口建义后服侍刘裕，生下刘义隆，五年后因犯错赐死，时年四十二岁。以此推算，她嫁给刘裕的时候已经三十七岁，谁家的贵妇人呢？谜，留给后人解吧。

一个犯错赐死的小妾生的排行第三的儿子离当皇帝远着呢。上天眷顾，辅政大臣们发动宫廷政变，废掉皇帝刘义符、杀害庐陵王刘义真，抬着皇帝宝座来到荆州迎接他。

皇帝被弑，庐陵王遇害，荆州的僚佐们恐慌不已。时任荆州刺史、十八岁的刘义隆惊闻两位哥哥的噩耗，悲痛之情远大于继位的惊喜。

傅亮已到江陵，在城南设立大司马门，进献皇帝印玺。荆州文武一片猜疑声，认为徐羡之等人擅自废立，必定不怀好意，此去南京吉凶未卜。与之相反，荆州重量级人物司马王华、长史王昙首、南蛮校尉到彦之力劝刘义隆果断东下入奉皇统。

王华语气中充满对执政大臣们的不屑一顾："先帝有大功于天下，四海所服，虽嗣主无能，人望未改。徐羡之中才寒士，傅亮布衣诸生，必无司马懿、王敦之心，不过畏惧庐陵王严断，认为殿下宽睿仁慈，才越格奉迎，希望得到殿下的感激之情。他们担心被废黜的君主活着，将来遭到报复，所以才起杀机，只能说明他们贪生怕死，怎么敢一朝之间突然谋反呢！殿下但当长驱六辔，以副天人之心。"

刘义隆表面柔弱，内心刚强，早已观察出高门士族与辅政大臣们的矛盾，王华、王昙首均是琅琊王氏的人。刘义隆自认驾驭得了错综复杂的朝局，不动声色地对王华说："你莫非要做第二个宋昌？"宋昌之典故出自西汉，周勃除掉吕氏家族之后，宋昌曾力劝当时的代王刘恒（汉文帝）入长安称帝。

刘义隆主意拿定，接见傅亮，一见面便号泣不已，哀动左右，问起废杀皇帝与庐陵王的经过，越发悲伤，哭声呜咽，侍从莫能仰视。傅亮汗流浃背，张口结舌不能应答。

这一表现，使刘义隆抓住政治斗争中最重要的道义，把自己化身为正义的象征，而非辅政的同谋。刘义隆登船东下，命令荆州军严兵自卫，从南京来的人员不得接近船队。

顺利到达南京之后，刘义隆登上帝位，改年号为元嘉。他不满足仅做空头皇帝，更不能容忍大臣擅行废立、杀害兄长。刘义隆开始使出全身解数，运用智慧和才干着手消除辅政大臣的势力。

继位之初，为安抚辅臣，刘义隆假意不准徐羡之归政，满足谢晦都督荆州的意愿，依靠高门士族的势力对抗辅臣，拉拢分化辅臣，使握有地方军政大权的檀道济和江州刺史王弘倒向自己。

取得绝对优势之后，刘义隆毫不留情地诛杀了徐羡之、傅亮，高门士族暂时得势。过了没有多久，他调来四弟彭城王刘义康，分去王弘、王华、王昙首等高门士族掌握的相权，重新加强皇权。

刘义隆励精图治，躬勤政事，奖掖儒学，提倡节俭，严禁饮酒，清理户籍，减免赋税，大力发展经济。当时江南大开发达到顶峰，将汉代尚是荒凉野蛮的江南变成良田沃土、膏腴之地。稻米产量压倒北方，手工业、商业快速发展，经济空前繁荣，中国历史上又一个盛世诞生了。

对于新皇帝的才干，傅亮早就下过断语。刘义隆入建康，百官到新亭迎拜之时，徐羡之曾经问过傅亮："宜都王可比何人？"傅亮回答："晋景帝（司马师）、晋文帝（司马昭）以上人。"徐羡之松了一口气说："他一定明白我们的一片赤心。"傅亮摇头道："不然。"

纵然对新皇帝充满警惕，辅政大臣们也根本不是青年皇帝的对手。后世王夫之品评刘义隆，赞他："承大难，居大位，秉大权，抑大奸，靖大乱，以一夫之雄入于九军！"这位常年有病，却能靖绥大乱的文弱书生的雄心不止是缔造一个太平盛世，他要像父亲刘裕一样收复中原、封狼居胥，做一个万代传颂的千古圣君。

逆虏乱疆场，边将婴寇仇。
坚城效贞节，攻战无暂休。
楚庄投袂起，终然报强仇。
去病辞高馆，卒获舒国忧。

刘义隆将慷慨激昂的诗句化成千军万马，他与蒙古高原的柔然汗国纥升盖可汗、匈奴夏国皇帝赫连定结成同盟，操练兵马，打造战舰，频繁调动军队，密切注视着北魏帝国的一举一动。

贰 联兵抗魏

三国结盟，对北魏帝国形成包围之势。为粉碎三国同盟，拓跋焘把打击目标锁定柔然汗国，意图对其进行致命一击，使柔然丧失反抗能力。

魏国群臣不赞同拓跋焘的军事计划，柔然远在漠北，主要军事力量为骑兵，机动性强。一旦魏军深入沙漠，匈奴夏国军队遭受重创可以不计，南方宋军入侵怎么办？

只有崔浩明白拓跋焘的用心，私下里对群臣道："不先破蠕蠕没有办法对付南寇。南人见我攻克统万，心怀恐惧，故扬言北伐，其实只想守卫淮北。我破蠕蠕，往返之间，南寇必不敢动。况且南北殊俗，南方河道交错，北方一片平原。即使国家把河南之地让出，他们也守不住。以刘裕之雄杰尚且守不住关中，何况刘义隆君臣。蠕蠕恃其边远，必无防备，我们掩其不备，可一举而灭，就怕诸将犹豫不决失掉战机。灭掉蠕蠕，南人何惧！”

正当群臣争论不休之际，出使江南的外交官回到平城，带来宋朝皇帝刘义隆的口信：“速速归我河南之地，不然，将武力取之！”拓跋焘嘿嘿一笑：“龟鳖小子，自救不暇，能有什么作为！就算他真的敢来，若不先灭蠕蠕，势必腹背受敌！”

拓跋焘笑话人一流，称柔然人蠕蠕、宋朝人龟鳖。古时大江宽阔，南方人用兵大多坐船，由海路或水路进兵，故而拓跋焘称他们是一群住在水里的龟鳖。

公元429年（刘宋元嘉六年）四月，魏军兵分两路，长孙翰领军自西道向大娥山，拓跋焘领军自东道向黑山（今内蒙古和林格尔西北），目标直指柔然可汗庭（今蒙古国哈尔和林西北）。

魏军渡过漠南轻骑奔袭，狂飙突进，到达粟水（今蒙古国翁金河），柔然部落毫无防备，漫山遍野的人畜四散奔走，柔然牟汗纥升盖可汗焚毁穹庐篷帐向西逃窜。拓跋焘率魏军沿粟水西行追击，抵达离平城三千七百余里的菟园水（今蒙古国杭爱山图音河）。

鲜卑骑兵在东至瀚海（今蒙古高原东北境），西至张掖水（今甘肃弱水），北越燕然山（今杭爱山），东西五千里，南北三千里的广阔土地上纵横驰骋，分兵搜讨柔然残余部落，被柔然奴役的高车诸部与魏军一并劫掠柔然人。柔然汗国三十多万帐落先后投降，魏军得到一百多万匹战马，缴获的牲畜、车辆、帐篷遍布山谷水畔，北魏国内的马牛羊及毡皮价格大跌。

拓跋焘沿弱水继续向西前进，抵达涿邪山（今阿尔泰山东段），北魏诸将害怕继续深入会中埋伏，要求班师，魏军凯旋回到平城。后来听说牟汗纥升盖可汗藏在距涿邪山一百八十里处的南山，魏军退走，侥幸逃得性命。凉州匈奴商人告诉鲜卑人说：“如果你们再向西进军两天，柔然汗国就彻底完蛋了！”拓跋焘想起崔浩的话，后悔不迭。

牟汗纥升盖可汗郁久闾大檀眼睁睁看着鲜卑骑兵蹂躏汗国的大漠草原，抢夺牲畜财物，自己无力制止，忧愤交加，吐血而亡。他的儿子郁久闾吴提继承汗位，号称敕连可汗，汉语为神圣皇帝之意。

刘义隆和赫连定在观望，他们不曾料到柔然失败得如此之快，短短两三个月魏骑便横扫蒙古高原。刘义隆和赫连定匆忙结下同盟，约定合兵灭魏，事先谈妥了瓜分魏国的方案，恒山以东划归宋国，以西划归夏国。

宋朝外交官向拓跋焘下达最后通牒：“河南是宋国领土，被你们无理侵占，如今我国要恢复旧日疆界，只取河南，不关河北。”

拓跋焘坏脾气又一次发作，暴跳如雷地吼道：“告诉你家国主，我生下来头发没干就知道河南是大魏疆土，怎么会是你们的！我当下令诸镇撤军相避，等到天寒地冻，黄河结冰，自然会重新来取！”

拓跋焘有时候像个小孩子，任性轻率、口无遮拦，如此重要的军事行动计划怎么可以轻易泄露给敌人。双方都懂得师出有名的道理，争相把自己扮演成正义的化身，每方都宣称对河南拥有主权，互相恐吓对方。拓跋焘吓不住刘义隆，刘义隆也吓不住拓跋焘，南北两大帝国皇帝展开了争霸中原第一个回合的较量。

跟随刘裕京口建义、平定江南、北伐中原的名将大多凋零。沈田子害王镇恶被杀，朱龄石、朱超石战死关中，蒯恩被俘亦死，向弥、沈林子病故。只剩下硕果仅存的四员大将，檀道济、到彦之、王仲德和胡藩。

檀道济、王仲德和胡藩均参与过北伐后秦之战，檀道济时任前锋，战功不次于王镇恶，是此次北伐主将不二人选。刘义隆为人猜忌，毕竟檀道济是废杀皇帝的帮凶，不肯让他再获声望。到彦之打过卢循，长期在荆州为将，刘义隆视为嫡系。

刘义隆兵分两路，任命到彦之为主将，王仲德、竺灵秀为副将，挑选精兵五万率舟师自清水（今济水）入黄河，溯流西进；骁骑将军段宏领精骑八千直指虎牢关，刘德武领兵一万继进。坐镇彭城的长沙王刘义欣和广陵守将胡藩负责后勤补给，元嘉第一次北伐开始了！

到彦之所部自淮河进入泗水，天旱水浅，每天行军才十里。宋军慢腾腾进发，从元嘉七年（430）阳春三月一直走到桂花飘香，才进入黄河水道。拓跋焘一如所言，将河南守兵尽数撤到河北的邺城。宋军不费吹灰之力占领洛阳、虎牢关、滑台、碻磝（今山东茌平西南古黄河道南岸）四处军事重镇。

河南平定，洛阳收复，诸将喜气洋洋，唯独王仲德面有忧色。众人不理解，王仲德说："诸位将军完全不了解北方的真实情况，定会中敌人的计谋。他们今天弃城北归，一定正在集结会师。如果黄河冰封，势必会再次南下进攻，怎能不让人担忧！"

刘义隆不担心，下令宋军沿河布防，等待匈奴人。此时夏国皇帝赫连定率匈奴军向鄜城（今陕西洛川）发动进攻。

北魏朝廷就先用主力歼灭夏军还是宋军展开激烈辩论，大多数人不同意打夏国，认为刘义隆会乘虚攻入河北。

崔浩又一次和拓跋焘观点一致，献策说："刘义隆与赫连定遥相勾结，互相呼应，只不过是虚张声势，一唱一和。刘义隆希望赫连定大举进攻，赫连定却等待刘义隆先打，皆莫敢先入，譬如连在一起的两只鸡不能同时起飞。臣开始以为刘义隆军来，当据守黄河中游，两道北上，东道向冀州，西道冲邺城，如此，则陛下亲自出马，不得怠慢。今则不然，宋军东西列兵二千里，一处数千人，兵力分散，力量薄弱，以此观之，刘义隆不过打算固守黄河防线，无北渡黄河之意。赫连定像枯树残根，一击必倒。打败匈奴夏国之后，我军东出潼关，席卷向前，江淮以北连一根草都不会存在。"

经过数次战争的胜利，这一对军事搭档深信他们的判断一向正确。拓跋焘派安颉防御宋军，用围魏救赵之计，率大军直捣匈奴人的老巢平凉，逼迫赫连定回师救援。

魏军在鹑觚原（今甘肃灵台东北）大败夏军，赫连定身受重伤，逃往天水，魏军重新夺回关中。

打不过魏国，赫连定向西拓地，一度灭掉西秦。赫连定向凉州进军时，中了北凉国王老狐狸沮渠蒙逊的奸计。沮渠蒙逊派人通知青海吐谷浑，说匈奴人要消灭吐谷浑人。吐谷浑可汗发骑兵三万，趁匈奴人北渡黄河之机发动伏击，俘虏赫连定，送至平城斩首，夏国灭亡。

叁 唱筹量沙

火红的枫叶漫天舞动，转眼到了初冬。魏军开始反击河南。安颉率领魏国骑兵队强渡黄河猛攻洛阳，宋将弃城南逃，魏军向虎牢关挺进。另一支魏军在七女津（今山东东平西北岸）集结渡河。到彦之派副将王蟠龙溯流夺船，被魏军斩杀。魏将陆俟就势渡过黄河，与安颉合兵一处攻克虎牢关，逼近滑台。

刘义隆没有料到匈奴夏国如此不堪一击，魏军这么快就组织起强大的攻势，眼见黄河防线土崩，只得起用征南大将军檀道济率后备军火速驰援。

檀道济兵马刚动，到彦之不顾垣护之等将领劝阻，以军中流行瘟疫，自己眼病发作、疼痛难忍为借口，私自决定放弃滑台退兵。宋军从清水入济水，到达济南，焚舟弃甲，步行逃奔彭城，驻防许昌的竺灵秀率军队南逃。

宋军主力未战先退，边防人心不安。北魏大将叔孙建、长孙道生的大队骑兵趁机渡过黄河南下，兵围济南。济南太守萧承之手下仅有几百名士兵，急中生智，偃旗息鼓，大开城门。魏军疑有伏兵，不敢进城，继续南下追击逃跑的宋军，败竺灵秀于充州，杀死宋军五千余人。

刘义隆闻报大怒，将到彦之、王仲德逮捕入狱，竺灵秀就地正法，催促檀道济火速救援滑台。

安颉率领的两线魏军正猛攻滑台，檀道济由清水救援，遭到叔孙建、长孙道生大队魏骑的阻击。檀道济奋勇出击，大破魏军，转战至高梁亭，斩杀魏将悉烦库结，乘胜进至济水。

檀道济前后与魏军展开二十多战，宋军多次获得胜利，一直打到济南。叔孙建派出轻骑袭击宋军，烧毁宋军粮草，切断粮道。宋军缺乏粮食，难以继续前进。

滑台守将朱修之坚守孤城数月，粮食吃光了，士兵们用烟熏出老鼠烤熟吃。伐夏大获全胜的拓跋焘不断派出军队增援安颉的魏军。滑台陷落，朱修之及几万余名士卒被俘。

滑台失守、粮草断绝将檀道济逼上绝路，只得下令撤军。危难之中，士卒叛逃，把宋军粮尽的消息报告魏军，叔孙建集合大军南下追击。

面对遍布原野的鲜卑骑兵，饥饿困顿的宋军军心涣散，人人自危，恐惧、绝望到了崩溃的边缘。檀道济不慌不忙，下令安营扎寨。

夜幕降临，宋军营内灯火通明，粮官们手持竹筹唱着计数，正在清点存粮。士兵们一斗一斗地量着谷米，一袋袋雪白的大米堆满营帐，在灯火映照下闪着清亮的光泽。

天刚破晓，魏军侦骑将宋军粮草充足的消息迅速向主将报告，叔孙建一听，以为前来告密的宋兵诈降，把降兵杀掉。其实，魏军上下都被檀道济欺骗，那一袋袋白米全是一斗斗的沙子，只不过用军中仅剩下的一点儿谷米覆在上面而已。

仰仗人多势众，叔孙建指挥魏军将宋军营寨团团包围。檀道济下令将士们披上铠甲，全副武装，自己身着白衣，乘坐轻车，缓缓出营，大模大样沿大路向南转进。魏军数以万计的铁甲骑兵远远望见，宋军从容不迫，主将扬扬得意，一副诱敌进攻的姿态。叔孙建等魏将目瞪口呆，以为有埋伏，下令后退，魏军竟无一人一骑追赶。檀道济凭借智谋与镇定保全濒临崩溃的宋军，安全回师。“唱筹量沙”于是成为军事史中一段传奇。

檀道济的勇敢与镇定是在千军万马中历练出来的，他少年时代即跟随刘裕建义京口，南征北战，北伐关中之役更是冲锋在前。辅臣们发动政变的前一天晚上，谢晦和檀道济睡在一处，谢晦紧张兴奋得一夜不能合眼，檀道济倒头便睡，十分酣畅。

檀道济的卓著战功没有给他带来好运气，手下的将领身经百战，儿子们又有才气，朝廷很是忌惮。刘义隆身体不好，时常有病，唯恐死后继承人控制不住这位威名远扬的北府名将，每次病危都想除掉他。

毕竟檀道济能征善战，出兵打仗离不开他，每当刘义隆病势一轻便放过他。元嘉十三年（436），刘义隆再次病重，当政的刘义康矫诏将檀道济召入南京杀害。檀道济被捕时，怒不可遏，目光如炬，摘下头巾狠狠地摔在地上说：“乃坏汝万里长城！”吃尽他苦头的魏国将领们弹冠相庆，喜滋滋地道：“道济死，其余之辈不足以害怕了。”

肆 统一下的危局

匈奴夏国灭亡，北伐宋军战败，拓跋焘掉转兵锋，指向辽东。

慕容后燕的政权从有过恋尸经历的君主慕容熙手里，转移到冯家，史称北燕。北燕王族内乱不止，国势日衰。公元432年（刘宋元嘉九年）六月，拓跋焘亲率大军经濡水（今滦河）向龙城（今辽宁朝阳）进发，攻取辽东大片土地。冯弘固守都城，龙城是慕容燕国的故都，城池坚固，魏军未能攻克。拓跋焘锲而不舍，持续四年向北燕用兵，终于打下龙城，冯弘逃到高句丽后被杀。

高句丽是辽东原住民。它的创始人高朱蒙是吉林人。高句丽有过入主中原的雄心，与慕容鲜卑争霸辽东惨败后一度衰落。历代高句丽王意识到西进无望，便积极向南拓地，进入朝鲜大同江一带。拓跋焘攻陷统万城那一年，高句丽王高链把都城从长白山区的丸都（今吉林集安）向南迁到平壤，与南方的百济、新罗争夺朝鲜霸权去了。故而拓跋焘未向高句丽用兵。

北燕灭亡，北方割据政权只剩下偏居凉州的卢水胡匈奴人的北凉国。国王沮渠蒙逊以狐狸般的灵敏感受到危险临近，明智地举国投降，北方和平统一，凉州七郡及西域三十余国名义上归附北魏。

人难逃一死，耄耋之年的沮渠蒙逊终于抛弃了经营三十余年的美丽的凉州土地，归天了！他必定死不瞑目，因为儿子们都是庸才。资质相对突出的沮渠牧犍登上王位不久，北魏帝国的铁骑蹚过凉州丰茂的水草地攻入姑臧（今甘肃武威），沮渠牧犍面缚请降。十六国最后一个国家灭亡，北中国历时一百多年的分裂局面宣告结束。

北方一统并未给魏国带来安宁，赵王石虎、秦王苻坚曾经面临的、被战争掩盖的民族矛盾浮出水面。

北魏从开国皇帝拓跋珪开始，奉行与汉人豪强合作的政策，开始是代北一带的汉人，进而包括整个中原地区的汉人。拓跋珪统治末年，鲜卑贵族与汉人豪强矛盾加剧，北魏政府强行迁徙中原一带的汉族豪强及附属农民到平城定居，引起各地汉人的武装反抗。

鲜卑贵族也试图更换皇帝，拓跋珪被迫实行白色恐怖，对拓跋贵族实力派进行无情打击，最终众叛亲离，被逆子所弑。明元帝拓跋嗣登基后，向鲜卑贵族让步，推行君主制下的诸部大人议政制，包括汉人崔宏在内的八人组成八公团共听朝政，奴隶社会部落民主制重新抬头。

一个没有文治的国家，它的统治不会长久，这就是孔子被历代王朝尊为圣人的原因。

为强化以儒家思想作为国家正统的意识形态，太武帝拓跋焘有意进行汉化，加强皇权。借助一场场军事胜利带来的威望，公元429年（元嘉六年），北魏政府推行机构体制改革，设置左右仆射、诸曹尚书等官职，正式恢复魏晋时代的中央行政制度。文化上兴复儒教，一改两朝对汉人豪门强迁政策，下诏礼聘。

经过数年不懈努力，慢慢消除了汉人豪强的敌意。崔浩进位司徒，位列三公，范阳卢玄、赵郡李灵、河间邢颖、勃海高允、广平游雅、太原张伟等汉人贤俊人才纷纷进入北魏朝廷。中书省、门下省汉官充盈，文士们济济一堂，出现自西晋亡国以来从未有过的盛况。北魏国著名的大臣高允兴奋地憧憬未来说："千载一时，始于今日！"

集权政治，朝廷官员举足轻重。中国的封建历史就是一部反贪的历史，哪一个朝代官员最清廉，它就最强盛。高度发达的文化和法制建设是确保国家强盛的重要手段。

为肃清吏治，抑制官员贪污，拓跋焘下令在宫阙的左边悬挂登闻鼓，使有冤情的人能够击鼓申冤。北魏官员没有俸禄，反贪没有因为不发工资而减弱，拓跋焘亲自巡行察访官吏政绩。不称职者罢免，有恶行者绳之以法。征西将军皮豹子侵没官财，被免职流徙统万；镇西将军王斤任意调发民力，民不堪受，处以斩刑；拓跋焘巡行中山，一次罢免地方官员有贪污劣迹者十余人，于是北魏出现了一批勤于职守的官员。

汉族文人广泛进入朝廷决策机构引起国人、武而无文的鲜卑贵族们的强烈反感，拓跋焘一系列改革措施大大触犯鲜卑贵族利益，他们利用佛教进行反击。

鲜卑贵族们知道，原先草原牧民信奉的，包括萨满教在内的各种各样宗教已经难以满足治国需要。佛教作为当今世界三大宗教之一，生命力的旺盛不言而喻。

佛学自境外传来，中原人称之为胡教，正好被胡族利用和儒学对抗。石虎最先去皇帝号，做大赵天王，以佛教意识形态治国，中国北方胡族统治者大多步石虎后尘使用天王制。前秦苻坚、后秦姚兴、北凉沮渠蒙逊都曾大力崇佛，关中、凉州一带佛学蓬勃发展。

魏军平定凉州之后，许多佛学大师来到中原，备受鲜卑贵族推崇，一时高僧云集，惠始、师贤、昙曜等是其中的佼佼者。拓跋焘受其影响，起初曾经礼敬沙门，时常召集高德名僧一起谈论哲学、玄理、治国之术。每年四月初八、佛诞节之日必亲登门楼，观看散花。

儒学并非宗教，远远没有佛学对普通人的影响力，大力推崇儒学的崔浩明白这个道理。因此，他将天师道天师寇谦之推荐出来，希望拓跋焘发展道教，抵消佛学影响。

道教自称能画符诵咒，消灾灭祸，直至羽化飞天，长生不死。天师道自东汉以来流传渐广。寇谦之隐居嵩山修道，自称太上老君亲自册封其为天师，是道教正宗，造成南北天师道分裂，嵩山天师道被称为北天师道。

老道寇谦之来到平城，进献道书，自称老子玄孙李谱文降临嵩山，亲授《录图真经》六十余卷，赐以驱使鬼神与炼制金丹等秘法，并嘱托他辅佐北方“太平真君”。太平真君暗指太武皇帝，拓跋焘听后大喜，接受寇谦之进言，改年号为太平真君，天师道由此在北方大盛。

释道儒三教在北魏大放光芒。百花齐放、百家争鸣本是促进文化繁荣的好事，而背后利益集团的较量使宗教变成政治斗争的武器，最终酿成惨剧。

伍 鹿浑谷疑云

北方胡族建立的国家，称帝的同时兼称天王，连极度崇尚儒学的苻坚也莫能例外。拓跋鲜卑历代帝王坚决不肯称天王或者什么大单于，昭示着汉化决心。

鲜卑贵族把怨恨集中到拓跋焘身上。公元 443 年（元嘉二十年），借北伐柔然之机，以刘洁为首的鲜卑贵族们发动了一场军事政变。

刘洁是匈奴人，祖父刘生落籍长乐信都，什翼犍时代作为前燕慕容公主的家臣来到代国。明元帝时，刘洁与古弼等人一同被选入东宫，成为太子辅臣。拓跋焘即位，封尚书令，委以重任。刘洁掌握权柄，作威作福，依附他的人提拔，触怒他的人黜免，鲜卑贵族、各级将领拔城破国聚敛来的财货要与他平分，因此积累家财巨万。

崔浩谋略过人，神机妙算，逐渐取代刘洁在拓跋焘心目中的地位，二人在讨伐柔然的军事行动中产生分歧。刘洁不同意北讨，最后拓跋焘采纳崔浩的出兵主张。刘洁怀恨在心，断然联络一批鲜卑将领策划发动叛乱。

他们事先定下新君人选："若出师不利，皇上一旦有事，当立乐平王。"乐平王拓跋丕是拓跋焘的二弟，刘洁的野心不止图谋废立，他曾经向术士问过图谶："谶语载过'刘氏应王'的话，续魏国之后，有我的姓名吗？"术士答得很暧昧："有姓无名。"

人一旦动了做皇帝的念头，做事就会疯狂得不择手段、不计后果，刘洁破釜沉舟，趁魏军出击柔然之机决定和拓跋焘大干一回。

柔然人经过十多年的休养生息逐渐恢复力量，魏军西征凉州时，柔然人一度攻到魏都平城。

拓跋焘决心再教训一下柔然人。魏军一如既往采用分路合击的作战方针，到达漠南之后，舍弃辎重，以轻骑袭柔然。拓跋焘与诸将约定日期兵分三路穿越沙漠：乐安王拓跋范、建宁王拓跋崇各统十五将从东道进军；乐平王拓跋丕督十五将从西路进军；拓跋焘从中路进军；中山王拓跋辰督十五将为后继。

拓跋焘的中军一路急进，按时到达柔然汗国敕连可汗的可汗庭所在地鹿浑谷。远远可以望见众多穹庐围绕中柔然可汗的金色大帐，让他感到意外的是，东西两路军连一个影子也没有。

太子拓跋晃请求趁柔然无准备之时，迅速展开攻击。刘洁急忙劝阻："贼营中尘土旺盛，人一定很多，我们人少，冲进去会被包围，不如等到各路大军到达之后再进攻。"拓跋晃反驳道："尘土飞扬，那是因为士兵惊慌失措到处乱跑所造成的，不然，怎么会在军营上空有如此多的尘土呢！"拓跋焘将信将疑，丢失战机。柔然人逃走，拓跋焘追到石水也没追上。

让人意料不到的是，柔然人第一次偷袭了魏军的屯粮之地，幸亏守卫屯粮的军官司马楚之机敏，冰柳筑营护住粮草。

司马楚之心细，遭到攻击之前判断出柔然人将要进攻的动向。当时有人报告说军中发生怪事，一只驴的耳朵无缘无故被割掉。司马楚之立刻警觉，心想不好，出内奸了，割驴耳朵干吗？肯定是做投降信物。这样一来，我军的位置、兵力、虚实全部暴露，柔然人肯定会大举进攻。

怎么办？来不及筑营，用什么抵挡？北方严寒，司马楚之迎着刺骨的寒风，灵机一动，下令砍伐柳树筑营，浇上水。

一夜之间，水结冰将柳木冻实，牢牢建起一座临时的营寨。刚建好，大队柔然骑兵杀过来。营垒冰冻坚实光滑，马匹无法越过，柔然人只得退走，军粮保住了。

出师无功，后路被骚扰，拓跋焘只得从漠北班师，途经沙漠，军中断粮，将士死了很多，宿营时频频遭到惊扰，人心惶惶。刘洁劝拓跋焘弃军轻装回京，要求治崔浩提议击柔然之罪。拓跋焘不听，“我遇贼没有出击，诸将耽误会师日期，罪在诸将，崔浩有什么罪呢？”

诸将误期、粮道遭受突然袭击，军中数度惊扰，连续发生蹊跷事，崔浩的耳目终于获悉这一切都是刘洁的阴谋。他先假传诏令，私自更改拓跋焘与诸将约好鹿浑谷会师的日期，以至于拓跋焘到达鹿浑谷六天，各路兵马未到；接着又唆使人叛逃到柔然汗国将魏军的屯粮之地告诉柔然可汗；退兵之时派人扰乱军心，劝拓跋焘单独回京准备半路劫杀。

拓跋焘听闻，倒抽一口凉气，当即将刘洁拿下，拷问同谋，竟然问出一个惊天大阴谋。

此案涉及三路军的主帅，其中有拓跋焘的两个亲弟弟，乐平王拓跋丕和乐安王拓跋范。拓跋丕参与其中，拓跋范知情不报，大批鲜卑族将领受到牵连。这是一起阴谋推翻拓跋焘帝位的兵变，将领们均支持皇弟拓跋丕继位，图谋恢复那种兄弟相传的部落传统。

拓跋焘和崔浩迅速采取措施，半路下达太子监国的诏令。太子拓跋晃总管万机，统领文武百官，明确父子传承的皇统不可动摇；诏书婉转解除掉鲜卑功臣们的军权，逼他们悉数退休。

回到平城之后，中山王拓跋辰、尚书奚眷等八名将领因攻打柔然误期，被斩首于平城南郊；刘洁与同党皆夷三族；皇弟拓跋丕与拓跋范莫名其妙地死去。

以此次军事政变未遂、鲜卑贵族势力大为削弱为契机，崔浩肆无忌惮大力推行儒家意识形态，由温和改革转变为激进的大变革，兴复儒教从灭佛开始了。

陆 太武灭佛

北魏进入中原以来，仍在因循旧有习俗，祭祀的胡族神很多。刘洁军事政变阴谋暴露之后，崔浩趁热打铁，唆使拓跋焘下达精减鲜卑联盟诸部供奉的神灵、禁止“私养沙门”、抑制佛学传播的诏令。崔浩想彻底铲除佛教，可信奉佛教的人实在太多，拓跋焘难以下决心全面禁佛。正当崔浩为灭佛绞尽脑汁的时候，一个机会悄悄地来了。

元嘉二十二年（445），卢水胡匈奴人盖吴在杏城（今陕西黄陵西南）聚众反魏，人马十余万，声势浩大，并向江南的刘宋王朝称臣乞兵。起义军击败前来镇压的魏军之后向长安转进。

拓跋焘亲自率军队平叛，这次大起义为崔浩全面废佛找到了合适的借口。西北匈奴人信佛，关中地区佛教更加昌盛。为应对战乱，不少佛寺拥有武装力量。拓跋焘平定盖吴之乱时，在长安一处佛寺发现僧人私藏武器、酿酒、为州郡牧守及富人藏匿财物、与贵族妇女于暗室中淫乱。

种种丑行使佛学宣扬普度众生的教义变得非常苍白。一粒耗子屎坏了一锅粥，就像每一名官员都代表国家形象一样，每一个和尚、每一处佛寺代表佛家的尊严。原本对佛寺广占土地、荫附人口不满的拓跋焘被激怒，崔浩从旁火上浇油，怂恿尽诛天下沙门。

元嘉二十三年，拓跋焘自诩灭佛圣人，悍然下达了一道震惊天下的灭佛诏。诏书斥责佛学是政教不行、礼义大坏的罪魁祸首：“有非常之人，然后能行非常之事，非朕孰能去此历代之伪物！敢有事胡神及造形像泥人、铜人者门诛。一切浮屠形象及胡经，皆击破焚烧，沙门无少长悉坑之！”此诏一下，中国历史上最大规模的灭佛运动开始了。

北魏官府一起行动，捣毁佛寺、焚烧佛经，毁灭佛像，拆毁伽蓝，活埋和尚。一时间，僧人或死于非命，或逃逸四散，土木塔庙荡然无存，中国佛教经历了第一次“法难”。经石虎、苻坚、姚兴等天王费尽金钱建造起来的佛塔、寺庙在北方荡然无存。

这一场浩劫连道教天师寇谦之都看不下去了，极力阻止。崔浩不听，多亏监国太子拓跋晃素敬佛道，压下诏书缓发，平城沙门一个没死，各地和尚大多逃逸。

事物有得有失，有好有坏。中国人骨子里太激进，从一个极端可以很快走上另一个极端。既可以焚书坑儒、杀僧灭佛，也可以尊儒崇佛，温和改良。世界人民能做到的，中国人能做到，世界人民做不到的事，中国人也能做到。随着时间的推移，中华民族一定能够成为最伟大的民族。

意识形态是一种向心力，不同的民族可以因此凝聚为一个国家。比如，对中国多民族国家的形成，儒学功不可没，许多民族因仰慕儒学而融入中国大家庭。

魏晋南北朝时期，由于游牧文明与农耕文明之间的激烈碰撞，产生了一批具有远见卓识的哲学家、思想家和政治家。尤其在北方，学者们利用儒学宣扬中华文明，改造社会、改造民族、改造国家。继北魏汉化第一人张衮之后，崔浩成为儒家文化坚定不移的推动者。

魏晋以来，九品中正制的推行形成门阀士族。作为士族豪强，崔浩渴望在北魏国建立起以世家大族为中心的儒家文化意识形态，来确保国家的安定与繁荣。借助皇帝的信任，崔浩大整流品，明辨出身姓氏等级，严格搞起门阀制度。

他的所作所为过于激进，已为鲜卑贵族所不容。他的张扬、跋扈、不计后果为日后的悲惨命运埋下伏笔，最终“国史事件”将他送上断头台。

第四章
国史之狱

人们的心理活动往往左右着历史的进程，某一人群的心理变化，常常会掀起滔天巨浪。

拓跋焘的汉化倾向日益引起鲜卑贵族们的不安，企图更换皇帝的军事行动失败之后，这种不安变成了恐惧。游牧与农耕文明的区别在于，是把草场变成耕地，还是把耕地变成荒原？胡汉贵族们争相拓展土地，冲突在所难免，鲜卑贵族与汉人门阀展开新一轮的争斗，引发北魏第一大案——国史之狱。

壹 崔浩的罪状

公元 450 年（元嘉二十七年）四月，平城仍旧笼罩在寒流之中，道路两侧林木枝条上的嫩芽瑟瑟抖动，不敢舒展绿色身姿。遭遇悬瓠攻坚战失败的北魏帝国的南征大军正在匆匆赶回都城，太武帝拓跋焘的心情和天气一样，乍暖还寒。

此时，北中国已经统一，匈奴族的两大王国夏国和北凉灭亡，永不陷落的统万城成为帝国的一个军镇；辽碣平定，渤海风平浪静；盖吴大起义彻底被剿灭；上一年，魏国远征军西讨龟兹，西域投降；拓跋焘与太子拓跋晃三路出漠北数千里，不见柔然可汗。

魏军兵威所到，北方大地望风降服。可拓跋焘却感觉，真正的危险不是来自境外，而是来自内部。汉官集团与鲜卑贵族之间的冲突愈演愈烈，大有一触即发之势。作为最高裁决者，不能轻易明确表明态度，必须微妙地努力维持双方势力均衡，不管打破哪一方平衡，皇权首当其冲受到威胁。

拓跋焘联想到最后一个对手，江南的刘宋王朝。如果把宋朝消灭掉，朝局又会是怎样一番景象呢？汉人会失掉底气，不会再拿南方的朝廷说教，天下正统唯我独尊。

对于南朝的军力，经过二十年前两国之间的一次较量，刘宋名将檀道济以及水军和守城的技巧给他留下了深刻印象。

拓跋焘此次以打猎为名，率领十万步骑突袭宋境，就是为了试一试南朝实力。不想，大军竟然受困于一座小小的悬瓠（今河南汝南）孤城之下，伤亡数万，不能攻取。更加意想不到的是，宋军竟然采用长途奔袭数百里的战术，从彭城偷袭魏军大后方汝阳，南朝的军事实力实在不容小视。

拓跋焘之所以匆匆撤军，是因为平城发生了一件令他极不愉快的事，崔浩把编修的《国书》刻在石碑上，立在西郊祭天坛。拓跋焘从鲜卑大臣们信件的字里行间看出了怨气冲天，让人感到一丝不祥。

拓跋焘回到平城，这是他二十六年戎马生涯中第一次不算凯旋的入城仪式。魏军尽管掳掠了不少南朝人口牲畜，却为之付出数万士兵生命的代价，得不偿失。没有欢呼雀跃的人群，只有一声声悠长胡笳回荡在银波粼粼的如浑水面，荡起一层层涟漪。

望着南郊黑压压迎接的汉、鲜卑官员，拓跋焘明显可以感觉到充满压抑的气氛。当他回到宫内，未待洗去一身征尘，一个又一个的鲜卑贵族争先恐后地涌入，有拓跋王公，有部落首领，有巫师神觋。人人义愤填膺，个个咬牙切齿，诉说着一件相同的事。

“崔浩编修国史，狂吠乱言，诬蔑先祖，大逆不道，种种邪说，不一而足……”

“说什么先祖出自汉将李陵之后，李陵是什么人？汉之降将，匈奴的奴才！我大魏是匈奴的征服者！”

“这是崔浩所编先帝记、太祖记及今记，陛下过目。”

“汉人常说，‘人非圣贤，孰能无过’。编修国史本可斟酌，可崔浩竟将谎言邪说刻上石碑，立于西郊祭天坛。京都轰动，观者如潮，西域、高句丽、吐谷浑、高车使者人人尽知，丢我大魏王朝颜面。”

“宜都王死后，崔浩竟然不把太子放在眼里，独断专行，官员任免这等大事，崔浩对太子建议置若罔闻，祖宗创下的万世基业到底是谁人的天下？”

“崔浩收受贿赂，任人唯亲。新任郡守，一多半是他的亲戚！”

拓跋焘听得怒不可遏，斜瞥一眼几案之上的“国史记录”，黝黑的脸庞发青，面色阴沉。鲜卑大臣们目的已经达到，均默不作声，一时间殿内死一般寂静。换到平时，性情狂暴的拓跋焘早已大发雷霆。

崔浩是他最得意的谋士，谋略过人，神机妙算。拓跋焘对崔浩心存感激之情，他迅速当上太子，顺利登上帝位，全是崔浩的功劳。拓跋焘继位之后，迫于鲜卑贵族的压力将崔浩免官。不久，等他坐稳江山，便迫不及待再次召崔浩出山。

灭夏国、逐柔然、征凉州的战役中崔浩屡献奇策，每计必成。治国内政，更是大显身手，帮助拓跋焘招揽贤德智能之士，完善了北魏国政治、经济、法律、军事等各项制度。

拓跋焘对崔浩信任有加。北征柔然，他当着降服的高车诸部首领们指着崔浩称赞说：“你们看此人瘦小文弱，不能弯弓持矛，然其胸中智谋远胜于兵甲。朕虽有征伐之志，却不能决断。前前后后建立的功勋业绩，都是此人的教导呀！”拓跋焘特意下诏尚书省：“凡军国大事，你们不能决定的，都应该向崔浩请教，然后再付诸实施。”

两人私人关系也不错，拓跋焘常到崔浩家中去，去时不打招呼。有时崔浩仓促出来迎接，连腰带都来不及系上，呈献的饮食十分粗糙，顾不上精心烹制。拓跋焘总是拿起筷子吃一点儿，有时站着尝一口才走，很给面子。

拓跋焘曾经把崔浩领到寝殿，语重心长地说：“你才智渊博，侍奉过朕的祖父和父亲，忠心耿耿辅佐三代君王，朕一向把你当作亲信近臣。你应该竭尽忠心，直言规劝，不要有什么隐瞒。朕虽有时盛怒，不听你的话，事后还是会深思的。”

君臣关系如此密切，大臣们却敢于大肆攻击崔浩，所言必定是实，有把柄在手。归总起来，崔浩的罪状共有两条，第一条乱编国史；第二条任人唯亲。

编修《国书》是拓跋焘让崔浩做的。国史关系到国家的文化建设，拓跋珪曾经搞过，因为编史者邓渊之死，治史之事陷入停滞。

史书必须真实，拓跋焘一再下诏让崔浩“务从实录”，要求根据事实撰写。当然拓跋焘知道崔浩不可能将前朝隐秘之事，像天女相思、力微杀妻等不注重伦理道德、充满血腥和杀戮的野蛮史实一一录出。崔浩是个小心谨慎的人，汉人在鲜卑人朝廷中做事自然要加倍注意。比如，崔浩书写的《急就章》中有“冯汉强”的人名，一律改作“冯代强”。

令人意想不到的是，崔浩竟将拓跋氏定为汉代将领李陵的后代，并将存有争议的国史刻大石之上任人观看。拓跋鲜卑人怎么可能是李陵之后，如此轻率，如此莽撞，莫非昏了头？

以前拓跋焘认为鲜卑贵族们之所以痛恨崔浩，起因于那场未遂政变。以刘洁为首的鲜卑贵族首领们图谋拥立皇弟拓跋丕继位，崔浩揭露了他们的阴谋。许多鲜卑贵族在那次政变中人头落地。现在看来，事情远不止这么简单。

他们指的宜都王是鲜卑贵族穆寿，北魏开国功臣穆崇的孙子。太子监国后，穆寿与崔浩共同辅佐太子理政，拓跋焘希望两人相互制约、互相平衡。

穆寿前年死了，崔浩独掌大权，汉人偏向汉人，任命汉官多一点儿在所难免。北魏朝廷官员不发工资，州郡县一把手自然成为抢手货。拓跋焘以为拓跋贵族仇恨崔浩是与汉人争夺地方官员名额所致，令他深感意外的是，此次指责崔浩的人中竟然有许多汉官。难道在穆寿死后，崔浩果真像他们说的那样任人唯亲？

如果真是这样，说明什么呢？第一，崔浩不忠诚；第二，不谦恭；第三，不正直；第四，不廉洁。

如果这种不忠、不恭、不直、不廉的官员不加惩处，天下人会怎么看我？拓跋鲜卑人会怎么看我？崔浩，你太让我失望了！拓跋焘再也压抑不住心中的怒火，大声喝道：“太子呢？太子在哪里？”

贰 景穆太子

拓跋焘有十一个儿子，长大成人活下来的只有四个。拓跋焘雄武一生，后嗣不尽如人意，唯有长子拓跋晃总算有点儿出息，“明慧强识，过目不忘，好读经史，皆通大义”。聪明、记忆力好，理解力也可以。五岁立为皇太子，十七岁监国。太子在国史事件中扮演了一个什么样的角色呢？有人说，太子拓跋晃是鲜卑贵族反对崔浩的背后黑手，起因于灭佛事件，因为太子是佛教徒，事实是这样吗？

拓跋晃有一个大大的缺点，为人懦弱。拓跋焘出于历练太子的考虑，远征柔然带着太子。战争中拓跋晃表现出来的能力深得拓跋焘赞许，但懦弱的性格注定了他令人惋惜哀伤的命运。

拓跋焘远征，国内大事均由太子处置。监国的权力中心包括四个大臣，穆寿、崔浩、古弼、张黎，真正说了算的是穆寿和崔浩。拓跋焘最信任崔浩，穆寿总是以鲜卑贵族、红色子弟身份凌驾于崔浩之上。不管怎么说，穆寿活着的时候，尚能压制崔浩，他一死，崔浩专制朝权。

鲜卑贵族状告崔浩任人唯亲有根据，崔浩曾经一次任命几十名士人担任各地郡守。北魏选拔干部不搞科举，基本沿袭两汉的接班、聘任和荐举制。崔浩通过荐举制直接把几十个人推上地方领导岗位。

录用官员需要考核，何况是各地方的一把手呢？太子拓跋晃对此表示异议：“早先征聘的人才，也是作为州郡官人选的，他们担任副职已经很久了，辛勤劳苦一直没得到过朝廷的奖励，应该首先补充他们做郡县守令，让新征聘的人代替他们做副手。而且太守、县令管理百姓，应该由经历过世面、有经验的人来担当。”

拓跋晃说得很对，你推荐一批人，哦，上任就是一把手，先前征聘的人才怎么办？他们做副手很长时间了，应该让有经验的人做正职，后来的人干副职。

崔浩傲慢地拒绝太子提出的折中意见。经过再三争辩，拓跋晃最终满足了崔浩，几十人同时被任命。东宫官员高允叹息说：“崔公恐怕免不了一场灾祸，为了满足未必存在的私心而同长官对抗争胜，用什么来保全自己呢？”

崔浩为什么非要用这些人呢？难道真像政敌所说的那样，这些人是亲朋好友，或者行贿送礼？亲戚里面必然有。高门士族之间彼此联姻，像范阳卢氏、太原郭氏、河东柳氏都与清河崔氏有婚姻关系。崔浩为官不清廉，受贿不可避免。这些均不重要，重要的是崔浩要效仿魏晋，建立一个以世家大族为中心的国家政治制度。表现在官员选拔上，就是九品中正制。因此，崔浩推荐的人都是高门望族。

两晋南北朝是中国历史巨大变革的时期，入侵、战争、各种势力的斗争使土地丧失所有权。每个人的利益处在重新分配的重要关口，人们反复争夺，不惜发动战争，从八王之乱到北魏建国一刻都没有停息。社会需要秩序，国家需要安定，首先要做到让拥有财富的每一名成员感到满足。

崔浩大整流品，明辨出身姓氏等级，严格搞起门阀制度。他渴望以门阀社会来确保国家的安定与繁荣。上等人就是上等人，下等人就是下等人；有钱就有钱，没钱就没钱。换句话说，门阀制度就是“老子英雄儿好汉，老子狗熊儿浑蛋”。

外甥卢玄劝过他：“别这么搞，创立制度进行改革必须根据实际情况，因时而异，因地制宜，您想想，赞成这项措施的能有几个人？三思后行吧！”

崔浩没有听，他这个人才华横溢，具有与生俱来的贵族性格，傲慢、专横、固执、做作。崔浩不仅走到鲜卑贵族的对立面，由于过于固执、不善于调和各方面矛盾，在汉人中间也引起分裂，失去庶族地主，甚至代北豪门的支持。他把鲜卑贵族、代北豪强和庶族小姓得罪个遍。

以门第论英雄，固然可以得到中原高门士族的拥护。但对于鲜卑贵族、各族部落首领、汉人代北豪强、庶族地主来说，无疑是一场噩梦。贵种事件充分暴露出崔浩这种可笑的固执。

贵种事件的主角叫王慧龙，出自太原王氏，王愉的孙子。太原王氏是中原大姓，八王之乱时渡江，在江南亦是望族。桓楚时代，王家支持桓玄，刘裕上台之后，将王愉一家满门诛杀，年仅十四岁的王慧龙被沙门僧彬藏匿，逃到江北投靠北魏。由于孤身一人，没有人证，所以《魏书》说他自称太原王氏。

崔浩一见面便认出其真身，因为太原王氏有一个特征，世代出酒糟鼻，有名的齇王世家。王慧龙鼻子长得特别大，仅凭此一点，崔浩便把女儿下嫁，逢人便赞美说：“真是贵种啊。”

鲜卑人听了极为不满，天下是鲜卑人流血流汗打下来的，你们是贵种，我们呢？长孙嵩特意告了一刁状，拓跋焘把崔浩召来大骂一顿，强迫免冠谢罪才算了事。后来，江南又来一号人物，一个叫鲁轨的贵族指名说王慧龙是王愉家的沙门僧彬和主母私通所生，又是一个疑案。到底鲁轨说的是实情，还是鲜卑贵族们唆使的呢？从酒糟鼻来看，王慧龙应该是王氏的后代，但魏国人相信鲁轨的话。崔浩出丑了，把女儿嫁给和尚的私生子。

嫁女是私事，人们可以不管不问。荐才是公事，是国之大事，关系到无数人的切身利益，关系到各种势力的均衡。

拓跋焘对太子大加申斥，暴跳如雷，像猛虎一般咆哮怒吼，吓得太子体若筛糠。也难怪，拓跋焘恨铁不成钢，姑不论崔浩是对是错，官员任免的最终决策权在太子，并不在崔浩，怎么能大权旁落，臣下说什么是什么呢？你身为太子，有没有主见，有主见为什么不坚持，这样的国君岂不为臣下所摆布？何况崔浩任命官员并不是以国家利益为出发点，已经怨声载道，威胁到国家安全了！

太子拓跋晃遭太武帝拓跋焘劈头盖脸一顿斥骂，胆战心惊，他最害怕这位脾气暴躁、喜怒无常的父皇。拓跋晃之所以违心批准崔浩的选官计划，不是惧怕三朝元老崔浩，实在是因为父皇对崔浩言听计从。太子做事小心谨慎，处处揣摩拓跋焘心事行事，不敢越雷池半步，怎么也想不通父皇为什么因修史之事迁怒于自己。

叁 国史石碑

崔浩第二条罪证，乱编国史。

为加强北魏文治建设，编修国史是拓跋焘亲定的，圈点崔浩、高允、张伟等名士学者共同参加，撰写《国书》。拓跋晃不遗余力支持，国史很快修订完工。国史大多不是崔浩亲自撰写，他负责面上的工作，史料的损益褒贬、折中润色等，整理编写另有具体负责的人，包括著作令史闵湛、郗标等人，这些人性情乖巧、奸佞，很受崔浩宠信。

崔浩以前曾经注解《易经》《论语》《诗经》《书经》。这帮专门拍马屁的小人为了奉承崔浩，上表请求皇帝让崔浩继续注释《礼传》，让全国学习，并建议崔浩把所撰写的《国书》刻在石碑上，以此来显示崔浩的秉笔直书。

高允听说这件事后，不无担心地对著作郎宗钦说：“闵湛、郗标所搞的这一切，若有一点儿差错，恐怕会给崔家带来万世灾祸，我们这些人不会幸免。”

踌躇满志的崔浩竟然采纳了闵湛、郗标的建议，太子拓跋晃表态支持。构思不错，经史石碑不仅仅是北魏帝国的文化形象工程，也确实能够起到推动文化建设发展的作用。

朝廷派人从邺城取石虎时代的“义石屋基”六十枚，运抵平城，把《国书》刻在石碑上，立在郊外祭祀的神坛东侧，占地一百步见方，工程共用劳力三百万。

西郊祭天坛是拓跋联盟祭祀神灵的地方，鲜卑王公、胡服勇士、女巫牧民，没有一人不到这里祭拜天地神灵。国史石碑立在那儿，摆明让拓跋贵族们看到，让他们学习汉学。

石碑掀起一场轩然大波，北中国大地人头落地，鲜血翻滚。这块石碑到底镌刻着什么？记载了多少见不得人的隐私？为什么一向谨慎、聪明的崔浩忽然失策？

石碑早已被毁，内容我们不得而知。北朝史书讳莫如深，南朝史书只言片语。有一点确认无疑，崔浩把拓跋鲜卑人说成是汉将李陵的后代。

崔浩搞改革，企图恢复魏晋以来的门阀制度。拓跋鲜卑人怎么办？他们可是胡族征服者，胡族怎么可能是中原的高门士族呢？他们的地位何在？他们的利益怎么保证？

如何才能体现鲜卑贵族的尊贵和确保他们在新体制中的利益，崔浩煞费苦心。编修《国书》时他玩了一个花招，将拓跋氏定为汉将李陵后代，拓跋部落联盟时代依附于拓跋部的各部酋长祖先成为追随李陵投降匈奴的汉人部属。李陵是汉代名将飞将军李广的孙子，祖先是秦朝大将李信，将门世家，曾率五千步卒孤军深入大漠，遭遇匈奴大军，力战而降，在匈奴娶妻生子，客死异乡。

拓跋氏是李陵的后代，自然成为汉人的高门望族。崔浩高明啊，实在是高，这么离奇的故事也能编造得出来，难怪对变革信心满满。谁知弄巧成拙，鲜卑贵族不买账，拓跋人是匈奴的征服者，怎么会成为汉人降将的后代？

石碑立在去祭天坛的交通要道上，不仅鲜卑人，来来往往过路的各族人看见后以此为谈资。北方鲜卑人都很愤怒，鲜卑贵族们争相向拓跋焘说崔浩的坏话，认为这是暴扬国恶，“国史之案”由此爆发。暴扬国恶不过是个借口，背后隐藏的是胡人与汉人巨大的利益争夺。

汉化方向无疑正确，拓跋焘灭佛、修史，用心明确。但是，崔浩制定的政策太过偏颇，门阀制度只维护一小撮人的利益，打击一大片，怎么能得到人们支持？况且当时鲜卑帝国仍处在相对野蛮的状态下。矛盾必将爆发，编修《国书》一事将一腔壮志的崔浩送上断头台。

拓跋焘一向严断，果于诛戮。眼见父皇因愤怒失去理性，太子拓跋晃知道崔浩完了，编修《国书》的大臣们也要跟着遭殃。善良的心性使他不顾自己尚卷在旋涡之中，向旁人伸出援助之手。他要救的人是谁呢？

肆 实话实说的高允

高允字伯恭，渤海人。渤海高氏是北方望族，高允从小有志气，为人大度。崔浩的父亲崔宏曾经预言高允必为一代伟器。少年时父亲去世，高允放弃家财出家为僧，法号法净。不久在家人劝解下还俗。高允喜好读书，最喜欢读《春秋公羊传》，曾经肩挑一担书，千里求学。孜孜不倦地学习使他博通经史、天文、术数。

高允通晓天文历法，却从不推算。游雅是高允的好朋友，多次就灾变询问。高允说：“阴阳灾变，很难明知，即使知道，害怕泄露天机，还不如不知道。天下值得探索的道理很多，何必偏问这个。”

高允大器晚成，四十多岁才进入朝廷做官，拜中书博士，迁中书侍郎，从此在中书侍郎的位置上一待二十七年。高允教太子拓跋晃国学，太子对才学渊博的师傅格外尊重。

北魏编修《国书》，高允兼著作郎，成为崔浩编修《国书》的副手。高允对崔浩选用汉官一事急躁冒进提出的警告、对国史石碑表现出的担忧全部成为事实。

拓跋晃找到高允的时候，高允正在中书省值班。拓跋晃让高允跟着去了太子东宫，晚上不让他回家，宫里留宿。

次日破晓，晨光熹微，拓跋晃领着这位师傅一同乘车入宫。走到宫门，拓跋晃神情紧张地说：“我们进去拜见至尊，我自会引导你说话。一旦至尊有什么话问，你只管照我说的话去回答，千万别搞错了！”高允见太子一脸严肃，莫名其妙，忙问：“出什么事了吗？”拓跋晃说：“一会儿进去就知道了。”

二人入宫，参拜完毕。太子开门见山，对拓跋焘说：“高允做事小心审慎，且地位卑贱，人微言轻，所有的一切均由崔浩主管制定，我请求赦免高允的死罪。”

拓跋焘冷冷地注视着高允，问道：“《国书》是崔浩一个人写的吗？”

高允一下子全明白了，东窗事发，预言成真。殿内阴森肃穆，太武帝严峻冰冷，让人毛骨悚然。一夜过去，拓跋焘愤怒的表情仍然没有丝毫消除。

高允缓缓回答说：“《太祖记》由前著作郎邓渊撰写。《先帝记》《今记》是臣和崔浩两人共同撰写的。崔浩兼事很多，总裁而已，并未亲自写多少，至于撰写工作，臣做的要比崔浩多得多。”

拓跋焘一听，龙颜大怒，大声呵斥道：“高允之罪大过崔浩，怎么能不死！”

“啊？”太子拓跋晃吓一跳，惊恐失色，心道你胡乱说些什么呀，怎么嘱咐的你，不想要命啦！连忙为高允辩解：“父皇天威严重，高允小臣，被父皇吓得惊慌失措、失去理智、语无伦次了。我以前曾经问过，他说全是崔浩一个人干的。”

拓跋焘又给了高允一次机会：“真像东宫所说的那样吗？”

高允一脸平和，静静回答道：“臣罪当灭族，不敢用假话欺骗陛下。太子因为臣很久以来一直在身边侍讲而可怜臣的遭遇，想放臣一条生路。实未问臣，臣也没有说过那些话，不敢迷乱胡言。”

找死，纯粹找死！世间有人喜欢找死，就像高允！

可世界非常奇妙，找死的人往往死不了，就像高允！

拓跋焘转过头来对太子说：“正直啊！人情所难，高允却能做到！临死不易辞，诚信也；为臣不欺君，忠贞也。其罪特赦，还要加以褒扬。”

很多人认为高允憨厚诚实，因说了实话才保住一条性命。高允在北魏帝国历太武帝拓跋焘、隐王拓跋余、文成帝拓跋濬、献文帝拓跋弘、冯太后和孝文帝元宏时期，经过无数大风大浪、宫廷阴谋、朝局变幻，官越做越大，历代皇帝、鲜卑贵族、汉人豪强、平民百姓没有一个人说他坏话，均倚为栋梁，这不是一个憨厚诚实可以解释的。

伴君如伴虎，那要看怎么做。做人有做人的原则，做官有做官的原则。做官必须做到为民无私，如果为了荣华富贵，这个官不做也罢。有私心，会患得患失，从而招来灾祸。站队不是很重要的事，世事变化无常，今儿站对了，明儿站对了，难保后天、大后天还能站得准。

高允这艘小船在北魏帝国朝局的惊涛骇浪中，向着唯一目标稳稳航行而不覆，自有他为人处世做官的奥妙。

有人认为高允不识时务，缺乏权变。高允心机之深沉，世故之练达，在北魏国大臣中首屈一指，翟黑子事件足见高允料事如神。

北魏法律对受贿者刑罚严酷，赃满一匹皆死！

辽东公翟黑子深得拓跋焘宠信，奉命监察并州，接受当地官员一千匹绢布贿赂。高允在百官之中颇有人缘。事发后，翟黑子向高允讨主意：“皇上问起这事，我该实话实说呢？还是死不认账？”高允回答道：“公帷幄宠臣，犯了罪该自首，这样或许会被皇上赦免，不能再次欺骗皇上。”翟黑子的亲信们不同意：“怎么能说实话，皇上最恨贪污，一匹布就治罪，何况一千匹！不能坦白！”翟黑子顿足捶胸，埋怨高允：“君为何要诱我入死地！太虚伪啦！”

翟黑子与高允绝交，入宫拜见拓跋焘，死活不承认收受贿赂的事。拓跋焘大怒，立斩翟黑子。

太子拓跋晃百般揣摩拓跋焘的心思，他不懂，高允懂，可以看透拓跋焘的灵魂。国史案后，拓跋晃责备过高允：“人要懂得见机行事，人不知机，研究学问干什么呀？我替你开脱死罪，引导你说话，怎么不听呢？把至尊气成那样，回想起来，心有余悸。”

高允对太子说：“史官就是要直笔，今之所以观往，后之所以知今，为将来戒。这样，人君才会心生畏忌，做事才会谨慎。崔浩辜负圣恩，私欲盖过廉洁，爱憎掩盖公直，才有此祸。书朝廷起居，言国家得失，这是史官的重要任务，算什么罪过？臣与崔浩同其事，死生荣辱，义无独殊。臣蒙殿下再造之德，违心说假话，那才是不应该的！”

高允看似木讷，其实洞察世事，心机深沉。他清楚看出，崔浩之罪并不是书写《国书》失当，而是平时为官过于贪婪，对鲜卑贵族和汉人豪强的爱憎过于分明，对己不能廉洁自律，对人不能一视同仁，这样就让人怨恨。

拓跋焘绝非因《国书》一事诛杀崔浩，而在于崔浩破坏了鲜卑贵族和汉人豪强之间的势力均衡，被鲜卑贵族抓住劣迹把柄，如不杀崔浩，会引起政权动荡。

至于为什么不顺着太子的意思开脱自己，高允没有对太子说实话，但他私下里对别人说的一句话，点出了问题的关键所在：“我不听东宫引导，恐怕辜负了翟黑子。”翟黑子欺骗拓跋焘被杀，像这样的明君不能欺骗。翟黑子用生命证实高允的判断，高允怎么可能再犯类似的错误。

高允依靠诚实和洞察力逃过拓跋焘制裁，而崔浩在劫难逃，两位北魏名臣的结局可谓有云泥之别，原因何在？如果说性格决定命运，那么，两人的性格差别在哪里？北魏的汉化改革路在何方？

伍 百世门阀，富贵成空

拓跋焘召崔浩及编修《国书》的官员进殿，冷冷地把大臣们罗列的一条条罪状抛了出来，素来脾气暴躁的拓跋焘面目狰狞，神色可怖，大发雷霆。机警过人、神机妙算的三朝老臣崔浩面对种种责难恐慌迷惑，身战股栗，无言以对。

人家的指责哪一条不是事实？著作郎宗钦以下官员伏地流汗，心胆俱裂，面无人色。倒是高允据理陈说，逐一申辩，条理清晰。

拓跋焘见崔浩无话辩解，更加恼怒，狂躁的性子发作，暴怒地吼道：“高允！拟诏！崔浩及宗钦、段承根等编修《国书》的官员、僮吏皆夷五族！”

高允退下去拟旨，半天不见动静，拓跋焘一次又一次派人催促。高允犹豫再三，迟迟不肯落笔。他知道，编史的官员连僮吏算上，有一百二十八人，这些人全部夷灭五族，那可是近万人！

拓跋焘具有大英雄主义的情怀，看不惯猥猥琐琐的人。崔浩朝堂的表现不仅给了攻击者以口实，一瞬间让拓跋焘也失去了平常对崔浩的欣赏和好感，竟然迁怒于僮吏和家属，上万人被诛杀将成为北魏开国以来第一大案。

高允下定决心，不顾自身安危，转回殿去，奏道："崔浩之罪，如果还有其他别的原因，臣不敢多说。仅仅是因为冒犯皇族，其罪不至死。"拓跋焘震怒的情状可想而知，脸都绿了，命令殿内武士逮捕高允："把他给我抓起来！抓起来！"

太子拓跋晃跪倒在地，苦苦求情。半晌，拓跋焘怒气平息，叹了口气说道："没有此人，另外将有数千口死。"

高允与拓跋焘的对抗是一场理智与冲动的较量，最终理智占据上风，这源自高允的智慧、风骨与节气。

崔浩曾经对游雅品评高允说："高生丰才博学，一代佳士。所欠缺的是刚毅的风骨和矫矫风节。"高允给人印象，才华玉韫珠藏，外表温和柔顺，说话慢慢腾腾。游雅和高允多年的老交情，从来没见他有过喜怒哀乐之色。所以游雅对崔浩的品评深以为然。但是，国史一案最终改变了游雅和群臣对高允的认识。

崔浩的罪责能够拿到台面上的无非是些编修《国书》一类的纤微小事。崔浩在拓跋焘冲天震怒斥责之下，恐慌迷惑，声嘶股栗，说不出话来。宗钦以下的官员们伏地流汗，面无人色，最终淹灭在拓跋焘的怒海之中。只有高允辞气不屈，将一件件事申述得明明白白，有条有理。辞义清辩，音韵高亮。人主为之动容，听者无不神耸，这难道不是所谓的刚毅的风骨吗？

国史之狱，鲜卑贵族借机报复中原士族。清河崔氏一门，与崔浩有姻亲关系的北方豪门范阳卢氏、太原郭氏、河东柳氏被灭族。编修《国书》的一百二十八名大小官员、僮吏被斩。鲜血笼罩北中国，文明冲突又一次引发一场空前残酷的大屠杀。

漫天的风沙淹没了平城古道，白发苍苍的崔浩手握囚车栏杆，头发蓬松，身板硬硬地挺着，已经从前些日子的惊惧中回过神来。他问心无愧，为了理想献身是每一个英雄的荣誉。

弥漫山泽的牛羊、堆积如山的财货，衣则重锦、食则粱肉的荣华富贵已如过眼云烟。几十个鲜卑士兵站在囚车上，向崔浩头上撒尿，嗷嗷呼叫着，尖锐的叫声穿透风沙，路上行人听得清清楚楚。

人的灾难从何而来？来自人与人的矛盾，来自民族与民族的矛盾，来自国家与国家的矛盾。八王之乱后，中国社会经历了一场场的战争，多少人家破人亡、妻离子散，北方人民没有过上几天安生日子。

拓跋焘一统北方，让人民再次看到和平曙光。鲜卑贵族没有统治经验，农耕地区的人民要靠汉人管理。崔浩治理国家过于激进，急于将鲜卑人纳入中原地区传统文化体系。中原的土地大多由汉人豪强控制，牧牛放羊的鲜卑等游牧民族的利益又在何处呢？他忘记了老子的一句名言：“治大国，若烹小鲜。”激进变革只会让事情变糟，但若没有“我自横刀向天笑，去留肝胆两昆仑”的豪情壮志，人类进步又怎能日新月异？

崔浩事件是野蛮对文明的践踏，是野蛮人的一场胜利。北魏统治者最终会明白，单靠淳朴风气和勇敢精神，不能构建一个文明有序的社会，国家统治不会长久。充满讽刺意味的是，几十年后，崔浩期待的文化大一统的门阀社会在孝文帝手里得以实现，那时的鲜卑贵族们争相自诩为李陵子孙。

人们提起英雄，总会津津乐道那些在千军万马、枪林弹雨里出生入死的将士，而顽强不屈的读书人也是撑起华夏民族精神脊梁的英雄。崔浩为儒家文化献身的勇气值得称赞，但他为创建文明动用的武器却是促进社会不公平的门阀制度，失败早已注定，孝文汉化最终也丧败在门阀制度之下。

两天后，拓跋焘北巡阴山，有人带来北部尚书李孝伯病逝的消息。拓跋焘随口叹道：“李宣城可惜！”不一会儿，又改口说：“朕失言了，崔司徒可惜，李宣城可哀！”可见，杀死崔浩让拓跋焘陷入了深深懊悔之中，他原本可以将这一事件处理得更加合理。血腥只会让人民学会血腥，恐怖只会让人民习惯恐怖。

家不和，外人欺。北方鲜卑贵族与士族豪强的内乱撩起南朝收复中原的万丈雄心，宋文帝刘义隆倾全国之兵力发动了声势浩大的第二次元嘉北伐。

第五章
元嘉草草

元嘉草草，封狼居胥，赢得仓皇北顾。四十三年，望中犹记，烽火扬州路。可堪回首，佛狸祠下，一片神鸦社鼓。

辛弃疾在他的《永遇乐·京口北固亭怀古》词下阕中用忧郁的笔调描绘出元嘉北伐的仓皇狼狈，以此为戒，劝谏当时韩侂胄主政的南宋朝廷北伐要精心准备，不打无把握之仗。这首词广为流传，许多人把元嘉北伐与开禧北伐相提并论，元嘉草草深深印在人们的脑海中。这一场战争只不过是辛弃疾警诫、讽谏南宋朝廷，顺手拈出的一个历史典故。说元嘉年间的北伐战争草草而已，恐怕长埋地下的刘义隆和拓跋焘也难以认同。

刘义隆为这场战争准备了二十年，它是南北朝争霸中原的巅峰之战。拓跋焘的北魏帝国不是金章宗完颜璟那黄河三决口、蒙古诸部兴起、内忧外患的金朝。战争之前，北魏灭掉匈奴，扫平辽海，打得柔然汗国只有招架之功而无还手之力，帝国骑兵踏上青海，击败谷浑，自焉耆西讨龟兹，平定西域。北魏铁骑百万，战马成群，国力鼎盛，刘义隆知难而进，主动出击。前锋惨败，鲜卑百万大军临江。刘义隆坚持抗战，拒绝讲和，迅速收复失地，使战无不胜的拓跋焘深陷四面楚歌之中，死于宦官之手。此后一百三十九年北人只能望江淮而叹，心有余悸，又怎么是那个置韩侂胄生死于不顾的宋宁宗赵扩可比？

封狼居胥

柔然人丧失斗志，敕连可汗在北魏国的不断军事打击下去世，儿子郁久闾吐贺真继位，号称处罗可汗，意为天下无双的皇帝。处罗可汗只和魏军前锋兵团打了一仗，便逃了九日九夜，再不肯做正面接触。魏军马队两次深入漠北数千里都找不到这位独一无二的大汗。

夏国盟友灭亡，柔然人逃得渺无踪迹。魏军找不到，刘义隆更联系不上。卢水胡匈奴人盖吴在关中举行反魏大起义，向宋朝称臣，请求宋军支援。刘义隆只给盖吴一摞委任状，未派一兵一卒——他认为盖吴难成大事。

刘义隆凭着小聪明仍然发了财。借关中战乱，宋人引诱魏国南境的百姓到南方定居，给足优惠政策，免费发放“绿卡”，免除七年的捐税。河南百姓、关中难民拖儿带女往江南跑。为此事，拓跋焘亲自给刘义隆写信交涉，讥笑他坐视关中战争而不敢救援，趁火打劫引诱北方百姓叛逃的卑鄙行径。

现在我们发展经济讲究促进科技进步，提倡改进生产工具，南北朝是生产力量变期，人口多创造财富多。由于长年战乱、人口匮乏，各国争相抢夺人口。尤其是北魏帝国，迁高车人到漠南，迁汉人、匈奴人到平城，史书中有关记载比比皆是。郭茂倩《乐府诗集》中的《陇头歌辞》记载了被迫迁徙的人们离开故乡、流离失所的悲惨境地：

> 朝发欣城，暮宿陇城。寒不能语，舌卷入喉。
> 陇头流水，鸣声幽咽。遥望秦川，心肝断绝。

风尘跋涉，饥渴劳顿，冷得连话都说不出，几乎僵死过去，遥望家乡，肝肠寸断，这是从关中地区迁徙平城离人的真实写照。

刘义隆比较人道一点儿，采取货物引诱。这是强权和金钱之间的区别，强迫没有积极性，为了钱再苦也受。不过，刘宋朝廷对待南蛮就不那么客气了。南蛮是中原人对南方土著人的蔑称，后来演变成北方少数民族对南方土著人的称呼，算自食其果吧！汉人进入江南，蛮人逃到深山老林里。当时雍州蛮最多，武当山、桐柏山、大洪山、大别山聚居着许多蛮人。

这不都是廉价劳力吗？刘义隆下令剿匪。襄阳战区涌现出几名将星，建威将军沈庆之、后军中兵参军柳元景、随郡太守宗悫。

沈庆之岁数不小了，六十岁，大器晚成。青年时代参加乡兵与孙恩义军作战；三十岁默默无闻，在家耕地；三十五岁时来运转，跟从到彦之北伐，撤下来后，又随檀道济北上。檀道济慧眼识英雄，一眼相中，推荐给刘义隆，领队防卫皇宫东掖门，成为一名禁卫军官。近水楼台先得月，宋军剿匪不力，刘义隆任命三子武陵王刘骏为雍州刺史，去襄阳剿匪。沈庆之成为他的参军，从此一发不可收拾，军事才华展露无遗。

柳元景是江南名将。宗悫，从他少时励志的一句话便知此人的厉害，“愿乘长风破万里浪！”这三位凑一起，蛮人哪里是对手。第一仗下来，俘获人口十余万；第二仗下来，俘获人口五六万；第三仗下来，蛮人全体投降。沈庆之患有头风病，常戴狐皮帽，蛮人叫他“苍头公”。每次看到沈庆之的军队，蛮人都畏惧地说：“苍头公又来了！”

投降的蛮人一律迁徙到南京做营户。营户就是军营户口，耕田、匠作供养军队。对于掳掠人口，南北朝一个样子，没啥大区别。

崔浩国史之案爆发，北方四大豪门被灭族，上千名汉人豪强官吏被杀，民族矛盾顿时变得尖锐起来。北魏国动荡不安的局势让刘义隆重新看到收复中原的希望。

时隔元嘉七年（430）的第一次北伐已过去二十年，刘义隆励精图治，二十年间宋朝国力达到鼎盛，号称元嘉盛世。刘义隆毕生有一个宏大的目标，就是收复河南失地。河南是中原的象征，洛阳是晋朝国都所在地。对于宋朝人来说，河南在文化上的意义，相当于巴勒斯坦之于阿拉伯，科索沃之于塞尔维亚。

大臣们迎合刘义隆的圣意，纷纷上表请求经略中原。北伐主张最为激烈的有三个人，丹阳尹徐湛之、吏部尚书江湛、彭城太守王玄谟。丹阳尹相当于现在的北京市市长，吏部尚书当然是组织部长，彭城太守也就是徐州市委书记。徐州与河南接壤，属边关重镇。王玄谟官职虽小，提议发动战争最卖力。

王玄谟祖籍太原，生性刚直，性格孤傲，自称东汉司徒王允之后，祖父曾在慕容燕国为官。刘裕平南燕，二十岁的王玄谟进军营拜会，纵论天下事，打动刘裕，拜为从事（地方官的佐吏）。王家的人寄予厚望，赞他气概高亮，希望能够振兴王家。

王玄谟确有雄心壮志，上表进献北伐之策，总结了元嘉第一次北伐战争失败的原因。他说，若想实现王道霸业，不能指望天时，要靠谋略。虎牢、滑台两处要塞的失守，不是因为守将无能，而是因为根基不稳固。两处战略要地离国境太远，补给线太长。士兵厌倦远征，民夫相当疲劳。以江东之兵攻打虎牢关和洛阳，道路太远。怎么办呢？不如动用襄阳和寿阳的军队，兵分两路，直指洛阳。这样路途近，将士不会有远征的辛苦，补给线相应缩短。

作战方针不无道理，但王玄谟忽略了一件事，仅靠地方部队能够打败北魏军队吗？如果把江东地区的中央军调到上述两个地区发起攻击倒不失为好主意。对于江东兵来说，无论怎么调动都是远征，出境作战免不了远征，王玄谟孩子气十足。

王玄谟频频上表，意气飞扬，热情洋溢，慷慨激昂，撩起刘义隆万丈雄心，指着表章对群臣道："闻王玄谟陈说，使人有封狼居胥之意。"

封狼居胥是指西汉骠骑将军霍去病深入漠北，大败匈奴军，追击到狼居胥山（今蒙古境内）祭天地封禅之事。刘义隆自比汉武帝，战争板上钉钉，徐湛之、江湛等大臣懂得皇帝心意，大唱赞歌，力主北伐。

一个国家进行战争，大多是武将倾向出兵，文官们持慎重态度。刘宋朝廷则不然，文官们大力支持北伐，反而以太子刘劭为首，萧思话、刘康祖、沈庆之等将领表态反对。

刘康祖从军事角度分析，认为如今是六月份，等到备战出兵，到达河南已是秋季，河道不畅，不利于水陆协调作战。刘义隆用三寸不烂之舌同反对出兵的将领们展开了辩论，舌战群将。他认为北魏国鲜卑和汉人矛盾激烈，各地义军风起云涌，政治上极为有利。今年不出兵，贻误战机不说，北方人民对南朝的向心力也会受到损害。

沈庆之说得明了坦率："我们是步兵，敌人是骑兵，平原作战根本不占优势。元嘉第一次北伐，到彦之失利而返，檀道济两次出兵没有打赢。料想王玄谟等人之才，超不过两位将领，军队的强大也不比从前，恐怕王师会再次蒙羞。”

刘义隆一听到檀道济和到彦之的名字就来气：“王师两败，另有原因。彦之中途发病，眼疾沉重，不得不退。道济养寇自资，别有用心，檀公三十六计走为上，不是他的杰作吗？真的打不赢吗？索虏所仰仗的不就是马嘛。今年雨水频繁，河道畅通，我军泛舟北下，碻磝守敌一定会逃跑，滑台小戍，易于攻拔。克此二城，我们就地取粮，安抚百姓，虎牢、洛阳自然到手。等到初冬，防线早已坚固，虏马过河，正可擒来。”

沈庆之再三反对，刘义隆听得厌烦了，大袖一挥：“去和徐湛之、江湛讨论去！”沈庆之瞟了一眼两位弱不禁风的书生，强按心头不满：“治国譬如治家，耕田种地当问农夫，纺织女红去问婢女。陛下您现在要发动战争，和一帮子白面书生辈谋划大略，哪能成功！”刘义隆听罢，哈哈大笑。笑归笑，北伐主张不容更改。

正为崔浩之事懊恼的拓跋焘听说老朋友又要北伐，便写信揄揶：“两国彼此和好日久，可你却贪得无厌，诱我边民。现在听说打算亲自来，好哇，倘若你能走到中山城及桑干川，请随便来。来亦不迎，去亦不送。如果你厌倦所居国土，不妨我们易地而居，你到平城来住，我可以去扬州。你年已五十，未尝出户。即使能来，不过如同三岁婴儿，与我生长于马背上的鲜卑人如何相比！我没有多余的东西可以送你，今送猎马十二匹并毛毡、草药等物。路途遥远，马力不足，可乘我送的马，水土不服，可以吃我送的药，千万别走到半路病倒了。”

刘义隆看罢，一笑置之，真正的较量不是耍嘴皮子，要动真功夫。他为这次北伐准备了二十年，元嘉盛世的大宋国上下安和，兵精粮足，决非第一次北伐可比。刘义隆精心做了后勤保障，发起全民总动员，招募全国有武功的勇士，征发江北六州青壮年入伍。

为了保证此次战争军费充足，刘义隆下诏，所有官员工资一律减掉三分之一。富裕阶层必须捐款，财产超过一定数额的限地区借款。上起王公、王妃、公主及朝廷官员、牧守，下至富民，各献金帛、杂物以助国用。扬州、南徐州，南兖州、江州四州，凡是富户人家家产超过五十万钱的，僧侣尼姑的积蓄有满二十万钱的，都要借出四分之一来供军队急用，战事结束即可归还。

八百大梨

金风送爽，天高云淡，清清的河水漾起细碎波光，一眼望不到尽头的战船满载甲胄鲜明、刀枪耀目的宋朝官兵向北方前进。前锋军团水军主将王玄谟趾高气扬地立身船头，身侧是副将苍头公沈庆之、参军申坦。从资历或军事经验看，前锋官应是沈庆之的。打仗要有信心，王玄谟信心十足，沈庆之成天唱反调，一个临阵懦弱的将领做个副将就不错了。前锋兵团受青、冀二州刺史萧斌节制。萧斌是皇室外戚，刘裕继母萧文寿的母家子弟。

此次北伐，刘义隆分东西两线，东线萧斌统率主力兵团乘舟舰入黄河东下；臧质、王方回的步兵向许昌、洛阳进发；武陵王刘骏出徐州；南平王刘铄出寿阳。西线，随王刘诞督率柳元景、薛安都、庞法起诸将出襄阳，率军进攻弘农；梁州刺史刘季之出汉中策应。

刘义隆的五弟、江夏王刘义恭坐镇彭城，担任东线北伐军总指挥。刘义恭自小聪明，姿颜美丽，是刘裕最钟爱的孩子，饮食寝卧，常不离于侧。刘裕为人俭朴，皇子们吃东西从不超过五盘，唯独小刘义恭爱吃多少吃多少，以至于赐的东西吃不完分给旁人吃。像庐陵王刘义真等皇子求都不敢求，即使要也不给。十二岁任大都督，镇守历阳。刘义隆继位，拜江夏王。此后，辗转各地为都督，元嘉二十一年（444）进太尉、领司徒，做了刘宋王朝的宰相。

在父亲和兄长溺爱环境下长大的王爷能好到哪里去，刘义恭读书粗通大略，生活骄奢不加节制，不是将才。不过不必担心，刘义恭虽身为西线总指挥却没有军队指挥权。

东晋王朝的历次北伐，北伐军统帅大多由高门士族担纲，桓温、谢安、谢玄俱成为一时风云人物，刘裕更是凭借北伐声威代晋称帝。刘义隆吸取教训，为杜绝功高震主的现象，战功必须交给皇族，刘义恭便担当了这一角色，幕后真正的指挥官其实是皇帝本人。

刘义隆两次北伐军事方针，完全克隆刘裕北伐后秦之战。他仅仅学得刘裕的形，没有学到刘裕的神。分路出击，虚中有实，两人一致。但是，刘裕有最终战略目的，即各路军队必须攻入关中与敌人决战。

作战有一条基本原则，拿破仑曾经指出：消灭敌人有生力量，不要占领地盘。刘义隆心里想的只是土地，而不是敌人。不管第一次，还是第二次，都没能迅速找到敌人展开决战。宋军战略部署已经埋下失利的种子，从这一点上看，刘义隆不是合格的军事指挥员。

刘义隆自视很高，别出心裁创造出中诏，亲自调动指挥军队，所有军队必须听从他一人指令。当然这有利于统一指挥，协调作战。但在当时条件下，刘义隆坐镇南京指挥，来回数千里，快马也要好几天，战场形势瞬息万变，只能贻误战机。看来，刘义隆比较适合现代化作战，现在有电报、电话、电子卫星指挥系统。

北魏的军事力量集中于河北和都城平城一带，中原物资屯集在黄河两岸重要的戍口，碻磝（黄河古津渡口，故址在今山东茌平）和滑台。攻取碻磝和滑台，切断黄河南北联系便成为第一仗的关键。

刘义隆制定的作战方针，由萧斌指挥六万水军从黄河攻击碻磝和滑台，与其余各路军队形成对河南之敌的包围，这是一招关门打狗的战术。

萧斌军团逼近碻磝，魏军守将弃城而走。萧斌与沈庆之留守，前锋王玄谟继续率军西进，兵围滑台。刘铄军前锋刘康祖攻克长社（今河南长葛），进逼虎牢关，宋军又一次攻占河南大部。襄阳军团柳元景、薛安都等将领越过熊耳山，进入关中。

各路宋军进展迅速是北魏主动进行战略退却的结果，宋军发动军事进攻之前，北魏将领们请求拓跋焘增派援兵抢救黄河沿岸储存的物资。拓跋焘不以为然，对群臣说："马今未肥，天气尚热，现在反击必定无功。倘若宋兵不断深入，我们暂且退到阴山躲避一下。我们鲜卑人本着羊皮裤，何用锦帛！只要拖到十月，就没有什么可忧虑的了。"

拓跋焘作战总有一种大气魄，大开大阖，不计较一城一地之得失，可以千里出击，亦可千里退守。他还是高看了刘义隆，认为宋军有可能渡过黄河攻击河北，直指平城，甚至做出退至阴山草原的思想准备。非开国之君、少年继位的拓跋焘不留恋温室暖乡、钟鸣鼎食，但一直保持着鲜卑人固有的纯朴和勇敢，亦属难能可贵。南朝皇帝刘义隆最缺乏的就是这种大气魄，封狼居胥的豪言壮语只能停留在嘴上。

滑台是此次北伐的重点，刘义隆给出的作战方针就是攻取碻磝和滑台，对河南魏军形成包围之势，就地取粮，安抚百姓，修筑黄河防线，坚持到初冬。

进攻滑台的王玄谟军队有两三万人，士气旺盛，武器精良，是各支军队中的王牌军。宋军溯流而上，弃舟登岸，一举包围滑台城。北魏守军措手不及，城中茅屋尚未拆除，将士们请求用火攻，王玄谟不同意。这违反战前皇帝钦定的作战计划，用滑台粮食解决军粮，烧毁了怎么办？王玄谟把将士们一顿好呲："滑台早晚是我们的，哪有焚烧自家财物的道理！"

结果人家很快把茅屋拆光了，刘义隆预料的不假，北魏诛杀崔浩，引起境内汉民的恐慌。北方汉人争先恐后给宋军送粮秣，每天有数以千计的人拿着武器前来投奔，王玄谟一概收编到队伍里去。此举引起带头的豪门士族的不满，属于自己的部曲佃户，一下子变成兵户，做了你王玄谟的私人部曲，我们怎么办？

南方人头脑灵活，善于做生意，受其影响，在江南待久了的王玄谟很快觅到商机。当时河南地区的土特产大梨名贵，王玄谟用军中的布匹换百姓家中的大梨，一匹布换八百大梨，人家不愿意便强征。结果，北方汉人对宋军大为失望，滑台两个月未能攻取。

王玄谟的表现引起各路将领的不满，中央军步兵主将臧质上表刘义隆，请求乘驿代将，什么意思呢？我率领的步兵不是走得慢嘛，抛下军队，换乘驿站的快马，赶到滑台去代替王玄谟攻城。

臧质当时仅仅是白衣领将，怎么这么大的口气呀！臧质字含文，父亲臧熹是刘裕结发妻子臧爱亲的弟弟。臧质属于贵戚公子，人长得寒碜，矮个子，秃顶卷发，高颧骨，突下巴，露着一口大牙。少好鹰犬，喜欢赌博，行为轻薄不知检点，既喜女色，又好男风。虽说是外戚子弟，却能涉猎史籍，有气干，喜欢谈论军事谋略。领兵讨伐南蛮，俘获奴隶、牲畜不交公，其中漂亮英俊的男人直接做了性奴。被人告发，免官。此次北伐，戴罪立功，以白衣之身指挥一支军队。臧质心高气傲，立功心切，要求替代王玄谟。临阵换将，兵家大忌，刘义隆不准。真若换成臧质，宋军也不至于这么快溃败。

寒冷的西北风传来了刺耳的胡笳声，成群的胡马像一团团翻腾的乌云从北方呼啸而来。

叁 兵败滑台

王玄谟久攻滑台不下，结果等来北魏军队战略大反击。太武帝拓跋焘集中帝国数十万骑兵，令太子拓跋晃屯兵漠南防御柔然入侵，留吴王拓跋余守平城。数十万铁骑以排山倒海之势扑向黄河重镇滑台。

为防备魏军渡河，王玄谟派部将垣护之率一百艘战舰抢先占领距离滑台西南一百二十里的石济津口。垣护之最先得到北魏军队即将发动反攻的情报，火速报送王玄谟，劝他不惜一切代价尽快拿下滑台。

滑台攻不下来，宋军的黄河防线有名无实。将领们听说魏军要来，纷纷建议结车为阵，构筑防御工事，王玄谟没采纳。他并非不想打下滑台，但他为将严苛少恩，只想立威风，不施恩信，吝啬赏赐。宋军官兵中流传一句话，叫作"宁作五年徒，不逐王玄谟"。宁肯做服五年劳役的囚徒，也不愿在王玄谟手下当兵。可见王玄谟之不得军心，士兵怎么肯卖力气。王玄谟自高自大，没把魏军放在眼里，有封狼居胥的雄心壮志，怎么能筑垒示弱呢！

北魏大军驻扎黄河北岸，拓跋焘派出侦察兵潜入滑台，鼓舞守军斗志。侦察兵登上城楼，将宋军营寨的虚实画成图返报大营。对滑台宋军了如指掌的拓跋焘下令全军发起攻击，数十万北魏骑兵扯地连天，旌旗遮天蔽日，斗志昂扬地渡过黄河。鼓角之声，震动天地。

魏军号称百万，来势汹汹，高傲的王玄谟傻了眼，想不到魏军竟有如此强大的兵力，区区三万士兵怎么挡得住，况且已是疲兵。王玄谟此刻的心情从天堂一下跌落到地狱，慌忙下令退兵。宋军尽弃船舰、营帐，仓皇东撤。魏骑大举追击，宋军死亡一万余人，部众逃散，丧失的军用物资及武器堆积如山。魏军将缴获来的战舰用铁链拴起来，拴了三重，切断黄河通道，企图断绝垣护之水军的退路。

王玄谟跑得急，没有通知石济的水军，等到垣护之沿河东退时，已是铁锁横江。黄河奔腾，河水迅急，垣护之指挥宋军顺流而下，用长柯大斧砍断铁锁，冲出封锁线。

肆 浴血尉武

前锋兵团指挥官萧斌得知滑台遭到攻击，急令沈庆之率五千人增援。白头公不去，振振有词："王玄谟久攻滑台不下，士老兵疲，索虏气势正盛，几万军队进攻，给我这么点儿人，有什么用！送死的嘛！"

萧斌火了，指挥不动你啦，我手底下一共三万人马，都给你，碻磝和山东怎么办？不去不行，非去不可！沈庆之坚决不去！两人吵得脸红脖子粗，正争执不下，王玄谟跑回来了。

萧斌大怒，一腔怒火发泄到王玄谟头上，回来得也太快了吧！简直丧师辱国！喝令刀斧手绑了，关进大牢，第二天斩首，号令三军。吓得王玄谟在狱中闭着眼睛默诵《观音经》，足足背了一千遍。佛教讲，观世音菩萨救苦救难，人们遇到灾难时，只要念其名号，便前往救度。王玄谟诵读《观音经》，足见佛教这一传说已经在南朝深入人心。幸亏沈庆之出面打圆场："佛狸威震天下，控弦百万，岂王玄谟所能抵挡！况且，杀战将是自弱之举，决非良计。"王玄谟好歹保住首级。

滑台丢了，碻磝怎么办，守吧！不能撤军，到彦之是例子，撤了回去就得蹲大牢。沈庆之表示异议："山东防务空虚，我们却坐守穷城，如果索虏越过我们向东进军，清水以东非国家所有，会重蹈朱修之困守滑台的覆辙。"

萧斌拿不定主意，恰好中诏到，刘义隆严令死守碻磝。萧斌把众人召集起来商议，这回有什么说的？沈庆之照旧不同意，"将在外，君命有所不受。宫外之事，将军完全可以自行决断。中诏远来，不知形势。节下有一范增不能用，讨论什么呀！"

范增是秦末有名的智囊，政治家，读书破万卷。七十岁出山辅助项梁、项羽叔侄，数出奇计，被项羽尊称为"亚父"。刘邦曾经说过这样一句话："项羽有一范增而不能用，此其所以为我擒也。"足见范增的厉害。

萧斌及文武官员一起大笑，"谁是范增？啊？沈公您的学问真是见长进哪！您就是岁数和范增差不多"。沈庆之出身农夫，行伍成名，没读过书，是以被大家笑话。沈庆之"腾"地站起身，勃然变色，厉声道："在座诸位虽然博古通今，不如下官用耳朵学来的！”

萧斌想想有道理，须留个心眼，河南算完了，自己管辖的山东地区不能丢。留下王玄谟守碻磝，申坦、垣护之率水军守清口（古汶水入济水口），自己和沈庆之等将领回历城（今济南）去了。

沈庆之所料一点儿不差，拓跋焘根本不去管碻磝和历城。针对宋军分路进击的态势，弃关中不顾，将主力集中到东线，五路并进。永昌王拓跋仁自洛阳向寿阳挺进，长孙真攻击马头（今淮阴一带），楚王拓跋建直取钟离，高凉王拓跋那进攻下邳（今徐州），拓跋焘亲率一支兵马自东平杀向邹山（今山东邹县东南）。

拓跋焘到达邹山，推倒象征秦始皇军国主义的石刻，命人祭祀孔子。由此可见，拓跋焘虽杀崔浩，犹尊儒学，对待汉人的心理还是复杂矛盾的。因为拓跋焘懂得，文化建设纵在战乱之时也不能放弃。

宋军战线过长，兵力不足的缺点暴露出来，本来步兵和骑兵打仗不占优势，又失掉水军的策应，东线宋军纷纷溃败。坐镇彭城担任总指挥的江夏王刘义恭和徐州刺史武陵王刘骏各自派出两支军队北上增援。虽一胜一负打成平手，然而宋军野战军败局已定，各支部队被魏军压制在彭城和寿阳一线。

宋军从战略进攻转为战略防守，西线柳元景等将领虽攻入潼关，但东线已败，刘义隆下诏退还襄阳。为加强寿阳地区防务，刘义隆命令进攻虎牢关的刘康祖所部班师。

刘康祖是将门虎子，父亲刘虔之随刘裕建义京口，战死荆州。刘康祖膂力绝人，武艺出众，从小不务正业，赌钱喝酒，终日浮荡，为人仗义，喜欢结交绿林豪侠，经常触犯法律。遭到官府追捕，常常飞檐走壁，越屋逾墙，捕吏无可奈何。别看刘康祖犯法，但人家是忠臣烈士的后代，刘义隆亲自下诏免罪，给长沙王刘义欣做参军。此次北伐，他一马当先，率豫州军攻下虎牢关，打到黄河南岸。

魏军大反击，刘义隆下诏退兵，刘康祖率所部八千人南归，已到尉武戍，距寿阳数十里。北魏永昌王拓跋仁率八万魏骑连克悬瓠、项城，一路追击而来。宋军回头望去，远远可见魏骑扬起的漫天尘土，副将胡盛之唯恐寡不敌众，献计依托山林地形，发挥步兵优势，从小路回军寿阳。刘康祖瞋目大怒道："我受命北伐，清荡河洛，兵临黄河求战，不见一兵一卒，深以为恨事，幸其自来送死，奈何避之！"

宋军结车为阵，掉头迎击北魏骑兵，元嘉北伐最残酷、最惊心动魄的一场野战打响了。刘康祖给每一名官兵下令："回头者斩首，转步者斩足！"八万凶猛的魏骑将宋军团团包围，四面合击。宋兵拼死奋战，无不以一当百，自黎明杀到日中，斩杀魏军一万余人。战场之上血流没过脚踝，刘康祖身受十创，意气弥厉。眼见损失惨重，拓跋仁改变战法，将魏骑分成三队，采用车轮战术，一队进攻，二队休整，轮番攻击。

一轮落日映红晚霞，日暮风急。魏军采用火攻，用战马驮负干草火烧宋军车阵，刘康祖救火之时被流矢射穿脖颈，坠马而死。主将阵亡，宋军大败，八千人马被魏军杀尽。拓跋仁进逼寿阳，南平王刘铄固守不战。

第六章
佛狸之死

“虏马饮江水，佛狸死卯年。”鲜卑铁骑饮马大江，北方胡人在历史上第一次到达长江，南方人用最恶毒的童谣诅咒着“上帝之鞭”。面对波涛汹涌的万里大江，拓跋焘选择了退却。一座小小的盱眙城，两千八百壮士挡住了数十万北魏大军持续一个月的围攻，拓跋焘遭遇了人生最惨重的失败。胡马北归，此后一百年未饮长江水。而后，太子经商案迷雾重重，千军万马箭雨丛中闲庭信步的征服者寂寞地死在低贱的宦官之手。

壹 唇枪舌剑

拓跋焘率主力大军杀奔彭城。彭城兵多粮少，江夏王刘义恭准备弃城南逃。有人提议去郁洲（今江苏连云港），由海路回南京。从前线回到彭城的沈庆之建议刘义恭北上历城，因为那里粮多兵少。沈庆之献计，用箱子和战车组成车阵，二王和王妃、郡主居中，以精兵为外翼护卫北上。沈庆之懂得，只要北方根据地驻有大军，魏军无论如何不敢长久待在江淮。

刘义恭去意已决，就是不知道该听谁的。长史张畅反对逃跑，正气凛然道：“如果历城、郁洲有可到之理，下官敢不高赞！如今城中乏粮，百姓有逃亡的心思，只不过他们现在走不了。大军一动，百姓逃散，我们什么地方也去不成。城中粮少，尚可坚持，岂可舍万安之计而就危亡之道。如果刘公真的打算走，下官请以颈血污公马蹄。”武陵王刘骏向来血性，信誓旦旦地对刘义恭说：“叔父既为总统，去留非我敢干预，道民（刘骏的字）作为城主，弃镇奔逃，实无颜再见朝廷，必与此城共存亡！”

刘骏是刘义隆的第三子，自小聪明，读书七行俱下，不仅才藻出众，文章写得华丽，且骑射过人。由于常年征战在外，练就一身好武艺、一副好身板，文武全才，有胆有识，但有喜好女色的缺点。刘骏后来继承皇位，与母乱伦，强娶表妹，荒淫放纵，实在不算个好皇帝，但死守彭城之策决定了整个战局走向。

北魏铁骑风卷残云般杀到彭城，拓跋焘立毡屋于南山戏马台，登上亚父冢（范增之墓）远眺城中。楚风汉韵古彭城，龙争虎斗几千秋。楚霸王项羽秋风戏马已成往事，这座淮北军事重镇在黑压压的甲兵守卫下岿然屹立。拓跋焘深知攻城决非魏军强项，为探明守军虚实，他玩起心理战。双方唇枪舌剑，你来我往，纵横捭阖，古彭城见证了南北朝一场精彩的外交争锋。

拓跋焘派被俘宋军队主蒯应来到彭城小市门下向城上守军喊话：“魏主致意安北（刘骏的军号为安北将军），远来疲乏，若有甘蔗及美酒，可以分一些来。”守军有识得蒯应的，忙打听消息：“虏主亲自来了吗？”蒯应答道：“自来。”守军急忙问：“今在何处？”蒯应举手指向西南方向。守军又问：“士马多少？”蒯应回答：“中军四十余万。”

守将向刘骏做了汇报，刘骏不动声色，静静地道：“给他美酒两器，甘蔗百挺，听闻北方有骆驼，可遣人送来。”拓跋焘很大方，第二日凌晨，魏国使者北部尚书、高门士族赵郡李氏李孝伯带着骆驼、貂裘和骡子来到小市门下。城头甲兵林立，戒备森严。李孝伯一袭白衣，仰望高城轻笑道：“主上有诏：欲与安北相见，太尉、安北暂且出城。我亦不攻此城，安北何苦辛劳将士守备如此。骡、驴、骆驼，北国所出。貂裘赐太尉，骆驼、骡马赐安北。”

彭城城门大开，长史张畅缓步而出。武陵王刘骏身着随从装束，和几位随从静静地站在一旁冷眼观察。

张畅对李孝伯道：“安北致意魏主，常思相见，但人臣无境外之交，我大宋将士为百姓守边，劳而无怨！有诏之言，可施于你国，何得称之于此地？”李孝伯反问道：“你家太尉、安北，是人臣否？”张畅道：“是。”李孝伯道：“我朝廷奄有万国，率土之滨，莫敢不臣。纵为邻国之君，何为不称诏于邻国之臣？又何必匆匆闭门绝桥？”

张畅神色不变：“君之所言，中华无人听闻，何况诸王之贵，还谈什么邻国之君。二王以魏主营垒未立，将士疲劳，城中有精甲十万，人思效命，恐怕轻相淩践，故而暂闭城门。待休息士马，然后共治战场，克日交戏。”李孝伯轻蔑地一笑：“令行禁止，主将常事，当以军法号令，哪里用得着废桥杜门？穷城之中，复何以十万夸大？我亦有良马百万，如何？”张畅静静道：“王侯设险，怎能只用法令。我若夸君，当言百万，何必言十万，北方草原乃产马之地，无须以马匹自夸。”

李孝伯眼波闪动，声音变得温和：“南北道路阻断，音讯不通，太尉、安北年少，主上深以为忧。若欲向江南派遣信使，当为护送。若无坐骑，我国出马相送。”张畅随口道：“这里小路甚多，使者晨去夕回，就不劳烦魏主。”李孝伯仰天打了个哈哈：“知有水路，不过听说被白贼劫断。”

李孝伯所说的白贼，是指为逃避国家租赋、劳役而逃亡南朝的北来侨民，因为他们的户籍是白色，因而称为白贼。

张畅上下打量了李孝伯一眼，问道：“君着白衣，故称白贼吗？”李孝伯大笑道：“今之白贼，和当年黄巾、赤眉一样。”张畅应声道：“黄巾、赤眉，似不在江南。”李孝伯道：“虽不在江南，亦不在青、徐。”张畅一语双关道：“如今青、徐之地确实有贼，但非白贼罢了。”

二人一问一答，暗藏机锋，各不相让。北风掠过空旷的原野呼啸而来，数十万魏骑的弦弓铮铮作响，与城头绵延飘扬的旌旗猎猎之声混在一处，空气中充满肃杀之气。

李孝伯话锋一转，言辞尖刻道：“王玄谟平常之人，南国为何让他做先锋，以致奔败？我军自入此境七百余里，主人竟无一次抵抗。邹山之险，君家所凭，前锋一到，守将崔邪利躲入洞穴，诸将曳之而出，主上赦免了他，就在军中。”张畅道：“王玄谟南土偏将，非国之才士，不过是个前锋而已。我大军未至，王玄谟乘夜班师，以至于戎马小乱。崔邪利陷没，何损于国！魏主用数十万大军制服一个小小的崔邪利，何足道哉！入境七百里不见我军抵抗，那是太尉神算，安北圣略，这是兵机，不便相告。”

李孝伯威胁道：“主上不围此城，自率众军直取瓜步。南事若办，彭城不待围，若其不捷，彭城非我所需。我大军今当向南挺进，饮马江湖。”

张畅一脸沉静："要去要留，悉听尊便，若虏马得饮长江，真是没有天理。"

李孝伯自认为言辞敏锐，是北方著名的辩士。而张畅在数十万鲜卑铁骑面前，神色自若，随机应答，音韵详雅，风仪华润。李孝伯及左右人等相视而叹，二人惺惺相惜，即将分手，李孝伯目视张畅道："长史多多保重，你我相距数步，恨不执手。"张畅回道："君善自爱，天下不久定会太平，君若能回到宋朝，今日为相识之始。"

双方舌战打成平手，拓跋焘未能从张畅口中得到任何有价值的军事讯息，一声令下，鲜卑大军蜂拥而上，架起云梯攻城。宋军顽强抵抗，挫败敌军第一次攻击。正当宋军将士神情紧张地等待下一轮疯狂进攻时，却发现数十万魏骑一夜之间消失得无影无踪。

贰 瓜步山头

魏军不知道彭城缺粮，攻城只是试探性进攻。遇到宋军激烈抵抗之后，拓跋焘唯恐再遭悬瓠之败，放弃围城，修改作战计划，采取越城进攻。不与宋军在彭城和寿阳一线纠缠，越过重点防御的大城市，直接杀向宋朝国都建康。

越城作战在第二次世界大战中得到充分运用，形成战术理论。美军两大名将麦克阿瑟和尼米兹在太平洋战争中，放弃一线平推的传统做法，跳跃前进，越岛攻击。利用海军优势，避开日军守备重点，迅速突破防御线，取得辉煌战绩，并给这一战法取了个形象的名字，叫作"蛙跳"。

蛙跳战术的鼻祖既不是麦克阿瑟，也不是尼米兹，而是拓跋焘。相比于越岛作战，越城作战更具风险。当时美军已经掌握太平洋地区空中和海上优势，越岛作战水到渠成，海军是助跳器。对于魏军而言，骑兵是助跳器。魏军没有控制整个作战区域的能力，风险不言而喻。如果济南、彭城和寿阳的宋军切断魏军补给线，进行包抄，可能会导致魏军全军覆没。

拓跋焘有大气魄，是军事天才。魏军保留着游牧民族的一项传统——就地取粮。孙子兵法讲得很明白，善用兵者，因粮于敌，这是蒙古大军横行天下的原因之一。以战养战，闪电攻击，直捣敌军老巢，拓跋焘又发动了一轮快速进攻。

魏军三路南下，向山阳（今江苏淮安）、横江（今安徽和县）、广陵（今江苏扬州）攻击前进。魏军兵临淮河，先行军赶造木筏数十支，偷渡淮水，到达淮水之南。守淮宋兵见魏军突然从天而降，惊慌失措，四散逃走。

魏军渡过淮河，与前来增援彭城的一支一万人的宋军在盱眙遭遇。宋军主将臧质派手下将领抢先占领盱眙城东的高山，在山上修筑了两处营垒，自己在城南扎营，依托有利地势形成犄角之势阻挡魏军。

魏军猛攻东山二营，臧质畏惧敌军强大，不敢出兵救援，二营被击溃。魏军杀向臧质大营，臧质独木难支，抵挡不住，尽弃辎重装备，仅率七百人逃进盱眙城。拓跋焘绕过盱眙，继续向南进发，兵临长江，抵达瓜步（今南京市六合区东南之瓜步山）。魏军拆掉房舍、砍伐芦苇建造竹筏，扬言南渡大江。

南京城内外戒严，宋国动员全部水师守卫长江，王公以下子弟都要参军。太子刘劭出镇石头城，指挥水军，一排排战舰覆压江面，江岸营垒相连，从采石矶到暨阳，长达六七百里。

刘义隆登上石头城，遥望大江对岸奔驰的鲜卑骑兵，不禁面露忧色，深深自责，对江湛说："北伐之事赞同的人少，今士民劳怨，我们不能不感到惭愧。为大家带来灾难，这是我的过失。"一转念想起檀道济，叹息道："檀道济若在，岂使胡马至此！"刘义隆不是束手无策的人，他发起间谍战，派出大批特务潜到江北，大搞破坏，在村落里放置野葛毒酒。

一顶金色大帐支上雄奇凌清的瓜步山，新辟的盘山路蜿蜒而上，拓跋焘俯视巨浪滚滚向东奔流的大江，眼神掠过那千帆万垒。凄雨冷风让他感受到江淮寒气，你不能指望这里的冬天会像塞北那样严寒，也不能奢求长江会像黄河那样千里冰封。空有铁骑千群，而无用武之地。宋人大肆破坏，各地官府撤退之时烧城烧粮，江淮百姓逃散，粮食都带走了，魏军几乎收集不到食物。而今是冬天，旷野里只有北风。大军身后的彭城和寿阳两座淮北军事重镇一处也没有攻克，随时威胁着补给线。

打过长江去，根本是作秀，别说没有战船，即使有了战船，习惯马背上生活的鲜卑勇士驾驭得了颠簸不平的船只吗？赤壁啊！赤壁！拓跋焘饮了一口水，凉气袭遍全身，水从河北用骆驼驮来。他有个习惯，从不饮河南水。

打不下建康，只有退兵。果断是拓跋焘最大的优点。魏国使者带着骆驼、名马来到南京城，要求讲和，请两国通婚。刘义隆借坡下驴，他也不想把这场燃烧到家门口的战火继续下去。

宋使田奇带着奇珍异果回赠，拓跋焘取过礼品中的黄柑就吃，痛饮酃酒。左右侍从附耳低语，怀疑食物里有毒药。拓跋焘没有回答，举手指天，把孙子拓跋濬叫到身边，诚恳地对田奇说："我远来至此，非为功名，只想继好息民，永结姻缘。宋国若能以女妻此孙，我以女妻武陵王，自此匹马不复南顾。"

虽然太子刘劭和满朝文武力主联姻，刘义隆最终还是拒绝了拓跋焘的和亲。与北魏结为姻亲之国，等于承认两国为平等邦交国，这就丧失了南朝华夏正朔地位，刘义隆不会甘心，有生之年决不放弃中州。

即使和亲未成，粮草匮乏的魏军也不能长期待在江淮。一个月后，公元 451 年（元嘉二十八年）正月，拓跋焘在瓜步山大会群臣，魏军沿江举起烽火，退军了。

叁 盱眙饮恨

眼望映红江水的熊熊烈焰，拓跋焘心情久久不能平静，江南人比所有的敌人都要强大，组织性、纪律性、作战的艺术、坚忍的毅力超乎想象，南朝会不会成为帝国的心腹大患？

浩荡江水一浪接一浪，不断冲向江边的火焰。宽阔的大江水气缭绕，与浓烟混在一处，一片迷离。拓跋焘跨上马背，极为留恋地再次望一眼滚滚东流的江水。对岸是一个怎样的国度？那里也有草原和大漠吗？也许就是一处处小岛。"岛夷！岛夷！"拓跋焘安慰着自己，"回家，回家吧。"

议和未成，沿途宋军进行了抵抗。山阳太守萧僧珍决开池塘水淹魏军，魏军取道盱眙北撤。

盱眙是座小城，太守沈璞却是一名有远见的官员。他接手时，王玄谟正围攻滑台，江、淮无警。沈璞认为盱眙是冲要之地，修城墙、积粮草、储箭石，积极备战。魏军南下江淮，各地官员毫无准备，望风弃城而逃。

众人劝沈璞回南京，沈璞傲然道：“胡虏侵我疆土正是诸君报国之秋、封侯之日，为什么要走！你们见过数十万人聚于小城之下而有不败的吗？昆阳、合肥之战便是前事明验！”

坏小子臧质兵败之后进入盱眙城，沈璞修筑的坚固堡垒为他提供了表演舞台，毛泽东同志如是评点：“臧质，豪杰之士。”

所谓豪杰就是拳头大，喜欢打架。两个豪杰相遇不打一架岂不败兴。恰巧拓跋焘给了一个机会，向臧质求一坛好酒。因为盱眙城储存了许多粮食，恰好魏军缺粮，故而拓跋焘又玩起心理战，想试探一下守将有几斤几两。

原本无赖之徒的臧质存心报淮水兵败的一箭之仇，使用激将法，撒了一泡尿封好送去。

连大慈大悲的佛祖都会把撒尿的孙猴子压在五行山下五百年，何况拓跋焘只是一个凡人。生性骄傲的拓跋焘勃然大怒，火暴脾气影响了他的判断力，忘记“将不可以愠而致战”的用兵格言。魏军一夜间筑起长围，运东山土石填沟堑，造浮桥于君山之川，切断盱眙水陆通道。拓跋焘发誓打下这座弹丸小城，生擒胆大妄为的臧质。

工事构建完毕，拓跋焘仍保持一丝清醒。如果在原野，拓跋焘挥挥马鞭就能杀光臧质的二千六百人。可现在人家躲在高墙之内，攻城非鲜卑人所长，且缺乏攻城器具。

为了恐吓守军，拓跋焘给臧质写了一封信，附送上锋利的刀剑：“我派出的攻城军队非我国人，城东北的是丁零人和匈奴人，城南的是氐人和羌人。假设丁零人死了，正可减少常山之贼；匈奴人死了，正好减少并州的贼寇；氐人、羌人死了，也就减少关中的贼寇。你但杀无妨！”

拓跋焘本想威胁敌人，谁知这次遇上嘴皮子功夫更加厉害的主儿。臧质的回信刻薄阴损：“已阅！你真奸诈，仗着自己四条腿屡犯我疆界。知道为什么我军被你打散？难道你没有听过一首童谣‘虏马饮江水，佛狸死卯年’吗？我军故意败退，为了让你饮上长江水。死期已定，谁也改不了啦！如今你来送死，我怎么能让你再活着回到桑干川享福呢！你若有幸，为乱兵所杀。若不幸被活捉，我会用锁链锁住你的脖子，让一头小毛驴驮着，把你一直押送到都城。至于我，一个微末之人，本来就不打算全尸而还。如果天地无灵，被你打败，就是剁成肉酱，碾成粉末，宰割车裂，我也无所谓！想想苻坚的下场，你的智商和军队比得过他吗？你安心攻城莫走，粮食不够吃，我供给你。所送刀剑已收下，是不是想让我挥刀斩了你？”

拓跋焘看完臧质的回信，气得浑身发抖，怒吼着下令制造一张大铁床，把刀尖锥尖朝上镶在铁床上面，恶狠狠地喊道：“攻破城池，抓住臧质，让他躺在上面。”

拓跋焘为轻率之举再度埋单。臧质把拓跋焘的信件誊写，向北魏大军散发，以削弱北方各族人的斗志，并写上悬赏：“斩佛狸首者，封万户侯！”

疯狂的进攻开始了。宋军奋起抵抗，击退魏军一轮又一轮攻击。魏军钩车钩住城楼，守军从城头扔下大铁链拴住钩车。双方士兵们喊着号子来回拉拽，钩车无法后退。入夜以后，守军用大桶从城头放下敢死队，砍断魏军车钩，拖进城中。第二天天亮，魏军改用冲车攻城，盱眙城墙修建得坚硬牢固，冲车每次冲撞，不过落下些土渣而已。

拓跋焘又急又躁，见冲车、钩车不能破城，亲自督战。魏军肉搏登城，分为几个梯队，像蚂蚁一样轮番往城上爬，摔下来，继续向上爬，没有一个人胆敢后退，死伤士卒数以万计，尸体堆积得与城墙一般高。猛攻了三十天，盱眙岿然不动。

刘义隆得知魏军在盱眙遭受重创，调宋军渡江支持，下诏彭城守军相机而动。围城魏军瘟疫流行，谣言四起，说宋朝水军已从东海进入淮河，彭城军队也已出动。拓跋焘不敢留在盱眙，无奈之下，焚毁攻城器具，狼狈撤退。

盱眙攻城战失利，拓跋焘经历有生以来第一次惨败。为报复宋军，魏军一路屠杀宋民，所过之处，赤地千里。春燕归来，不见燕窝，只能在树林里筑巢。双方两败俱伤，江淮一片萧条，魏军人马死伤大半，国内怨声载道。拓跋焘的性情更加暴怒无常，一起太子冤案发生了。

太子拓跋晃监国期间权势很大，利用亲信搞特权，经营庄园，做各种生意，积累了很多财物。高允劝道：“天地无私，故能覆载；王者无私，故能容养。殿下国之储君，万方之典范，怎么能经营私田、畜养鸡犬呢？还让人去集市摆摊贩卖，与民争利。这样下去，会有人诽谤您，遮掩也遮掩不住。天下是殿下之天下。殿下富有四海，要什么没有？东宫俊义之才不少，您信任的那几位，恐怕不太合适在身边做事。那些个田园，该分的分，那些个财货，该散的散。殿下的美誉就会布满朝野，诽谤都找不到理由。”

高允对帝王公与私的问题分得很清，作为家天下的一国之君，没有必要谋私利，做生意有竞争，有竞争会得罪人。作为太子，这是何苦呢？

北魏政府不允许官商勾结，更不允许官员经商。那样做会造成社会不公平竞争，减少民众的收入。官员经商比贪污受贿更可恶，因此北魏有禁止官员经商的法令，“犯者十匹以上皆死。”

然而，官员经商有暴利可图，禁止相当困难。巨大利润的诱惑下，拓跋晃听不进高允的忠告，最终惹出祸来。

拓跋晃亲信仇尼道盛、任平城，倚仗太子权势，为所欲为，把拓跋焘身边一个红人太监得罪不轻。

肆 太监宗爱

这个太监是拓跋焘近来最宠信的，名叫宗爱。他出身低贱，来历不详，不知从哪里冒出来的人，因为犯罪给阉了。宗爱为人机灵，八面玲珑，干活儿麻利，不断得到升迁，做到中常侍（皇帝的顾问），伺候拓跋焘南征时的起居。瓜步山大赏群臣，宗爱封为秦郡公。北魏对待宦官和常人一样，既可做京官，又可外出做地方官。

拓跋焘怎么会宠信太监呢？刘洁和崔浩事件发生之后，拓跋焘把鲜卑贵族和亲信汉臣得罪个遍，真正尝到了孤家寡人的滋味。秦始皇怎么样，生前一言九鼎，杀伐任己，死后尸首臭气熏天也没人管。勇于杀伐的皇帝最孤独，太监于是成为亲近可心的人，许多军政事务会交给他们去办。

宗爱性格阴险暴躁，借此机会常干些不法勾当，因害怕拓跋晃先向自己下手，便收集仇尼道盛和任平城的把柄，寻觅时机恶人告刁状。

被一连串政治和军事挫折搞得焦头烂额的拓跋焘近来格外烦躁。虽说拓跋焘终结了自公元 308 年匈奴人刘渊称帝以来一百四十多年北方分裂的局面，但前秦天王苻坚的教训历历在目。北方各民族蠢蠢欲动，稍有差池苦心经营数十年的基业将毁于一旦。这些天，拓跋焘一杯接一杯地饮着闷酒，只要一闭上眼睛，滚滚东流的长江水就浮现眼帘。

宗爱在他耳边添油加醋地诉说着仇尼道盛和任平城二人的不法罪行，拓跋焘听得勃然大怒，猛地将酒杯恶狠狠摔到地下，大吼道："太子整天在想些什么！聚货敛财那是太子该干的事？如今四海不靖，文教不兴，国家若亡了，庄园珠宝会有吗？仇、任二人不知辅教太子修身治国，偏偏教唆他干些富家翁的勾当，是活得不厌烦了。拟诏，将二人斩首，彻查此事，凡参与的东宫官员，不论官职大小，一并处死！"

拓跋焘的盛怒又引起一场大狱，仇尼道盛、任平城斩首于闹市，被此事牵连的大批东宫官属被杀。太子拓跋晃整日提心吊胆，害怕受到牵连，忧虑恐惧得竟然病死了，时年才二十四岁。

这件事，只能怨太子用人不当。古往今来，包括当今社会很多高官自身颇为清廉，而下属却打着旗号为所欲为，臭了名声不说，还让人抓住把柄搞下台。高允说得够绝，要让对手找不到诽谤理由。

太子之死，拓跋焘深受触动，后悔不已，不该发这么大的火，晚了。他就是好冲动，过于武断。崔浩死了，太子死了！都是不该死的人！拓跋焘变得更加心烦气躁，终日饮酒不断。

望着空旷旷的大殿，拓跋焘猛地想起一个人来，他斜着一双醉眼道："高允呢？怎么没有看到他！"宗爱略有不满地道："高允好长一段时间没进宫了，当值不来，不当值也不来！"

皇帝有诏，时间不久，高允步入大殿，边走边哭，唏嘘落泪，悲不能止。拓跋焘长叹一声，放下酒杯泪流满面，一句话没说，摆摆手让他出宫。左右侍从奇怪地问道："高允无言而泣，陛下因何为之悲伤？"拓跋焘叹息道："崔浩被杀时，高允应该死。东宫苦谏，才得以幸免。今无东宫，所以高允见朕悲伤。"

宗爱此时此刻后怕起来，拓跋焘喜怒无常，性情不定，说不定哪一天想起儿子的好处来，把自己给咔嚓了，干脆一不做，二不休，一个邪恶的念头涌上他的心头。

次年二月宫里传出拓跋焘驾崩的死讯。宗爱谋杀了拓跋焘，谋杀过程过于机密，史书没有载明用什么手段。可怜一统北方的一代勇武之君没能马革裹尸，战死疆场，却死在无耻的阉宦小人之手。世事无常，谁又能预料呢？

和东晋孝武皇帝司马曜的死一样，没有一个人出面调查拓跋焘的死因。权臣们就拥立嫡皇孙拓跋濬还是立皇三子东平王拓跋翰展开激烈辩论，久议不决。

宗爱得罪太子拓跋晃，又和拓跋翰不和，两人都不想立。宗爱地位卑贱，又没有军权，如何斗得过那些大臣。世上的事只怕想不到，不怕做不到。宗爱密召皇六子拓跋余入宫，矫赫连皇后（赫连勃勃的女儿）诏，召集权臣们入宫开会，宫门内埋伏了三十多名宦官。

大臣们根本没有料到宗爱敢对他们下手，一个个毫无防备地进入皇宫，被宦官们一拥而上乱刀砍死。宗爱拥立拓跋余称帝，挟天子号令天下。

拓跋皇族保持着游牧民族的血气和刚勇，新皇帝拓跋余对飞扬跋扈的太监宗爱极为不满，意图削弱他的权力。宗爱先下手为强，利用一次祭庙的机会，埋伏小太监将皇帝杀死。

宗爱的胆量确实过人，短短不到一年时间连杀北魏两个皇帝，其中还有叱咤风云的太武大帝，而他所依靠的不过是一群太监而已。宗爱的经历告诉我们，勇气才是真正的功夫。

一个人无法永远凌驾于全天下之上。皇帝不能，宗爱更不能，一个针对他的密谋集团已然形成。

密谋集团的骨干有南部尚书陆丽，殿中尚书长孙渴侯、源贺，羽林郎刘尼，后三人都是禁军高级军官。在这里需要注意一下的是他们的姓氏，他们看起来像汉人，其实并不是，姓氏是孝文帝汉化后改的。

源贺本名秃发破羌，南凉圣人国主秃发傉檀的儿子。南凉国灭，傉檀被后秦乞伏炽磐所杀，秃发破羌千里迢迢来到平城投降北魏。《刘裕拓跋珪卷》介绍过南凉，秃发鲜卑和拓跋鲜卑原本是一支，秃发部的创建者匹孤是北魏始祖神元皇帝拓跋力微的长兄。

秃发破羌不仅容貌俊伟，举止脱俗，而且机辩过人。拓跋焘非常欣赏他，对他说："你和朕同源，改姓源吧！"从皇族脱离的臣下赐姓"源"的风俗后来曾流传到日本皇室，成为他们的惯例。

秃发破羌从小生活在凉州，北魏征讨北凉，秃发破羌担任向导，立有战功。此后，每逢打仗，他总是冲锋在前。拓跋焘又说了："兵凶战危，一打仗就跑前面不安全，不要自恃勇猛。人起名字不能乱起，要起得合适，破羌不好，改成贺吧！"

从此，秃发破羌变成源贺。这个人应该注意一下，替父从军的巾帼女将花木兰便是他麾下的一员战将。当然，关于花木兰，历史争论很大。这个问题容后面再讨论。

陆丽本姓步六孤，代人，如果追溯祖先，应该是中亚一带的人。刘尼，很清楚了，我们讲过好多，刘姓就是匈奴人。长孙，帝室十姓之一。显而易见，这是一个以鲜卑贵族为骨干的密谋集团。

我们可以看出，没有汉族豪强参与密谋组织，也就是说，崔浩之狱后，汉人被排挤出北魏政权的权力中心。但是，有一个汉官为密谋集团出谋划策。他就是中书侍郎高允。

高允为什么被吸纳到密谋集团呢？其一，在北魏所有的大臣当中，鲜卑贵族也好，汉人豪强也罢，敢于藐视宗爱权威的只有高允一人。宗爱谋杀太武帝，立南安王拓跋余，诛灭权臣，威震四海。他召集文武官员聚会，王公以下的大臣们"望庭毕拜"，隔着好远就跪下行礼。高允独自"升阶长揖"，不紧不慢，一个台阶一个台阶上去，拱手见礼，就是一平礼。其二，最重要的一条，他是前太子拓跋晃的老师。密谋集团图谋拥立的皇帝是拓跋晃的儿子拓跋濬，拓跋焘的嫡皇孙。

宗爱杀害拓跋余的东庙之变，羽林军官刘尼也在场。刘尼当时提出拥立皇孙，宗爱吓一跳，说道："君大痴人，皇孙若立，岂忘正平时事乎！"你傻了吧！皇孙如果做了皇帝，他会忘记正平年间我们算计死他老爹的事吗？刘尼说："那立谁呢？"宗爱不紧不慢地说："等回宫里，我们再挑一个呗！还有两位呢！临淮王和广阳王。"

宗爱哪里知道，刘尼已经加入到拥立拓跋濬的密谋集团中去了。刘尼飞报另一密谋分子源贺，源贺和长孙渴侯掌握禁军。二人找陆丽他们商议，高允当机立断，策划了一起军事政变。

源贺与长孙渴侯率禁军控制皇宫，刘尼、陆丽负责去找皇孙进宫登基。二人飞骑出平城，找到十三岁的皇孙拓跋濬。陆丽骑马怀抱皇孙回到平城进入皇宫。刘尼率一部禁军返回东庙，向东庙的羽林军喊话："宗爱弑杀皇帝，大逆不道，皇孙已登大位，宿卫之士立即还宫！职守不变！"宗爱不得人心，没有人卖命，羽林军当即反水，宗爱被抓，夷灭三族。

拓跋濬登上帝位，是为北魏文成皇帝。少年天子拓跋濬显示出与他年龄极不相称的成熟。密谋集团的成员得到重赏，陆丽为平原王，源贺为西平王，刘尼为东安公，长孙渴侯为尚书令。只有高允没有得到赏赐，原因很简单，鲜卑贵族排斥汉人。陆丽等人也没有主动为高允邀功。

但是，只要高允对皇帝说，我参与了，立马就能得到封赏。奇怪的是，高允没有提，而且终生不言。不在任何人面前说：皇帝是我拥戴的，政变是我策划的。这是高允最大的优点，无欲不争。

到文成帝一朝，和高允一起征召做官的文士，像游雅等人全做了大官，封了侯。他们原先属下的官员做到刺史一级的，也都几十成百了，高允依然还做着中书侍郎，二十七年没升官。中书省是皇帝的秘书班子，中书侍郎在北魏是正四品，官职很低，属于中级官员。

老子的《道德经》深刻诠释了不争的真谛，"天之道，利而不害。圣人之道，为而不争。夫唯不争，故天下莫能与之争。"不争不是不作为，是要"为而不争"。要敢作敢为，但不争功。

陆丽与高允一同策划了拥立文成帝的军事政变，陆丽一步登天，位列三公，封王。而高允继续做郎官，凭借功绩升迁。他们的结局悲喜两重天，我们以后再讲。那个有拥立大功的长孙渴侯下场更惨，不到一个月的时间，就因与皇族争权被赐死。

对皇位有威胁的太武帝的另外两个儿子临淮王拓跋谭和广阳王拓跋建也不明不白地死去。第二年，拓跋濬轻易化解了长安镇将永昌王拓跋仁的叛乱，逼其自杀。

北方进入和平时代，而南方却笼罩在战乱之中。元嘉三十年（453）那场正式载入史册的子弑父的血雨腥风揭开了南朝又一段华丽而诡异的篇章。

第七章
元嘉三十年

宋文帝元嘉三十年，即公元453年，是世界史上具有非凡意义的一年。伟大的征服者“上帝之鞭”匈奴王阿提拉暴死于新婚之夜。就在前一年，这位狂妄宣称“我的马践踏过的地方不会再长出新草”的上帝派来的征服者，刚刚打下西罗马帝国的首都，赶走了帝国皇帝瓦伦丁尼安三世。据说新娘是一位征服地的公主，用刀刺死了他。阿提拉的匈奴军进入罗马的同一时间，东方征服者北魏太武大帝拓跋焘的百万大军饮马长江，虎视江南。历史出奇地相似，由于南朝军队顽强抵抗，鲜卑人北退，拓跋焘回到平城之后暴薨。他三十年的老对手，东方文明的捍卫者宋文帝刘义隆的命运又将如何呢？

壹 太子刘劭

元嘉三十年的正月，春寒料峭，刚刚经历了一场战乱的江淮大地生机未复，大江之南虎踞龙盘的古都南京显得安宁平静。当时南京城并无砖石城墙，城池四周为竹篱所围，彰显东晋和刘宋王朝的与众不同。

刘宋王朝的皇宫是东晋王朝按洛阳魏晋宫殿模式修建的，过江仓促，宫室草创，只有主殿、东西堂而已，比较简朴。东晋孝武帝时代，谢安重修太极殿，宫室略有起色，刘裕和刘义隆父子均未对皇宫进行过修缮。

我们简单介绍一下南朝的宫殿。宫墙有内外三重，外重宫墙之内布置宫中一般机构和驻军。南朝与其他朝代不同的是，朝廷中央机构的宿舍设在皇宫。第二重宫墙内是中央官署。朝堂和尚书省在东侧，西侧有中书省、门下省和皇子所住的永福省等。第三重墙内才是真正的皇宫大内，前为朝区，主殿太极殿和东堂、西堂；后为寝区，前为皇帝寝居的合殿，又称中斋，后面则为后宫，再往北是皇宫内苑华林园。

合殿之内，宋文帝刘义隆正与两名心腹大臣密议。刘义隆已经四十六岁，看上去像一个文质彬彬的文弱书生，已经做了三十年皇帝。为与北朝争夺华夏正统，刘义隆两次北伐中原，只可惜遇到的是武功盖世的拓跋焘和他的百万鲜卑铁骑，而刘义隆远没有父亲刘裕的军事韬略，一败涂地。鲜卑铁骑饮马长江而返，在他高傲的自尊心上狠狠地扎了一针。

此时刘义隆的心情糟糕透了。去年拓跋焘暴死，本是最好的一次机会。他兴奋不已，发动了第三次北伐。将士们实在不争气，又一次无功而返。刘义隆气愤难忍，在给弟弟江夏王刘义恭的信中愤愤地说："早知诸将如此懦弱，恨不得手操利刃督战，如今悔之何及！"

北伐无功，和他军事才干低下有关。刘义隆缺乏战略远见，不能将责任一股脑儿归到宋军各级将领身上。军事行动失利并不是最让他恼火的一件事。第三次北伐战争打响的时候，皇宫内部发生了一起"巫蛊案"。

巫蛊是一种加害仇敌的巫术。它起源于远古，包括诅咒、射偶人等方式。诅咒在原始社会很盛行，古人认为以言语诅咒能使仇敌受到祸害。汉代，诅咒术十分盛行，故法律规定对诅咒者处以极刑。射偶人是用木、土或纸做成仇家偶像，暗藏于某处，每日诅咒，或用箭射，用针刺，认为如此可使仇人得病身亡。西汉武帝晚年，奸臣江充诈称汉武帝得病是由于巫蛊作祟诬害太子刘据，结果造成一场内乱。太子一派与朝廷军队在长安混战五日，死伤数万，太子全家被杀，成为一大冤案。

刘据是被冤枉的，但发生在刘宋皇宫内的"巫蛊案"却证据确凿，系刘义隆太子刘劭所为。

刘劭的母亲是刘义隆的皇后袁齐妫。他出生时刘义隆正巧登基。人君即位皇后生子是一件大喜事，在这之前，只有商王帝乙有幸遭逢过。刘义隆非常高兴。不过，刘劭和亡国之君纣王相提并论不吉利。袁皇后仔细端详怀中的婴儿之后，派人告诉刘义隆说："此儿形貌异常，必破国亡家，不可留！"刘义隆大惊失色，撒丫子往后宫跑，搞得狼狈不堪。赶到皇后寝宫，气喘吁吁拨开帷幔一看，总算快了一步，差那么一会儿刘劭就被袁皇后掐死了。

刘劭没有辜负父皇救命之恩，长大之后，生得大眼方口，美须眉，好读史传，弓马娴熟。六岁立为皇太子，十二岁参与朝廷政事。他要什么，刘义隆给什么，宠爱非常，是不可替代的王朝接班人。

既然父子之间如此融洽，为何会发生“巫蛊案”呢？这要从彭城王刘义康说起。刘义康是刘裕第四子，专揽朝权，人称相王。党徒刘湛等人密谋拥立刘义康为帝，事泄被杀，刘义康贬往江州。后来范晔谋反，又一次打出刘义康的旗号。刘义康再受牵连废为平民。元嘉二十八年（451），鲜卑铁骑临江，刘义隆害怕刘义康趁机谋反，派人送毒药赐死。刘义康不肯服药，对来人说：“佛祖不许自杀。”使者将他摁倒在床上，用被子活活闷死。

刘义隆是仁慈的皇帝，但他杀害亲弟弟给皇族和臣民留下了坏印象。太子刘劭曾极力劝说刘义隆除掉刘义康，一旦成为事实，刘劭的看法发生了变化，他认为父皇狠毒，没有做不出来的事。此时，父子的关系正慢慢变坏，刘劭感到压力，隐隐觉得二十四年来稳如泰山的皇太子地位有些动摇，他与父亲的两名宠臣江湛和徐湛之的关系形同水火。

江湛，高门士族，济阳江氏的一支，当朝侍中（大体相当于书记处书记），琴棋音律、算术文学无所不精，是刘宋名臣。此人虽位居高官，由于不善于经营家业，家中一贫如洗。送礼的人挤破门槛，一文不收。他只有一件朝服。有一次，刚洗的衣服还没干，皇帝召见，江湛只得告病假，等衣服干了才进宫。家里有头牛，大冬天饿了，放牛的要草料，江湛寻思半天，告诉放牛娃：“你可以让牛喝水嘛！”

徐湛之则完全是另外一种人物，一个反复无常的小人。他是皇亲，父亲徐逵之，娶妻宋武帝刘裕大女儿会稽长公主，打荆州时战死。徐湛之自小丧父，刘裕可怜他，相当疼爱，养成了他无法无天的性格，曾参与刘湛谋反，幸亏母亲会稽长公主到刘义隆跟前又哭又闹，才保住一条小命。他贼心不改，又参与范晔谋反，眼见事发，靠出卖范晔等人得以幸免。从此深得刘义隆宠信，历任中书令、尚书仆射（副总理）。

徐湛之家财巨万，室宇园池，豪贵至极，家中伎乐之妙，冠绝一时。

门生千余人，都是三吴一带富家子弟，姿质端妍，衣服鲜丽，每当徐湛之出门游玩，俊美的门生充满街巷。若遇到下雨天，道路泥泞，全部载入后车，车队排出数里之外。

中国封建社会的官场非常奇特，一面是贪官污吏大肆聚敛财物，一面是清官廉吏出淤泥而不染，对照极其鲜明。正是这批儒家文化熏陶出来的清官捍卫着国家的尊严，维护着世道的公平。

两位权臣为何与太子刘劭的关系搞得如此僵呢？从表面上看，二人与刘劭对国家基本政策存在分歧。刘义隆把北伐中原定为主基调，矢志不移，三次北伐，徐湛之和江湛大力支持，而刘劭则坚决反对。

元嘉二十七年（450），拓跋焘击败北伐军，饮马长江，在瓜步山提出议和。满朝文武认为是获得和平的绝好时机，纷纷赞同，偏偏江湛一句话搞砸了，江湛说："戎狄不讲亲情，许之无益。"当时刘劭勃然大怒，声色俱厉地斥责江湛说："三王危在旦夕，怎么能反对议和！北伐败辱，数州沦破，独有斩江湛、徐湛之可以谢天下。"刘义隆平静地说道："北伐是我意，江、徐二人只不过没有表示异议罢了！"

难道三人之间的矛盾真是因公事吗？当然不是，其中另有隐情，涉及君位传承的大事。

贰 夺嫡

刘义隆有十九个儿子，人说多子多福，看看晋武帝司马炎和宋文帝刘义隆，噢，还有清朝的那个康熙皇帝，就知道这种说法不尽然。元嘉三十年（453），刘义隆众多的儿子中长大成人，比较出色的有六个：太子刘劭、二子始兴王刘浚、三子武陵王刘骏、四子南平王刘铄、六子竟陵王刘诞和七子建平王刘宏。刘劭是袁皇后所生，正宗嫡子。除他之外，刘义隆最为宠爱的皇子还有南平王刘铄和建平王刘宏，捎带上始兴王刘浚，刘浚得宠是因为其母亲得宠。

刘义隆并非好色之徒，但对于刘浚的母亲潘淑妃格外宠爱，到了痴迷的地步，以至于袁皇后因忌妒而死。潘淑妃出身寒微，不见经传，以容貌选入宫中。入宫之初，始终未见皇帝一面。皇帝在宫中行走多用羊车，潘淑妃使了一招晋武帝妃子们常用的伎俩，在殿门口用咸水洒地，将大殿的帷幕撩起，自己装扮得鲜艳妩媚，袅娜风流。羊车经过潘淑妃的住处不肯再走，舔食地下的咸水。刘义隆一眼瞧见帷幕中的美人，不由自主动了情。欲望一生，自然免不了翻云覆雨。久而久之，潘淑妃牢牢抓住了刘义隆的心，以至于每次完事之后，刘义隆自我解嘲地叹息道："羊且为你徘徊，何况人啊！"

潘淑妃由此爱宠后宫，她想要什么，刘义隆就给什么。起初，袁皇后不相信。袁齐妫出身高门，与刘义隆为结发夫妻。藩邸之时两人相敬如宾，刘义隆一直待她恩礼有加，婚姻生活平淡却和睦，她认为这就是爱情。直到一件事的发生改变了她对爱情的看法，并摧毁了她的生命。

袁皇后家境不富裕，可能有人不太相信，高门望族怎么会家贫？这种事在南朝很正常，有的高门望族渡江后败落，再者同一族分支庶，不善于经营的大族也会破产。东晋和南朝社会动荡不安，反而使一些庶族地主、凭战功起家的将领、商人腰缠万贯。高门士族自视甚高，即使再贫困，也不屑与庶族通婚、交友。

袁皇后经常向刘义隆求一些钱财接济娘家，刘义隆为人节俭，每一次给她不过三五万钱、三五十匹布，再多要一点，从来不给。后来有人对袁皇后说，潘淑妃厉害，她要多少，陛下就给多少。袁皇后根本不相信，但别人又说得信誓旦旦。袁皇后让潘淑妃替自己向刘义隆要三十万钱接济家里，看看皇帝怎么办？她万万没想到，不到一宿的工夫，三十万钱拨下来了。袁皇后的信念一下子崩溃，这个男人爱自己吗？标准不一啊！

对一个男人来说，她和潘淑妃是两种不同性格的女人。袁皇后端庄贤淑、知书明理，是男人的贤内助，母仪天下，是受人尊敬的第一夫人角色。她知道丈夫提倡节俭，不肯给男人添难题，必然受委屈。潘淑妃是那种擅风情、懂乐趣，能够带给男人激情的女人。她不管你男人在大众面前如何如何，一定要满足自己，也有办法让男人满足自己。男人通常离不开这两种女人，向往"家中红旗不倒，外头彩旗飘飘"的神仙日子。可惜爱情是独享的，尤其对于女人来说。

由爱生恨，袁皇后从此称病不见刘义隆。每当刘义隆进入她的寝宫，她准跑别人屋里去。刘义隆很纳闷儿，皇后怎么了？即使搞突然袭击，也见不着她的面。除了太子，其他的皇子，譬如刘浚等人也一概不见。人啊，太多的病是从心头得来。袁皇后愤恚成疾，元嘉十七年（439），病得不行了，容颜憔悴。刘义隆想到二人昔日情意，握着她的手泪流满面，"你有什么要求，尽管提！"袁皇后凝视刘义隆良久，一言不发，徐徐拉过锦被遮住面庞，去世了，时年三十六岁。袁皇后至死都没有原谅刘义隆。

刘义隆对袁皇后之死哀伤痛惜，下诏令当时的大文学家颜延之做哀策，文辞华丽，哀婉感人："兰殿长阴，椒涂弛卫。霜夜流唱，晓月升魄。嗷嗷储嗣，哀哀列辟。洒零玉墀，雨泗丹掖，呜呼哀哉！……"

刘义隆提笔加上了一句："抚存悼亡，感今怀昔。"足见他与袁皇后的感情是真挚的。袁皇后的死激起太子刘劭对刘义隆和潘淑妃的不满，在皇子们心中宁静的湖面上投落一块大石。

"抚存悼亡。"刘义隆把对袁齐妫的愧疚转化成对她儿子的疼爱。袁皇后去世的十年里，刘义隆一如既往地关心爱护刘劭，太子地位不断得到巩固。尤其在除掉相王刘义康之后，刘义隆害怕宗室强盛，犯上作乱，特意增加东宫兵，编制几乎和羽林军相同，拥有甲兵一万多人。

刘劭长大成人，对主持后宫的潘淑妃极其厌恶。若没有这个狐媚，母亲会死得那么早吗？潘淑妃的儿子始兴王刘浚敏锐地感觉到自己已成为太子的眼中钉。刘浚不是有大志的人，第一反应是害怕。太子刘劭将来会继承皇位，收拾他那不是小菜一碟！刘浚做出的对策是曲意逢迎，拼命巴结太子。刘劭转怒为喜，刘浚是二弟，母亲主持后宫，是名义上的皇后。他不来争位，多一个同党，少一个竞争对手，如何不喜？两人关系急剧升温，亲密程度超过其他兄弟。

刘浚没有野心，不代表其他皇子不敢和太子争。南平王刘铄和建平王刘宏流露出夺嫡的心思。刘铄是刘义隆第四子，按照刘宋王朝皇子出镇地方的惯例，刘铄出镇豫州。元嘉二十六年（448），他指挥了汝南悬瓠城攻防战。元嘉二十七年（449），宋军二次北伐，年仅二十岁的刘铄担任豫州军指挥官。北伐军败退，刘铄固守寿阳，与彭城的武陵王刘骏时刻威胁着采用蛙跳战术深入到长江北岸的鲜卑百万大军。战后领兵戍卫石头城。

刘宏，刘义隆第七子，早年丧母，少而闲素，笃好文籍，深得刘义隆宠爱。刘义隆为他置的鸡笼山别墅，环境优雅，尽山水之美，远超诸皇子。刘宏任职中书令，大体相当于现在的书记处书记。

两人在朝廷中都有靠山，刘铄的妃子是江湛的妹妹，刘宏的妃子是徐湛之的女儿。除这两拨人之外，朝廷中还有另外一派势力，录尚书事（总理）刘义恭。

刘义恭是个草包王爷，担任过北伐军总指挥。鲜卑骑兵大举反攻，若非武陵王刘骏和部下将领坚决反对，他早放弃彭城重镇逃过江去。正是刘骏守住彭城，使拓跋焘有后顾之忧不敢渡江。魏军在盱眙遭受阻击，狼狈撤军之时，刘义恭拒绝诸将建议，不肯出城攻击，坐失大好战机，受到朝廷降级处分。

刘义隆对这位绣花枕头草包王爷仍旧格外器重。刘义恭性子奢侈，用度很大，与刘义隆节俭本性格格不入。但是刘义恭会来事，吸取四哥刘义康教训，虽为宰相，总录朝政，却从来不自个儿拿主意，皇帝三哥说什么，他干什么，扮演着秘书角色。

生性狡黠、刚猛严断的刘劭看不惯只知拍马屁的刘义恭等人。在一些国家大政方针和生活作风问题上与外柔内刚的父皇产生摩擦，多次被训斥。刘劭感觉到时间拖得越久，太子位置越难以确保。刘义隆身体单薄，成日病快快的，说也奇怪，大病好多次就是不死，越老身子骨越硬朗。兄弟们一天天长大，愈来愈微妙的朝局让刘劭大为担忧。恰在此时，一个神秘的女巫出现了。

叁 巫蛊案

巫术是一种控制大自然力量和意念移物的魔法方术，中国古代称男巫师为觋，女巫师为巫。在西方，觋也叫魔法师。女巫总是和扫帚、宠物一起出现。中国的女巫不骑扫帚，不养宠物，但念咒语、施魔法是相通的。女巫或是绝色或是奇丑，因为古人认为，只有与众不同的人才有可能与上帝和神灵相通。

世间真有女巫和魔法吗？女巫有，魔法未必有。太子刘劭遇到的女巫就是一个装神弄鬼的骗子。女巫严道育，江东人，丈夫是劫贼，她作为家属被罚养马。严道育学了一些旁门左道、巫蛊邪术，说自己通灵，不食人间烟火，能够驱使鬼神做事。刘劭亲姐姐东阳公主刘英娥有一个靓丽、机灵的心腹婢女王鹦鹉和严道育往来密切，有一次她对公主说："严道育通灵有异术。"

巫术兴起于夏商两代，周公以德治国，巫术衰落，两汉有所复兴，后被历代皇帝所禁止。东阳公主不敢明目张胆，借口严道育有一手养蚕的好技术召入公主府。

严道育在太子和公主面前露了一小手。白天，严道育对公主说："神灵有吉祥之物赏赐给公主。"到了晚上，刘英娥躺卧在床，只见夜色中一道萤火样的流光闪过，飞进竹制的书箱里。打开书箱一看，里面有两颗青色宝珠闪着幽幽的光泽。自此，刘英娥和刘劭、刘浚三姐弟受严道育迷惑，对其巫术深信不疑。

刘劭、刘浚二人乘机请严道育求鬼神帮忙，不要让父皇知道他们私下里犯下的过错。女巫一口答应，施法之后，对太子和王爷说："你们放心吧！我已向上天陈请，必不泄露。"二人大喜，尊严道育为天师。

随着朝局的变化，刘劭决心让父皇早死。他私下里和刘浚、严道育、王鹦鹉等人巫蛊父皇，用玉石琢刻了一座刘义隆的雕像，派东阳公主家奴陈天兴联络宫中太监陈庆国，把雕像埋在含章殿（刘义隆的寝宫）前，以便严道育施法。

陈天兴原本是刘义恭府中的家奴，生得魁伟英俊，被王鹦鹉瞧中，以收作养子为由，把陈天兴从江夏王府弄到东阳公主府，实际上他们年龄相差无几，名义上做母子的俊男靓女却在一处淫乱偷情。

为封住陈天兴的嘴巴，刘劭把他调到东宫卫队任队主。时过不久，刘英娥死了，东阳公主府给了临贺公主，作为东阳公主婢女的王鹦鹉应该下嫁。刘劭害怕王鹦鹉走漏风声，与刘浚商议，把她嫁给刘浚心腹佐吏沈怀远。

刘义隆眼里不揉沙子，东宫卫队将领的人事变动引起他的关注，责问刘劭说："听说临贺公主南第有一个婢女欲出嫁，又听闻此下人养他人奴为儿，而你竟然用作队主，提拔得太快了吧？你用的队主、队副都是奴才吗？那人欲嫁往何处安置？"

刘宋王朝选人制度沿用魏晋以来的九品中正制，奴才不能做官，何况陈天兴是奴才的儿子。刘劭连忙编个瞎话，辩解道：“南第（东阳公主府第在西掖门外，故叫南第）昔年的属下陈天兴曾想跟着儿臣。儿臣说：‘禁军哪是你这种人可以入的？不过，若能击贼立功，就可入队。’当时说的是戏言，记不得了。后来陈天兴提起此事，儿臣追念姐姐东阳公主往事，不忍食言，见他身体粗健，倒是当兵的好材料，便让他入了队，后来做了队副。儿臣以为用人虽说当用有功故旧，但也少不了有气干之人。至于那个婢女，还没有定下人家。”刘劭怎么敢说将一个小小的婢女嫁给始兴王府的官吏，而且沈姓是浙东一带的大姓。

刘义隆听信了刘劭的话，没有再追究。刘劭恐惧不安，写信给刘浚，让他不要承认王鹦鹉嫁给沈怀远一事，刘浚复信不以为然：“彼人若问个不休，正可缩短其余生，或许值得大庆的日子即将到来了。”彼人指刘义隆，刘劭和刘浚通信不尊敬他们的父皇，称刘义隆为“彼人”，或者“其人”，称江夏王刘义恭为“佞人”。信中刘浚竟然疯狂诅咒父亲，祝愿太子登基。

王鹦鹉嫁给沈怀远，害怕和陈天兴私通的事败露，便唆使刘劭杀掉陈天兴。刘劭本来难于在父皇面前解释队主之事，暗地里派人把陈天兴杀了灭口。兔死狐悲，陈庆国害怕了，心想：“巫蛊皇上是我和天兴两人操作，如今天兴死了，我岂不危险啦！”出于自保，陈庆国向刘义隆自首，把事情经过一五一十全说了。

刘义隆大吃一惊，立刻派人抓捕王鹦鹉，封了她的家，经过搜查，得到刘劭、刘浚二人几百封往来信件，满纸诅咒巫蛊之言，又挖出埋藏在含章殿前的玉石雕像。刘义隆下诏有司严查此案，严道育闻风亡命，廷尉挨家挨户地查，没搜到。

刘劭、刘浚惶惧不已，无话可说，低头认罪。刘义隆最终没能狠下心来处罚两个爱子，只能怪以前太溺爱。他想不到刘浚会参与这种事，又惋惜又惊讶，对潘淑妃叹息说：“太子图富贵，还可以理解有自己的理由。虎头（刘浚的小名）复如此，这是我万万想不到的，你们母子岂可一日无我呀！”

刘浚读书不少，相貌端庄，就是不明事理。刘义隆未处罚二人。他对刘义恭的一席话，表明了此刻的心态：“我常见典籍中有巫蛊的记载，以为那是荒诞的传言，不想亲眼看见，刘劭所作所为虽然失道，未必便亡江山社稷。不是我管你家的事，你儿子多，要多加管束，小心将来遇此不幸之事。”

刘义隆宽大为怀，以为这件事平息了，两个爱子能够吸取教训，改邪归正，不料，两个儿子根本没有悔改的意思，铁了心走向忤逆之路。

肆 宫廷密谋

朝廷严加搜捕严道育，女巫藏到哪里去了？上天入地了吗？当然没有，她装扮成尼姑，正在太子宫中享福呢！躲在东宫里不是长久之计，刘劭怕严道育出差错，让刘浚挟带女巫回京口，藏在平民张旿家里。

朝旨下来，改任刘浚荆州刺史。刘浚回南京去江陵赴任，又把女巫偷偷带回太子宫，这一通折腾露出了马脚。有人告发，说严道育藏在京口张宅。刘义隆亲自派人抓捕，只抓到两个婢女，供出严道育跟刘浚回京了。

刘义隆一听非同小可，两个逆子说得好好的，把邪恶的女巫赶跑了，怎么还和她有来往？下令把严道育的两个婢女押到京城，当面对质。让侍中王僧绰搜寻汉魏以来废太子、诸王典故，又将亲信大臣江湛、徐湛之找来，一同计议，如果事情属实就废黜太子，赐死刘浚。

废掉刘劭，谁来做太子呢？刘义隆拿不定主意，按顺序排，老大、老二不行，该老三啦。三子武陵王刘骏不得宠，母亲路惠男淑媛不在皇宫，跟着刘骏住浔阳。皇妃跟随儿子出镇地方，这在封建王朝不多见。一是说明路惠男不讨刘义隆喜欢，二是刘义隆比较有人情味、重感情。既然不爱路妃，不如成全他们母子。刘骏十四岁出镇襄阳，十八岁镇守彭城，二十一岁都督江州，母子常年在外，与刘义隆感情淡薄。

排除长幼关系，受宠的皇子只有刘铄和刘宏。一个江湛的妹夫，一个徐湛之的女婿。江湛劝刘义隆立刘铄，徐湛之劝刘义隆立刘宏。双方争执不下，搞得刘义隆脑袋都大了，密议好些日子，迟迟不见结果。

一日，刘义隆无奈地对王僧绰说：“江、徐二人各为利益算计，根本不与国家同忧。”王僧绰出自高门士族，琅琊王氏，王导的后代，刘义隆的乘龙快婿，妻子是死去的东阳公主刘英娥。别以为刘英娥死了，王僧绰是个老头，人家只有三十岁，做侍中时二十七岁，真正的青年干部。侍中正二品，与尚书仆射、中书令同居宰相之职。搁到今天，中央办公厅主任。

出自名门的王僧绰好学，有大局观，能独立思考问题。王僧绰回答道：“‘当断不断，反受其乱。’做这种事要快，希望陛下能以国家大义为重割舍骨肉亲情，不要在小事上不忍。如果做不到，您就真心诚意地对待太子，不要再不厌其烦地怀疑谈论。事机虽密，难保不泄露，不应该让灾难发生在陛下意料之外，取笑千载。”

刘义隆面露难色：“卿可谓能断大事，然此事至重，不可不殷勤三思。况且彭城王刚刚死去，人家会说我不再有慈爱之心。”王僧绰着急了，脱口而出：“臣恐千载之后，言陛下唯能裁弟，不能裁儿。”刘义隆默然无语。

当时江湛陪坐，两人出了斋阁之后，他对王僧绰说：“贤弟刚才说的那些话，恐怕过于直率了些！”王僧绰平静的语气中透着不满：“弟亦恨君不直！”父子情深，刘义隆不忍心下狠手杀儿废太子，是以王僧绰说他只会制裁兄弟，不会制裁儿子。之所以犹豫再三，因为一时找不出名正言顺的皇位继承人。刘铄从寿阳赶回建康有些日子，傲气十足，为人不谦虚，为人处世让老皇帝大失所望。

刘义隆排除刘铄，准备立刘宏为帝。刘宏是第七子，中间隔着四个皇子。按照立嫡立长的古训，怎么算也算不着他。每天夜里，刘义隆和徐湛之两人屏退众人密谈，整日整夜地谈，想办法，找理由。刘义隆确实做得过于拖沓，干大事要像王僧绰说的那样，快刀斩乱麻。

每次密谈，刘义隆总让徐湛之举着蜡烛，绕着墙壁进行检查，唯恐有人窃听。这么机密的事，刘义隆竟然告诉潘淑妃。潘淑妃大吃一惊，叩头请罪，痛哭流涕。杀掉儿子心疼啊，能说什么？什么也不能说，谁让儿子干出这等大逆不道的事来。

母子连心，潘淑妃到底派人把儿子找进后宫，抱头痛哭，责怪道：“上次巫蛊事发，当时我希望你能反省过失，哪里想到你还敢把女巫窝藏起来！皇上气得不得了，我叩头乞恩，都不能平息他心中的愤怒。现在这个样子，我活着有什么意思？你赶紧送药来，我先走一步，实在不忍心见你闯下弥天大祸，弄得身败名裂！”刘浚听完，奋衣而起，梗着脑袋道：“天下大事靠自己裁断，您稍放宽心，肯定不会连累您！”说完转身便走。

刘浚飞马驰告太子。刘劭当机立断，召来心腹将领队主陈叔儿、詹叔儿，斋帅张超之、任建之等人谋划发动叛乱。东宫每夜灯火明亮，刘劭赐将士饮宴，亲自把酒。眼见严道育的两个婢女要押解到京，正月二十日，刘劭伪造刘义隆的诏书，昭示东宫兵："鲁秀谋反，明日凌晨你等守卫皇宫，我率众平叛！"下令张超之集合平素豢养死士两千余人，披甲执刃，全副武装，召太子官属入东宫议事。

夜幕低垂，长史萧斌、太子左卫率袁淑、中书舍人殷仲素、左积弩将军王正见陆续来到东宫。刘劭涕泪横流："主上听信谗言，要将我治罪废黜，我自思并无过失，不能受冤枉，明日当行大事，望诸公勠力与共！"说罢，刘劭起座，向众人倒身下拜。众人惊愕不已，冷汗直冒，明白太子指的大事是什么，无人敢言，空气凝重紧张。

古代以下犯上，以臣废君，有之。以子弑父皇，千百年来，到刘宋开国，自诩文明礼仪之邦的中国没有先例。楚王商臣弑父，当时的楚国是荒蛮之地，南蛮子；匈奴冒顿单于射杀父王，胡族；拓跋绍砍杀拓跋珪，索虏。刘宋南朝继汉晋衣冠，怎么能干出这种事？许久，萧斌、袁淑劝道："自古无此事，好好想想吧，太子！"

刘劭勃然变色，手按宝剑，横眉立目。萧斌害怕了，嗫嚅道："下官昔年侍奉太子，常思报效，危难临头，奉令便是。"萧斌是东宫旧属，看着太子长大的人，文武全才。宋军二次北伐时，担任过前锋兵团指挥官。他表态附和，许多人都同意。袁淑脑筋转得快，呵斥众人道："你们以为殿下真要这么做吗？殿下小时候曾经得过疯病，大概是疯病发作了。"

袁淑是袁皇后一家子的兄弟，刘劭的舅舅，在给刘劭找台阶下。刘劭铁心叛乱，如何肯罢手，怒不可遏，斜着眼睛盯着袁淑："你说，我的大事能不能办成？"袁淑哀叹道："居不疑之地，何患不克！只怕做成之后，不为天地所容，大祸随之而来。真有此谋，现在息事还不晚！"刘劭脸色阴森可怖，左右亲信急忙把袁淑拉到殿外，劝道："这是何等样事，怎么可以半途而废呢？"策划叛乱等同于谋反，话说出口可以收手不干？想都别想，覆水难收。

袁淑在中书省值班，回到宿舍，心中恐慌不安，反复琢磨，绕着床铺来回走，直到四更天才上床睡觉。刚一合眼，门外车马响动，甲士敲门。袁淑知道怎么回事，任凭敲得咚咚响，闭上眼不起床，直到刘劭亲自叫门，才勉强爬起来。

伍 合殿惊变

初春的凌晨，寒风料峭，袁淑冻得直哆嗦。画轮车之上，刘劭铁甲戎装，外罩朱衣朝服，与萧斌并肩站立，仪仗护卫和平常入朝时一样。刘劭招呼上车，袁淑磨磨蹭蹭不想上去。刘劭狠下心来，使个眼色，侍卫手起刀落，将袁淑斩于奉化门外。

按刘宋王朝旧制，东宫卫队不准入皇城。刘劭拿出伪诏，对门卫大声道:“奉诏讨贼！”卫队由万春门入宫，张超之等数十人急入云龙门，闯进斋阁，拔刀登上合殿。斋阁是书房，合殿是设在书房后面的卧室。张超之等人闯进合殿时，门前、台阶、窗外值班的卫士还在睡觉。

大殿内烛火未熄，刘义隆与徐湛之两人又密谈整整一夜，为儿子们操碎了心。刘义隆见张超之等人杀气腾腾手持利刃冲进来，眼见钢刀砍向自己，大惊失色，下意识举起案几去挡。刀锋锐利，案几截为两段，连同刘义隆的五指齐刷刷斩了下来。张超之踏步上前，再补一刀，鲜血迸出，刘义隆一命归天。徐湛之跳将起来，向北窗奔去，手忙脚乱地开窗户，被蜂拥而入的士兵们乱刀砍死。

宫内大乱，刘劭赶到合殿中阁，听说父皇已死，转身去东堂登上皇帝宝座。召中书舍人顾嘏，厉声喝道:“你们和皇上想把我废了，何不早说！”手起一刀，将顾嘏斩杀。江湛此时正在尚书省值班，听到外面一片喧哗嘈杂声，立马明白了怎么一回事，太子兵变啦！恨恨叹道:“不听王僧绰的话，以至于此！”他赶紧躲藏到一处小屋里，还是没能逃过魔爪，被叛兵杀害。

禁卫将领有的望风投降，有的拼死反击。大内侍卫官卜天与穿着内衣裤冲了出来，一手持弓，一手执刀，招呼部下出战。另一名禁卫军官徐罕道:“殿下入宫，你这是干什么！”卜天与大骂道:“殿下常来，你今天说这话什么意思！你也是贼！”说着，拈箭射向刘劭，几乎射中。叛军上前，一阵乱砍，卜天与断臂而死，禁军军官数人战死。刘劭接着派人去东阁杀潘淑妃和刘义隆生前的亲信，急召始兴王刘浚起兵接应。

刘浚此时正在西州，属官朱法瑜从宫中奔告刘浚说："台内喧噪，宫门皆闭，道上传言太子谋反，尚不知灾祸变化如何。"虽然早有思想准备，刘浚还是吓了一大跳，忙问："我们怎么办？"朱法瑜说："不能贸然行动，殿下旧部都在石头城，我们占据石头城观察形式。"刘浚没得到刘劭的消息，不知兵变成功与否，情绪烦乱。部将王庆道："今宫内有变，未知主上安危，凡是臣子，当投袂赴难，凭城自守，非臣节也。"

刘浚和太子一伙，王庆说这话等于白说。刘浚从南门奔往石头城，文武官员一千多人跟去了。南平王刘铄戍守石头城，双方合兵两千多人。此时，杀害刘义隆的凶手张超之赶来，屏退众人，详详细细地将兵变经过对刘浚叙述一遍。刘浚一身戎服，跨马去投刘劭。朱法瑜劝他，不听，王庆又劝："太子反逆，天下怨愤。明公但当坚闭石头城。不过三日，凶党自然离散。此事如此明了，你怎么还去呢？"刘浚一心投靠刘劭，喝道："皇太子有令，你再多说，定斩不饶！"

刘劭一见刘浚，开口便解释："潘淑妃为乱兵所害。"刘劭心中挺内疚，谁知刘浚竟然平静地回答了一句极为残酷无情的话："这正是我一直盼望的事。"刘浚是盼望刘劭杀掉父皇登基呢？还是盼望母亲被乱兵杀死呢？我想刘浚说的是第一种意思。史家恨他与刘劭共同谋划杀害君父，故而断章取义挑了这么一句话，来显示刘浚的凶顽不化。北史作者李延寿凭这句话，干脆认为潘淑妃是刘浚养母，生母早死了，要不他怎么能说出如此悖于常理的话。其实，刘浚文学修养不错。刘宏、王僧绰、蔡兴宗等人和他关系都很好，真要四六不懂，谁理他呀。若是养母，潘淑妃能把天大的秘密告诉他，为了他害死最亲的丈夫？

刘浚，实在是母亲惯出来的，潘淑妃教子无方，刘义隆也是。大儿子、二儿子都不是好人，即便后来登上帝位的三儿子刘骏也不是什么正经人物。

一代杰出的帝王下场如此凄凉，难免不让人心痛。刘义隆没有死在和权臣角争之际，没有死在北伐战争之中，而是死在亲生儿子刀下，成为中国历史记载最详细、最无争议的子弑父的皇权之争的牺牲品。究竟什么原因导致刘义隆之死，因为他北伐战争一再失败，被臣民抛弃了吗？还是因为对于子女过度溺爱而酿成的悲剧呢？

从事后的发展看，尽管北伐屡败，包括北伐将领在内的士庶还是坚定地站在刘义隆一边。死于过度溺爱儿子，有几家父母不溺爱子女？刘义隆的死直接反映出南朝社会最根本的矛盾，高门士族与皇权的矛盾。

刘劭兵变因何能够取得成功？因为东宫兵势力强大，几乎与禁军等同。东宫兵为什么能得到庞大的兵员？因为刘义隆要依靠太子对抗宗室。刘宋宗室权势为何能够威胁皇权？因为东晋南朝士族豪门势力极为强大。刘宋开国，刘裕吸取东晋皇权旁落、高门士族秉政的教训，任命皇子和皇族出镇地方，刘姓子弟势力膨胀，故而刘义隆加强太子地位制衡宗室力量。

与门阀士族抗争和妥协是南朝的政治主旋律。刘义隆死于抗争，死于骨肉相残，皇族出镇地方的制度一日不除，骨肉残杀一日不绝。江南流传着一句神秘的童谣："遥望建康城，小江逆流萦，前见子杀父，后见弟杀兄。"这是南朝皇族的真实写照，宋、齐、梁、陈莫能例外。太子刘劭应验上一句，武陵王刘骏应验下一句。

陆 小江逆流萦

刘劭兵变成功，急匆匆登基称帝，百官入宫晋见者仅数十人。为稳定朝局，刘劭大肆封赏叛军将士，采取欺骗和强迫手段威逼江夏王刘义恭、尚书令何尚之与王僧绰一道继续主持政务。当他得知姐夫参与谋划废黜自己时，立刻将王僧绰杀死，又把平素不喜欢的王侯悉数诛杀。疯狂杀戮震惊了诸王和都城内的高门士族，南平王刘铄、建平王刘宏等诸弟被迫屈服，城中士庶百姓敢怒不敢言。

稳定南京局势之后，刘劭怕外镇诸王不服，逐一盘算一下，有四位。都督荆州的六叔南谯王刘义宣、都督浙东五郡的六弟随郡王刘诞和下邳太守九弟义阳王刘昶，这三位他都不太担心。刘义宣相貌堂堂，却是刘裕七个儿子中最差劲的一位。刘诞二十一岁、刘昶十八岁，两人管辖地军马不强。刘劭对外镇诸王采取安抚手段，召刘义宣回朝任太尉，改刘诞为会州刺史。

三弟江州刺史刘骏最棘手。刘骏虽然只有二十三岁，但从小出镇地方，手握兵权，参与元嘉两次北伐，进山剿过匪，经历过大小战阵。此时正率领一支大军讨伐西阳（今湖北黄冈市）的五水蛮，兵屯五洲（今湖北浠水西南）。

剿匪军集合豫、荆、雍、江四州精锐军队，是一支令人望而生畏的大军。刘劭显得胸有成竹，得意地对群臣说："你们只需助我整理文书，不必担心战事。若有贼寇发难，我能抵挡，只怕贼子们不敢妄动。"

刘劭之所以信心十足，因为大军的主将苍头公沈庆之是他的人，取刘骏的项上人头只需一封书信。

大军指挥官沈庆之时任太子步兵校尉，属东宫官员。

沈庆之接到刘劭密信，震惊之余做出了一个相反的决定，对手下心腹说："萧斌妇人不足道，其余将帅我很熟悉，容易对付。东宫同恶相济者不过几十人，其他人均是胁迫参与者。我若拥立武陵王讨伐逆贼，名正言顺，不忧不济！"

作为一名平民将领，注定了沈庆之的人生具有投机性，不能说品德有多高尚。准确的预测力是成功的关键，如同他曾经指出北伐必败，判断出魏军必将反击一样，他又看到了刘劭的灭亡。

得知南京发生的一切之后，刘骏坐卧不宁，太子会怎么处置他这个三弟呢？刘骏文武全才，有胆有识，甚至得到过敌国君主拓跋焘的欣赏，南征求和之时，指名将公主许配给他。对于父皇之死，他是诸皇子中最有资格不悲伤的人，因为父皇最不喜欢他们母子。刘骏从小远离南京，和母亲在地方做官。

沈庆之求见刘骏。变生仓促之际，刘骏毫无思想准备，一时慌了手脚，不敢接见这位东宫将领。他清楚地知道沈庆之来干什么，推托有病，不见！

沈庆之闯进大帐，将刘劭手书呈上。刘骏神色大变，知道大祸临头，泣求去后帐与母亲诀别。沈庆之明白刘骏想拖延时间，凛然正色道："下官受先帝厚恩，今日之事，尽力而为，殿下为什么对我有如此重的疑心啊？"沈庆之如此表态，刘骏惊喜交加，抢下座位，连拜两拜道："家国安危，皆在将军。"

沈庆之不愧为刘宋名将，雷厉风行，不出十日，军队、物资集结完毕，如同神兵天降。这支部队是各地的精锐，柳元景、宗悫、薛安都、宗越等宋朝虎将云集。刘骏传檄天下共讨刘劭。

兵贵神速，剿匪大军掉转马头，向南京进发。荆州刘义宣、雍州刺史臧质、司州刺史鲁爽纷纷起兵响应，远在北方边境的将军萧思话、垣护之、张永各率部队南下，声援大军。随王刘诞本准备接受刘劭任命，见义军声势浩大，临时改变主意，支持刘骏，发江东兵北上。

刘骏军队到达浔阳，与刘义宣的荆州军会合，顺流东下。沈庆之总领大军，令柳元景统率薛安都等十二军为前锋兵团，由湓口（湓浦水入长江口）出发，徐遗宝率荆州兵为第二兵团继进。

四方兵起，军威浩大，刘劭这才感到害怕，下令戒严，把休假的将士们重新召集起来。刘宋王朝的中央军兵力强大，完全可以一战。然而，杀父恶魔上了一个人的当，一连被此人忽悠了三次。

这个人就是草包王爷刘义恭。草包王爷是皇叔，有威望，刘劭希望刘义恭起到稳定人心的作用，故而用他做丞相。

当刘劭打算把起兵诸王和将士们在京家眷尽数诛杀时，草包王爷出了第一个主意："凡举大事者不顾家，许多人出于无奈，如果把他们的亲人杀光，白白增加仇恨，坚定斗志。"

如果说这个主意尚在情理之中，那么第二个主意更是合情合理。

面对来势汹汹的义军，萧斌劝刘劭率水军西上决战，意图通过占有优势的水师在大江之上一举消灭敌人。即使决战不利，还可退守地势险要的梁山。

刘义恭献计说："贼刘骏年少，未经军旅征战，远来疲敝，我军应该以逸待劳。如果远出梁山，则京都空弱，贼刘诞的东军乘虚而入，怎么办？若分兵两路迎敌，则兵力分散，势力单薄。不如就地修建防御工事，这是先朝惯用的方法，不愁贼兵不破。"

刘义恭知道刘骏等人起兵仓促，船舰规模和装备无法与中央军水师抗衡，不利于水战，故意出馊主意。不仅保住义军将士们的家属，还让刘劭丧失用兵先机。

战机稍纵即逝，柳元景的雍州军抵达新亭（今南京南郊）。

柳元景是刘宋王朝北伐战争中保持不败纪录的将领。他是河东解人。

大家一定会感觉，哎呀，怎么这么熟？不错，三国关羽关云长就是河东解人。若论单打独斗，柳元景恐非关羽敌手，但论军事谋略怕要略胜一筹。

古时河东代指山西，柳氏是河东大姓，八王之乱后来到襄阳。襄阳地处豫南山地，桐柏山、大别山、大洪山，山地纵横，是土著人的聚居地。柳元景从小跟随父亲进山剿匪，弓马娴熟，勇猛无比。他性格沉默寡言，不喜欢多说话。

最经典的一场战役是随郡之战。随郡即今湖北随州市，在桐柏山和大洪山之间。柳元景初到随郡，蛮人来了个下马威，数千人断绝驿道攻打城池。柳元景手下只有六七百人，分出五百士兵绕到蛮人军后。夜间举火而进，斩杀蛮兵近两千人。从此柳元景声名大振。

伐蛮战役中，柳元景屡立战功，成为武陵王刘骏的参军。元嘉二次北伐，柳元景率领雍州兵长驱大进，在北伐军主力屡屡受挫的情况下，翻越熊耳山，数败魏军，连克函谷关、潼关，兵锋直指长安。东线失利，柳元景全军而返。

西阳剿匪，时任襄阳太守的柳元景率雍州军听命于沈庆之。他作为刘骏昔年部将，毫不犹豫地站在刘骏一边，被任命为前锋兵团指挥官。兵团有十三支军队，共计一万余人。

义军水战能力差，船舰又小又破，不是中央军对手。柳元景率舟师倍道兼程，一路急进。军队到达芜湖仍不见敌军，柳元景放下心来，弃舟登岸，步行前进，抵达新亭。

刘劭弑父不得人心，前来投降的人络绎不绝，劝柳元景从速进攻，说南京城中人心惶惶，一战可定。柳元景沉默不语，指挥军队修筑工事。在他眼里，作战不靠正义，靠拳头，坏人团结一心照样打胜仗。作战的原则是先使自己立于不败之地，然后再去打击敌人。

柳元景忙着下寨，刘劭竟然没有派兵进攻，丧失了先机。他精心选拔的先锋官最终埋葬了他。鲁秀和王罗汉是两员虎将。刘劭识得鲁秀的才干，却不识鲁秀的心。

双方生死大决战在秦淮河岸边展开，萧斌总统步军，刘谌之统水军，鲁秀、王罗汉打前锋，率精兵一万余人猛攻新亭垒。刘劭将宫中金银珠宝全部分发给将士们，登上朱雀门督战。鼓声大作，士兵们怀揣重赏，拼死进攻。

曹刿论战时说一鼓作气，再而衰，三而竭。柳元景按兵不动，静静等待对手气力衰竭。

中央军杀红了眼，水陆并进，发动了一波又一波潮水般的攻势。柳元景水陆受敌，意气弥强，麾下勇士全部安排出去，不留预备队，身边只有几个传令兵。柳元景打仗有点儿像第二次世界大战时的德国将领隆美尔，孤注一掷，集中火力，全部投入，不留后路。

狭路相逢勇者胜，纵是经历无数次战争考验的雍州军也难敌不要命的亡命徒。眼见中央军攻破营寨，先锋官鲁秀突然下令击退军鼓。进攻之敌犹豫不定之时，柳元景擂响战鼓，大开寨门，全军杀将出来。

中央军大败，坠河死者无数。刘义恭和鲁秀等将领投降义军。刘劭见势不妙，亲自带人反冲锋，又被击败。刘劭拔剑斩杀逃兵，也挡不住如潮水般败退的军队。眼见大势已去，刘劭逃回城中，残忍地杀死了刘义恭的十二个儿子。

刘骏大军开到，臧质等将领率各路军队纷纷到达，将南京城团团包围。鲁秀率勇士攻克朱雀桥，斩杀王罗汉、萧斌。大军攻入台城，杀进皇宫。杀害刘义隆的凶手张超之在合殿御床旁被乱刀砍死，挖心掏肠，将士们当场争着割下他的肉，生吞活剥。

刘劭被老丈人臧质活捉，斩于牙旗之下。始兴王刘浚被刘义恭斩杀。二人的妻子儿女全部赐死。严道育、王鹦鹉当街鞭杀，焚尸，扬灰于大江。

南朝第一场骨肉残杀的惨剧在血雨腥风中落下帷幕，刘骏正式登上刘宋王朝皇帝宝座，是为宋朝孝武皇帝。悲剧远远没有结束，刘骏扭曲的人性注定这才仅仅是暴风雨的前奏。

第八章
乱伦皇帝

爱情能够成就一个人，也足以毁灭一个人，这样的人必定是个情痴。人间不乏情痴，刘骏便是十足的痴情种。对爱情如痴如醉，置名誉、江山，甚至生命于不顾，疯狂恋上自己的亲生母亲和堂妹。丑声传到民间，使其成为二十五史中明确记载的唯一一位具有恋母情结的皇帝。刘骏平息太子刘劭之乱，杀掉两位兄长替父亲报仇，但是他恋母、霸妹、害弟、杀叔、屠城，坏事一样没少干，刘宋王朝从此开始没落。

壹 不伦之恋

“饮食男女，人之大欲存焉。”性爱和吃饭是人的天性，真正的儒学不认为性欲是一种罪恶，而是提倡克制人性中的弱点。

较之中国历史其他阶段，南北朝崇尚自然，放纵人性，程度丝毫不逊色于当今社会。社会风气影响到皇室，意志力稍显薄弱的君主难免放荡不羁。除母亲之外，刘骏还喜欢他的堂妹，为之痴迷狂乱。这个女人引发了一场战争，最终刘骏得偿所愿，抱得玉人归。世上没有十全十美的事，悲欢离合，古今难全。恋人乘风而去，刘骏相思成灰。

乱伦皇帝文武全才，相貌出众，史书毫不吝惜辞藻地加以赞扬：“上为人，机警勇决，学问博洽，文章华敏，省读书奏，能七行俱下。又善于骑射。”说他为人机警、勇敢、果断，学问渊博，文章写得敏捷华丽，阅读书信或奏章能一目七行，又善于骑马和射箭。

刘骏有远略，且有出奇的定力。南北朝大战之时，拓跋焘率鲜卑数十万铁骑南下。各路北伐军纷纷溃败，总指挥刘义恭准备弃城南逃。刘骏坚决不退，誓与城池共存亡。

北魏名臣李孝伯与张畅在彭城下会面，城内城外，双方百万大军剑拔弩张，二人唇枪舌剑，互不相让。刘骏改穿普通人的衣服昂首而立，站在一旁倾听。李孝伯注视他良久，会谈结束后对人说："张侯身侧之人风骨视瞻，非寻常人啊。"

刘骏文采斐然，算得一位小有名气的诗人，流传下来有一首《登作乐山》的诗：

修路轸孤辔，竦石顿飞辕。
遂登千寻首，表里望丘原。
屯烟扰风穴，积水溺云根。
汉潦吐新波，楚山带旧苑。
壤草凌故国，拱木秀颓垣。
目极情无留，客思空已繁。

后世思想家王夫之评价这首诗说："得之于悲壮而不疏不野，大有英雄之气。"

如此英雄也难过美人关。刘骏从小得不到父爱，下属奴才们只有表面的恭敬而无真正感情，和母亲相伴是他最欣慰、快乐的时光。

母亲路惠男出身卑贱，兄长路庆之曾经在琅琊王氏门下做过养马的仆役。路惠男美艳动人，借着青春资本步入皇宫，生下刘骏，封为淑媛。女子容颜不过十年，她既无袁皇后高贵的出身，又无潘淑妃百伶百俐的心计，只能任由韶光流逝。"禁门宫树月痕过，媚眼睢看宿鹭窠。斜拔玉钗灯影畔，剔开红焰救飞蛾。"空磨岁月的无聊生活让路惠男充满哀怨。由于刘义隆对待后宫比较人性化，已过花信年华的路惠男逃离了"深锁春光一院愁"的禁宫生涯，跟随儿子出镇地方。

刘骏才华出众，武艺超群，可自小不讨父皇喜欢。当时社会门阀盛行，士庶等级森严，皇子之间也是如此。太子刘劭等皇子母家系出名门，高人一等，刘骏等皇子母家出身低贱，矮人一头。刘骏常有自卑感，缺乏自主意识，生平只有母亲一种爱，害怕失掉母爱，逐渐形成恋母情结。路惠男寂寞中又将全部感情倾心投入给儿子，刘骏与母亲的关系超越亲情，最终发展到不伦之恋。以至于《魏书》明确记载："（刘）骏淫乱无度，蒸其母路氏，秽污之声，布于欧越。"连南朝人的《宋书》也只得含糊其词地说："宫掖事秘，莫能辨也。"

刘骏不忌讳和母亲路惠男的恋情，围猎乌江，游览满山，和母亲一起出行，招招摇摇。召幸嫔妃留在路太后宫中，几个人同床同眠，性趣盎然，民间传得沸沸扬扬。

有人说，人的活力与人的爱欲成正比。刘骏性欲充沛，相术中讲鼻子大的人性能力强，刘骏是酒渣鼻。他为什么没有用旺盛的活力和才华去建设帝国，而是投入到女人的爱情和床笫之间空耗岁月？

南朝社会病入膏肓，宋文帝刘义隆精明干练，一代有为君主，下场凄凉。社会形态基本成形，刘骏根本无力改造，继位后，他放弃祖父刘裕和父亲刘义隆"禁锢山泽"的禁令，允许士族豪强按官品占有未开发的土地，实际承认公共土地私有。

刘骏完全站到门阀士族行列中去了。有一件事清晰描绘出他的心态：刘骏改造皇宫，新造一座玉烛殿。扩建宫殿要拆毁一些旧的建筑，其中有一间刘裕的居室，里面陈列着刘裕贫贱时使用过的灯笼、麻绳之类的东西，床头是一截土墙。据说刘裕做了皇帝后，仍然时常住在这间屋里。作为一代开国之君，刘裕想让子孙们体念祖先创业的艰苦。刘骏和大臣们一同去看，侍中袁觊盛赞高祖皇帝俭朴的美德。刘骏静静望着墙壁上挂着的葛草灯笼、麻蝇拂，没有理会袁觊的话，只是淡淡地自言自语道："田舍公得此，已为过矣。"（庄稼汉得到这种享受已经是很过分的事了）

刘骏大修宫殿，装饰得富贵华丽。袁觊称赞刘裕，自然有意劝谏。刘骏说的话耐人寻味，不再把自己看作庶族了。做庶族是丢人的事，南朝不同于其他朝代，皇帝也改不掉出身。南北朝士庶天壤之别，后面的许多故事会让我们领略到这一奇特的现象。

国策已定，既然不想改变什么，就不必辛苦做事。意外得来的帝位没有让刘骏欣喜若狂，元嘉三十年那场骨肉残杀的悲剧让他情绪焦灼。父亲可以杀，兄弟可以害，人性扭曲，道德观念荡然无存。刘骏似乎想用不伦之恋来刺激早已麻木的神经。

路太后出身低贱，刘骏脸上无光，原本空虚的心灵更加寂寞急躁，行为越来越颓废，直到遇到堂妹殷氏。

殷氏怎么会是刘骏的堂妹呢？殷氏并不姓殷，而姓刘，是刘骏六叔南郡王刘义宣的女儿，为避人耳目假称是殷家女儿。南北朝近亲结婚比较普遍，但直系血统的婚姻还是不为人所接受，所以要改姓。

刘义宣常年出镇荆州，家眷留在南京，有四个漂亮的女儿。殷氏容貌艳丽，笑最迷人。巧笑倩兮，美目盼兮，春风般的笑靥，足以融化刘骏空虚的灵魂。刘骏与六叔的四个女儿一起上床逐欢，原本抱着寻欢作乐的态度，然而，刘骏却深深地爱上殷氏，坠入温柔乡中难以自拔。

皇叔刘义宣能够忍受皇帝侄子和女儿们的所作所为吗？能够忍受这种不伦之恋吗？

贰 痴儿相王

秋风萧瑟，一队船舰鼓足长帆溯江而上。舟舫连绵不绝，足有一千多艘，前后排出百余里，覆压江面。远远望去，首舰已接天际，尾船仍无踪迹。悠扬的笳鼓声环绕重重旌旗间，飘出几十里，余音不息。

臧质斜倚在主舰的藤椅上，神色傲慢，锃光油亮的秃顶几乎把太阳的光芒盖了下去，脑袋边上的一圈卷发让他看起来多少有些滑稽，像极了《西游记》里的沙悟净。

怀里拥着身姿曼妙、风情万种的侍妾，一个衣着五溪蛮服饰、眉目清秀的小南蛮偎依在他的脚下。

“鲁弘，我让你写给南郡王的信，写好了吗？”

一个中等身材的中年人应声道：“回将军，信已按您的意思拟好，请将军过目！”

臧质展开信，默默地看了一遍，满意地道：“很好！即刻送往江陵！”

“现在？”鲁弘迟疑地问道。

“对！现在！你亲自跑一趟！”臧质仰头望着灰蒙蒙的天空，眼中闪过目空一切的光芒，“我不能再等了！人生有几个五十啊！”

鲁弘虽然跟了臧质不久，但他知道，当这位主子神态傲慢的时候，就是已经胸有成竹。鲁弘下了主舰，登上轻舟，轻眼间，消失在空漾的水面。

小南蛮眼神满是崇拜和柔情，娇媚的声音透着蛮腔：“将军都督江州，算是回家了！”

一名侍妾瞥了他一眼，嗤地一笑，纤纤玉手轻轻抚过臧质高高的颧骨，“将军心在天下，京都才是家！”

臧质绽出一丝笑意，闪过一颗大牙，这一对尤物是他肚子里的蛔虫。“那是自然，将军是全天下最大的英雄。佛狸怎么样？喝了将军的尿。皇上更是没法子比，武功天下第一的高祖皇帝也比不过。”

“是啊，当今皇上就知道和堂妹们上床。不晓得相王怎么想，那可是四个呀！”侍妾的话极媚，身子像柔软的蛇一样缠了上来。

小南蛮极是聪明，接口道：“相王啊，天生是个软蛋，所以才会被人欺负。这又算得了什么，人家都说皇上和皇太后上床呢！”

男人受不了情欲的挑逗。臧质是男人，自然不会例外。臧质一脚把身下那个俊俏的南蛮踢倒在甲板上，骂道：“道民和他老娘上床，干你屁事，你也想爬到龙床上去？”

“呀！起雾了！”

乳白色的雾气遮住阳光，弥漫大江，缓缓漫过船舰，漫过三人缠绕在一起的身体。

手握荆州军政大权的刘义宣不是一个有才干和雄心的人，相貌尚可，长得面白须美，身材高大。

魏晋南北朝的上流社会尚清谈，如同我们聚在一起喝喝茶，聊聊天。不过，名士们在一起不聊时事，不聊俗事，只聊一些虚无缥缈的东西，即所谓玄学，也就是哲学。不好清谈让人瞧不起，刘义宣偏偏不善于清谈，因为他天生舌头短，说话口吃，所以不喜欢与人侃大山，比起那些才华横溢、风流倜傥的兄弟和子侄相形见绌。

刘义宣喜好浮华，奢侈无度，大小老婆有一千多，而且养了好几百美貌的尼姑。他是刘裕七个儿子当中最不成器的一个，走了老姐会稽公主的门子才得到荆州任职。

北魏铁骑南下不走襄阳，屯驻江陵的刘义宣竟然跑到长江南岸的上明。无能懦弱就是刘义宣的代名词。当他得知侄子皇帝竟然和女儿们聚在一起乱搞，老脸挂不住，心中极为愤怒。若没有他起兵相助，刘骏能够如此顺利登上帝位吗？只顾放纵享乐，你不要脸也就罢了，一点儿也不顾全叔父的脸面。

有什么办法呢？换成别人，一万个脑袋也掉了，可他偏偏是皇帝。皇帝可以杀吗？当然不可能，除非造反。造反，刘义宣万万没有胆量。可是，世事难测，有时胆小鬼也会变成勇士，只要诱惑足够大。

臧质的一封信，让懦弱的王爷生起万丈雄心："负不赏之功，挟震主之威，自古能全者有几人？相王声威远播，四海归心。有了机会不争取，会被他人抢先。相王若令徐遗宝、鲁爽率西北精兵渡江南下，臧质便率九江楼船做您的先锋，大半天下则归于相王。如今少主失德，淫秽丑名路人尽知。柳元景，我之部下；沈庆之，我之故人，谁肯为小儿尽力！人生在世，岁月不可留，机不可失。我常恐像朝露那样，溘然先逝，空有一身抱负无法为相王施展，待到临死之时，悔之何及！"

刘义宣把这封信拿给心腹蔡超和竺超民等人传阅，征求部下们的意见。

主子如果做了皇帝，奴才们就会飞黄腾达。蔡超和竺超民相互对望了一眼，心领神会。

蔡超道："相王镇守荆州十年，士民拥戴。皇上早已对相王有疑心，让您都督扬州。若非相王固辞，今天已在建康了。臧质军功卓著，盱眙保卫战击败虏主数十万大军，威名震动天下，有他相助何事不成。"

竺超民迎合道："是啊！兖州刺史徐遗宝是您旧将，合荆江十二州之兵力，已是天下之大半，相王不必疑心。"

刘义宣哪里知道二人的心思，想着有臧质这么一员声名赫赫的大将拥戴，还怕什么。去年起兵诛杀逆贼刘劭，臧质曾跪拜过自己。臧质的父亲臧熹是父皇刘裕结发妻子臧爱亲的弟弟，比自己大十岁，论起辈分来，臧质是兄。兄长给弟弟跪拜，刘义宣相当惊讶。现在想起来，臧质当时有意拥戴，只恨自己胆子太小了。臧质与自己又是儿女亲家，亲上加亲，绝不会有异心。我是龙子龙孙，凭什么不可以做皇帝？

人上了欲望的贼船，便如同被猪油蒙住了眼睛，什么都看不到。看不清别人，也看不清自己。

转眼到了第二年正月，刘义宣派出密使联络豫州刺史鲁爽和兖州刺史徐遗宝，商议秋天起兵。

可他万万不曾想到，一个醉鬼误了大事。

叁 醉鬼鲁爽

“将进酒，杯莫停。与君歌一曲，请君为我倾耳听。钟鼓馔玉不足贵，但愿长醉不愿醒。古来圣贤皆寂寞，唯有饮者留其名。”

李白的《将进酒》把酒的豪侠浪漫色彩表现得淋漓尽致，古来多少英雄好汉、文人墨客与酒结下不解之缘。像所有的事物一样，酒如同一把双刃剑。酒色财气，酒列第一。“酒损精神破丧家，语言无状闹喧哗。”

南北朝的酒文化达到了一个巅峰，粗犷豪迈的鲜卑人也罢，风流洒脱的江南人也罢，年年岁岁，醒醒醉醉，谁不饮，谁不醉？

东晋名士王恭曾经说过一句名言：“熟读离骚，痛饮酒，便是名士！”北方一代雄主拓跋焘，南方东晋皇帝司马曜均是醉酒后被人谋杀。有着“猛张飞、万人敌”之称的鲁爽因醉酒误了刘义宣大事。

鲁爽是南朝人，却生在北方，长在北方。他的祖父本为东晋大将，与刘裕产生矛盾投奔北魏。鲁爽兄弟七人，鲁爽、鲁弘、鲁秀均是其中佼佼者。鲁爽武功高强，是拓跋焘手下一员虎将。七弟鲁秀干练有谋略，是拓跋焘的宿卫军官、心腹爱将。有一次出塞打仗，柔然军队包围了北魏前锋高梁王阿叔泥，拓跋焘派鲁秀率一支人马前往救援，自率大军随后出发。拓跋焘尚未到达，鲁秀就已击败柔然人救出阿叔泥。一战成名封为列侯。

鲁家在北魏的幸福生活被鲁爽破坏了。鲁爽生性粗鲁，好饮酒，更兼北方人的豪爽，喝起酒来昏天黑地经常误事，触怒了脾气暴躁、喜怒无常的拓跋焘。鲁家于是背叛魏国回到江南。

刘义隆非常器重鲁氏兄弟，鲁爽成为地方大员。刘劭杀父，鲁爽出兵支持刘骏。双方大军在建康城外决战，刘劭的大将鲁秀击退军鼓，为刘骏的军队获胜立下功劳。

刘骏登基之后，哥儿俩受到重用，任命鲁爽为豫州刺史，鲁秀为司州刺史。两州均为刘宋王朝的北部边陲。

鲁爽和刘义宣及臧质私交过密，三人交情特别铁。刘义宣密使到达寿阳时，鲁爽正喝得烂醉。一听刘义宣要起兵，眯着一双醉眼扶案而起，冲着左右喝得迷迷糊糊的官属们大吼道："哥哥要做皇帝，小弟责无旁贷。来人哪！点齐人马即日发兵！"人家说得好好的，秋天起兵。如今春天还没过去，他愣是给人家改了。

豫州兵起，兖州刺史徐遗宝起兵响应，兵发彭城。朝廷大震，使者来到江州，向臧质宣读诏令抓捕鲁爽之弟、江州府属官鲁弘。

鲁弘没有抓到，使者人头落地。臧质吹落剑锋上最后一滴血，略带得意地道："这颗人头足以为你祭旗吗？"

鲁弘热血上涌，倒身跪倒："下官的命是将军的，为将军赴汤蹈火，万死不辞！"

"你的兄长太心急，约定日期未到先反了。不过，我怎么能抛下好兄弟们不管。你率一万舟师顺江东下，屯兵大雷（今安徽望江），死死挡住朝廷军队。只要争取到时间，我与南郡王的大军合兵一处，天下就是我们的了。"

"是！将军放心，台军一兵一舰休想过大雷！"

臧质望着鲁弘的背影，嘴角挂着笑意："刘义宣啊！这回你该上架了吧！"

刘义宣让鲁爽搞了个措手不及，荆州战备不足，兵械没有置办，人员没有沟通，军队没有动员，刘义宣的狼狈可想而知。醉鬼鲁爽又来添乱，早早派人缝制了龙袍送往江陵，并书写起兵文告。文告粗俗不堪："丞相刘义宣递补天子，车骑将军臧质递补丞相，平西将军朱修之递补车骑将军。"朱修之是雍州刺史，鲁爽把他当作自家人。

皇帝可以递补的吗？刘义宣惊得舌头更短了，几乎说不出话来。臧质派人通报江州的军事部署，献策以"清君侧"为名发兵攻打南京。刘义宣赶紧派人制止龙袍等违禁物什入荆州，召司州刺史鲁秀到江陵议事。

鲁秀信心满满来到江陵。鲁家在江北待了三十多年，若想重新攀上江南一等门阀望族的行列，这次战争正是机会。然而，鲁秀从南郡王府走出来的那一刻，难以掩饰心中那份沮丧和愤懑。

他没有江南名士故作清高的臭毛病，对人不存偏见，并不讨厌刘义宣的口吃，而是实在看不出这个将要干一番大事业的南郡王有什么雄图远略。舌头不利索不打紧，鲁秀看到的是一颗混沌的心。刘义宣甚至拿不准雍州刺史朱修之和益州刺史刘秀之的意图。益州离荆州有些距离，可雍州辖襄阳，到江陵一马平川。若得不到朱修之支持，荆州军东上，雍州军会抄了荆州的老家。

朱修之是刘宋时代的一员虎将，南北大战时守卫黄河重镇滑台。北魏大军围滑台，城中粮尽，朱修之率将士们烧烤老鼠吃，坚守了几个月，城破被俘。拓跋焘赞赏朱修之为人，派鲁秀劝降，把皇族的女儿嫁给他。朱修之怀念故国，趁魏军远征北燕之际，离开大军逃到高句丽。由高句丽驾船渡海漂到东莱，才得以回归故国。去年接替臧质担任雍州刺史。刘义宣派将军刘谌之率水军一万支援大雷防线，鲁秀负责接应，绝口不提北方与西方的隐患，一嘴的官样套话。

鲁秀站在南郡王府的石阶之上，眼望北方天空，明白又一次被鲁爽害惨了。鲁秀顿足捶胸，叹息道："哥哥误我啊！与痴人做贼，今年败啦！"

竺超民率荆州佐僚在江边恭送南郡王刘义宣东征。大江之上风平浪静，十万甲兵次序井然地登上战舰，舳舻数百里，一眼望不到尽头。刘义宣信心十足，昂头挺胸，在竺超民等人的祝捷声中迈步走上楼船。刚踏上甲板，坏消息一个接一个地传来。

益州刺史刘秀之斩杀刘义宣前去传檄文的使者，益州军一万余名战士顺流而下，向荆州杀来。原本许诺支持起兵的雍州刺史朱修之突然变卦，拒绝派兵加入荆州军。

刘义宣的脸一下子拉了下来，身子顿时矮了半截儿。刘秀之是开国丞相刘穆之的侄子，为人果决能断。北伐时，刘秀之分派汉中军出斜谷和子午谷进入关中，攻打北魏国。刘劭杀父，刘秀之闻讯当天毫不犹豫地起兵讨伐。此次立地斩使发兵，足见其人的果断。

刘义宣原本未对刘秀之寄予太大的希望，只是不曾料到他如此快地派人讨伐。成都毕竟离江陵千里之遥，可襄阳方面着实让他吃惊不小。朱修之说好一同出兵，反悔什么意思？其中必然有诈。襄阳距离江陵四百里，几日便可到达。一旦前方战事胶着，他来袭占我江陵可怎么办？

参军颜乐之道：“朱修之不来证明有二心，终为后患。我们应先下手为强，打下襄阳。”

刘义宣道：“是，是啊，只是……谁……谁去合适呢？”

“非鲁秀不可！唯有鲁秀才能打败朱修之与刘秀之！”

肆 烛光与美女

玉烛殿，是南朝最华丽的建筑，殿中之殿。大殿的墙壁和柱子上覆盖着彩色花纹的锦绣。帷幕轻扬，烛影摇动。数千根蜡烛发出的辉煌烛光照亮了整座大殿，散发着阵阵芳香，醉人心扉，使人感觉神志昏迷。

一位美丽的少女用手支颐，斜倚在一张精致的漆花紫案几上若有所思。身躯修长而又匀称，腰是那样的细柔，富有弹性的高耸胸脯显得更加诱人。一张永远挂着笑的脸蛋上，静静的眸子如春水流盼。

刘骏慢慢踱进大殿，脚步略显沉重。从迷醉的眼神和嘴里喷出的熏人酒气可以看得出来，他已经喝醉了。

少女站起身，准备过来迎接。刘骏忽然间站住，眼睛注视着那少女的瞳仁，语气平淡得空洞：“你的父亲来接你了，已经上了楼船，你一定很开心。”

“是吗？他还能想到他的女儿？”少女用纤细的手指支在案几上，声音竟然带了一丝怨恨：“他有一千个妻子、五百个美貌的尼姑，几乎记不得他女儿的名字。”

刘骏沉默了一会儿，奇怪地问道：“那你还要走？”

少女的头垂了下来，一瞬间失去脸上的笑意，似乎下定了决心，雪白的牙齿几乎把下唇咬出了血：“你觉得我们在一起合适吗？你不觉得这是一种荒淫吗？你感觉不到堕落吗？”

少女连珠炮似的发问如同一声声晴天霹雳。刘骏高大的身躯微微颤了一下，宛如心被针扎了，声音冰冷颤抖：“你是说我是纣王，不，昌邑王，一个没有羞耻心、放荡的皇帝！”

少女默不作声，冰冷的脸庞像寒风突然掠过，这是刘骏从来没有见过的世上最可怕的表情。

刘骏落泪了，说话带着抽泣，“我为你盖了玉烛殿，南渡以来，这是江南最华丽的宫殿。知道吗？这儿原来是高祖皇帝的居室。没有人反对，但我从他们眼神中看得出来，他们不喜欢。我为你放弃了我的母亲，为你放弃了所有的嫔妃，难道只是为了得到这样的评语吗？”刘骏此时根本不像个皇帝，不像一个君临天下、唯我独尊的帝王，而是一个伤心的大男孩。

美丽的少女心软了，双眸迷离。

刘骏哭泣的声音越来越大，“我喜欢你，只要你在身边，我会忘却所有的痛苦和忧伤。忘却战争，忘却杀戮，忘却空空如也的府库，忘却朝堂上那些令人厌恶的面孔。我以为你是红颜知己，陪伴一生的人。可你却不爱我，你走吧！随便去哪里，我不要一个不爱我的人！”

“我不爱你？皇兄，我不爱你，”美丽的少女喊道，“你怎么能这样认为呢？我如果不爱你，就不会和她们一起同你上床，更不会陪太后和你上床。你可以看不起我，但不可以侮辱我对你的感情。”

可怜的姑娘含着泪，用两只胳膊抱住刘骏的脖子，“啊，好吧，我待在这里，哪里也不去。皇兄，你看着我，看着我的眼睛。无所谓，让他们说去！我可以为你生儿育女，陪你一生一世。别人轻贱蔑视有什么关系呢？我属于你，只爱你一个人。”少女泪如雨下，笑着望着他，不知道是痛苦还是欢乐。

刘骏心摇神荡，强烈克制住情欲把她推开，缓缓道：“你的父亲，南郡王，我的叔父，他想做皇帝，他想要这个苦差事，没什么不可以，我给他。用不了几天，这儿的一切，宫殿、女人、珍宝都是他的了！都是他的了！”

少女惊讶地睁大眼睛，放大的瞳孔里放射出不可思议的光芒，震惊？恐怖？哀伤？痛苦？

玉烛殿格外宁静，静得可以听到远处长江水寂寞地拍打着江岸的声音。

刘骏昏沉沉地踱出大殿，刚到殿外，表情突然变了，神态严肃，酒态全无。中书舍人戴法兴垂手立在殿门外，默默注视刘骏远去。

美丽少女仍然木然地立在那儿，泪花涌动，喃喃道："不可能，不可能，他醉了！醉了！"

戴法兴淡淡地道："陛下从来不醉！从来不！"

太极殿威严肃穆，御案上端端正正地放着传国玉玺。"和氏璧"在西晋亡国时落入胡族手中，东晋数代皇帝被讥为"白板天子"。直到冉闵杀胡时，才得以传到江南。东晋末代皇帝亲手捧给了刘裕，成为刘宋帝国的传国玉玺。

刘骏声音朗朗："南郡王，朕的叔父，也是高皇帝的儿子。为天下苍生免受刀兵之苦，朕将亲奉乘舆法物迎接皇叔！"

群臣一阵诧异，整座大殿忽然变得静悄悄。

竟陵王刘诞大声道："不可！"

刘诞是刘骏的六弟。刘劭事变，刘诞率江东兵马讨逆，在曲阿大败刘劭军队，立有大功。他是刘义隆的儿子，怎么可能让刘义宣为帝。刘诞注视着金灿灿的雕龙御座，眼中闪烁着贪婪慑人的光芒："奈何持此座与人！"

刘诞的表态像一颗投入湖面的巨石，打破宁静，群臣争先恐后地反对让位，要求发兵讨逆。刘骏很满意，要的就是这种效果，他深深懂得以退为进的重要。

朝廷中占据高位的门阀士族们对谁做皇帝早已没了兴趣，想的只是如何保住自家利益。自从刘裕诛杀谢混和郗僧施以来，对于皇位之争，高门士族往往三缄其口，很少明确站出来支持哪一方，甚至抱着幸灾乐祸的态度残忍地欣赏一出出皇室厮杀的惨剧。只要决出胜负，他们会上前恭维胜利的一方。无论谁做皇帝都离不开他们，因为他们掌握着国家的经济命脉，土地、人口，甚至荒山野泽。

刘骏只需门阀士族道义上的支持，出兵打仗自有嫡系。刘骏早年出镇地方，凭借勇敢的精神，身边聚集着一批著名的将领和忠诚的军队，这也是他能够平息太子刘劭之变的重要因素。

很快，刘骏做出军事部署，稳固防守，伺机反攻。中央军兵分两路，柳元景率王玄谟等将领迎击荆州叛军；沈庆之督薛安都、宗越诸将北渡大江守卫江北重镇历阳，防御豫州之敌。

柳元景拿出了具体军事方案，王玄谟率大部队去梁山布防，自己率预备队屯驻采石接应。

伍 决战梁山洲

烟花三月，草长莺飞，浩渺的长江滚滚东流。王玄谟前锋军团的战舰抵达梁山洲（今安徽和县南的长江西岸）。古时大江宽阔，现在的江岸在南北朝时期一片汪洋。梁山洲是大江中间的沙洲，春初水暖，一片翠绿。身着绛袍的甲兵践踏着长江两岸嫩绿的芦芽和蒿草构筑阵营。

王玄谟严峻冷漠，站在船头指挥军队在梁山洲筑营，并在东西两岸修筑月牙形防御石寨。前方哨报频频来报，荆州军和江州军会合一处，十余万大军从江州出发，水陆并进，声势浩大。

王玄谟冷冷地道："鲁秀来了吗？"

"回将军，鲁秀的军队正向襄阳方面进发！"

"呵呵，"王玄谟露出难得的一丝笑容，他的笑生硬呆板，比哭更让人难受。这位被北魏大军杀得丢盔弃甲的北伐主将，领教过鲁秀的厉害。当时鲁秀还是拓跋焘手下的一员虎将。

"鲁秀不来，臧质好对付！"

王玄谟轻轻吐了一口气，放下心来，底气十足地对部将沈灵赐道："敌众我寡，不可示弱。我给你一百条战船，去挫一挫敌人的锐气。然后，与我死守梁山！"

沈灵赐果然没有辜负王玄谟的期望，率舟师急进南陵水面，一战大败臧质的先锋船队，擒杀敌军将领，退回梁山。

江州军队逼近梁山洲。臧质端坐在楼船之上，遥望空漾的江面，见中央军水师依托旱寨，在两岸构建起坚固的防线。臧质冷笑着下令军队在两岸扎下营盘，互相对峙。

臧质志得意满，手指官军两岸的城墙，傲慢地对鲁弘道："王玄谟老匹夫敢挡我大军，无异螳臂当车，我让他这回连大梨也没处捡。"

鲁弘道："将军，我观王玄谟的营寨坚固无比，且东西呼应，恐怕一时难以攻取。”

“呵呵，”臧质一龇牙，“攻而必取者，攻其所不守也！防线再坚固又有何用？”

臧质眼中的精光越来越盛，盖过亮亮的秃顶，手抚着竹椅的把手，似乎这是那把象征九五之尊的宝座。刘义宣在他眼里不过是一颗可以利用的棋子。这个口吃的傻瓜妄想做皇帝，他配吗？只有武功盖世的臧质才配拥有四海。

可惜，臧质不仅低估刘骏的军力，还大大低估了刘义宣，准确地说是低估了刘义宣手下的谋士们。

一颗人头，一封书信，如此简单地结束了臧质的梦想。

那是一颗血淋淋的人头，野心勃勃的人下场无异两种，高高在上或粉身碎骨。一双瞪得圆圆的、死不瞑目的眼睛，鲁爽的人头散发着酒气。刘义宣脸色惨白，心跳不已。

鲁爽出身将门，勇猛无比，号称万人敌，何至于这么快身首异处？强中更有强中手，杀他的人叫薛安都。

薛安都曾在北魏为将。盖吴大起义时起兵反魏，被拓跋焘击败，来到襄阳投奔刘骏。

后随柳元景北伐关中，与魏军铁甲骑兵相遇，宋军步兵抵挡不住，纷纷溃败。薛安都大怒，人去铠甲，马去具装，赤膊上阵。单骑冲入魏骑铁甲阵中，横矛冲杀，所向无敌。全身鲜血流淌，长矛折断数根，随断随换。宋军士气大振，战士齐奋，斩杀魏军主将及将士三千余人，大败敌军，取得关中大捷。

此次跟随沈庆之守历阳，大败鲁爽军。鲁军退走，薛安都率轻骑追击。鲁爽断后迎敌，薛安都单骑直入阵中，斩鲁爽人头而还。鲁军将士大骇，以为神将，关羽关云长万马军中斩颜良首级也不过如此。

鲁爽临阵之前痛饮了几缸酒。武松十八碗过冈打死猛虎，那是因为睡了一觉。鲁爽没有大青石可睡，人头落地不足为奇。

刘义宣哆哆嗦嗦打开五哥江夏王刘义恭的书信，信中让他提防臧质，臧质从小轻薄无耻，不知检点，这种人绝非池中之物，莫要被他害了。

刘义宣惊魂不定。臧质来到大营安慰道：“鲁爽虽败，我们仍有十余万大军，占有绝对优势，台军不足为惧。”

臧质提出早已想好的作战方案：“台军梁山防线坚固，柳元景的军队进临长江南岸的姑孰（在今安徽当涂），两军互相呼应，不可强攻。既然朝廷把精锐部队集结在梁山、姑孰一线。我们分出一万兵力进攻南州（姑孰别称），一万兵力牵制梁山守军，以王玄谟为人必不敢轻动。我率主力水师绕过梁山洲，直捣石头城，生擒刘骏小儿。”

“嗯……嗯……好，好的，那个……”刘义宣听得频频点头，正要放开喉咙说话，只见荆州将领刘谌之在旁边挤眉弄眼，又生生地把话头咽了下去。

臧质见他脸涨得茄子似的半天不说话，闷闷地退出去。刘谌之轻声道：“相王，我们在此牵制朝廷的大军，他去打京都，对我们无利啊！出奇制胜是一着险棋，利在速战。万一石头城攻不下来，我们这儿再有个闪失，可是满盘皆输。如果成功，臧质带大军控制建康城，到时我们怎么办？他是另有所图，不可不防。”

“有道理啊，”刘义宣听得迷糊了，“那你说怎么办？”

“这个好办！我们人多，敌军人少，集中兵力进攻梁山，打下梁山长驱大进，才是万安之策！”

臧质听说刘义宣否定了他的作战计划，急得直跺脚，“这个傻瓜！混球，成事不足，败事有余！”可转念又一想，谁让自己选了个糊涂主子呢！

臧质不敢再拖延下去，立即重新制订破敌的作战计划：派部将尹周之率主力大军猛攻梁山西垒，要求不惜一切代价赶在王玄谟东垒救兵到达之前拿下；派老将军庞法起率一支五千人的队伍乘轻舟直奔南浦登岸，偷袭王玄谟的东垒。

西南风急，江水像滚沸一样，泡沫翻腾，浪花飞溅。江州水陆大军借着风势，向台军长江西垒发起一轮又一轮的攻击。空中江面布满箭雨，大小船只来往穿梭，陆上的甲兵在飞箭掩护下爬上石墙。

西垒主将胡子反正和王玄谟议事，闻讯飞舟返回，指挥军队反击。发现江州军攻势太猛，一面死守，一面飞报东岸王玄谟的主营，要求增援。王玄谟登上主舰高高的箭楼举目远眺，只见江州军黑压压的战舰覆满江西，羽箭遮蔽长空，可见战斗异常惨烈。

王玄谟冷冰冰的一张老脸毫无表情。西垒一连三报求救，王玄谟神色不变，冷酷地重复着一句话："告诉胡子反，守住！给我守住！"

参军崔勋之不乐意："立垒两岸为互相救援。如今西垒受敌伤亡惨重，眼睁睁看着落入敌手，西垒丢失，东垒势必孤立。"

王玄谟依旧不动声色。

崔勋之有些着急，语气中透着抱怨："大小我是个参军，我的意见你该听吧！"

王玄谟还是不同意。

崔勋之火了，"将军不肯去，我去！"

王玄谟沉思半晌才慢吞吞地道："你要去，我不拦你，你和垣询之一起去。"

垣询之和兄长垣护之一同到达。垣护之就是当年随王玄谟北伐，用长斧砍断魏军三重断河铁锁，率舟师全军而返的水军将领。此次叛乱，镇守历城（今济南）的垣护之断然拒绝妻弟徐遗宝的邀请，率军由历城南下打败徐遗宝，与沈庆之会师历阳，再败鲁爽的军队。梁山告急，沈庆之分派诸将救援，垣护之兄弟二人率水军先行到达梁山洲。

望着崔勋之和垣询之的船队急驰向西岸，王玄谟对垣护之道："臧质之意不在西垒，而在我处。我猜臧质必定派人由东岸登陆，从陆地偷袭我东垒，你率舟师沿江巡防，务将敌军消灭在大江之上。"

垣护之果然在南浦发现庞法起的轻舟队，将其一举击溃。臧质偷袭之计没有得手，西垒却打了下来。守将胡子反逃回东垒，增援的崔勋之和垣询之战死大江。

臧质欲借取西垒之势，趁热打铁倾力攻打东城。刘义宣的参军们又出主意道："如果臧质再打下东城，大功可全归他了，相王您最好派自己麾下的将士去。"

刘义宣马上派人告诉臧质："不要着急，等我荆州大军到达之后，一起进攻！"战机一瞬即逝，等到荆州军到达的时候，朝廷各支援军也已到达梁山洲。

西垒失守，援军被歼，东营官兵人心惶惶。薛安都和宗越等将领率陆军到达东营，由于兵力太少，王玄谟不放心，派垣护之向柳元景告急：“西城失守，东城只剩一万人。贼军十倍于我，强弱不敌。我打算退回姑孰，和节下并力死守，等待机会再图进取。”

柳元景一听，不好，老狐狸要开溜，当即表态：“贼军气势正盛，不能先退，一退不可收拾，我马上率全军增援你！”

垣护之笑道：“将军这么做只怕不妥，贼军以为南州有三万大军，而将军麾下不过十分之一。如果您率军队攻击贼营，兵力虚实暴露无遗。到那时王豫州（王玄谟）必不肯出来接应，不如分兵救援。”

柳元景一听，妙，妙啊！留下老弱残兵留守大营，自率精兵大张旗鼓进发。梁山守军远远望去旌旗遍野，猜测起码有数万人马，以为南京大军悉数到达，军心才稳定下来。

荆江十万大军会合，刘谌之和臧质率联军猛攻东营。王玄谟总督诸军奋战，薛安都的骑兵队打开城门冲入敌阵，荆州军哪里挡得住薛安都久经沙场的突骑。薛安都直入阵中，斩刘谌之首级。官军士气大振，宗越率步兵杀出城来，荆江联军大败，四散溃逃。

垣护之的水军纵火焚烧敌军江中舟舰，熊熊火焰冲天而起，黑烟弥漫江面。帆板“噼啪”作响，一艘艘楼船瞬间灰飞。南风掠过，火苗乱窜，西岸营垒一座接一座被点燃，大火蔓延数十里，热浪冲天，仿佛天地全都着了起来。

官军呐喊攻击，荆州军大败。刘义宣顾不得军队，逃下楼船，慌慌张张上得一艘轻舸快艇，狼狈逃窜。弥漫天地的烈焰吓得他魂不附体，关紧船窗放声大哭。身边一百多条战船跟随，船队不分昼夜向江夏逃去。

臧质败退下来，四处找刘义宣商议对策，满世界找不到这位统帅。臧质寻思半天，长叹一口气，败就败在这个主子手里了。没办法，跑吧！

第九章 难得糊涂

清代书画家、文学家郑板桥题过一幅著名的匾额:“难得糊涂”，字幅下有一行款跋:“聪明难，糊涂难，由聪明而转入糊涂更难，放一着，退一步，当下心安，非图后来福报也。”

人生百年，很多人根本活不到一百岁。时光短暂，世事难测，福祸交替，国家更是集中了人世间最复杂的矛盾。刘骏本是无望继承帝位的皇子，阴差阳错，这顶皇冠偏偏戴到了他的头上。不搞励精图治，装糊涂是刘骏做皇帝的诀窍。

壹 南湖莲色

浔阳城中的火光与鲜红的残阳一道映红江面，大火照在臧质呆呆的秃顶，那圈卷发似乎也要燃烧起来。雄心像烈火焚烧着一切，十万将士、数千楼船、金银珠宝，还有浔阳城的府舍。当雄心破灭的时候，一切都将灰飞烟灭。对于臧质来说，什么都可以放弃，唯有情人不能放弃。臧质的情人很多，有女人，也有男人，足足载了十二车。

宝马香车，甲兵护卫，根本不会让人想到这是在逃难。臧质放弃江州，去荆州投靠刘义宣。如果没有人性的弱点作怪，臧质和情人们会顺利到达江陵。负责护卫的将领是臧质最宠爱的男人——何文敬。

失败的人没有凝聚力，江州各郡县的长官们无情抛弃了昔日上司。西阳太守鲁方平像一个亲昵的多年朋友，谆谆告诫何文敬说:“你还有心情接受臧质的爱抚吗？他现在是一个只能带来灾祸的糟老头。离开他吧！你年轻英俊，未来的路很漫长，生活会很快乐！”

何文敬想到人头落地的惨状，追逐生命的欲望使他记不起那些缠绵悱恻的美丽日子，记不得那些海誓山盟，更记不得曾经获得的无数财货珍宝。何文敬溜走了，士兵们逃散了。

臧质第一次感受到爱情的可怕，唯一的希望只剩妹夫武昌太守羊冲。当他们到达武昌城时，迎接他的不是羊冲，而是武昌郡丞胡庇之和手执刀剑的士兵们。

臧质的脑筋转得飞快，他知道自己的人头现在价值连城。一个价值连城的宝物没有人保护很危险，臧质飞也似的逃走了。那些漂亮的妻妾、歌妓和男宠全被做着发财梦、嫉妒的士兵们无情地乱刃砍死。人如果支离破碎，再也不存在美丽和丑陋的区别，不过是一具死尸。

江南是荷花的故乡，南湖的荷色为江南之最。月亮升起来，轻雾笼罩的湖面一片苍凉，田田的荷叶遮蔽水面。新鲜的荷叶、荷花香气让臧质紧张的情绪得到舒缓。水格外地凉，跑了整整一天的他只能和月亮一同作息了。

日出了，青雾慢慢散去，碧绿的莲叶和长空连在一处，荷花绽出红颜，臧质又潜入宽大的荷叶下面。一只小舟穿过荷花莲叶间，荡起凝碧的波痕。湖面上回响着采莲女婉转的歌声：“江南可采莲，莲叶何田田，鱼戏莲叶间。鱼戏莲叶东，鱼戏莲叶西，鱼戏莲叶南，鱼戏莲叶北。”

臧质的泪水忽然间涌满眼眶，他在南湖水底体验到了人生的美丽，莲子是世间最香甜的美味，莲花是世间最动人的花朵，采莲女是世间最清纯的美女。

美妙的歌声被兵戈之气打破，数十艘轻舟飞驰过湖面。臧质仅把鼻子浮出水面，眼前一片碧绿，空灵，寂寞，宁静。一支长箭带着优雅的弧线，从蔚蓝的空中滑落，深深刺入他的心脏。臧质感觉很痛，很美妙。人一旦死去，万事成空，不知道痛苦为何物，不知道悲伤为何情。臧质不会知道他的肉体将承受多少折磨，肠胃流了出来，上面萦满水草。追兵将他乱刃分尸，争相在他身体上留下自己的刀痕，目的很简单，这一刀很值钱。

南郡王刘义宣仍在逃亡，江夏不能让他感觉到足够的安全，他想回到江陵。巴陵（今湖南岳阳）有支持朝廷的军队，刘义宣只得弃舟登岸，步行向江陵进发。将士们看不到希望纷纷散去，只剩下十几个忠实的人仍旧死心塌地跟随着。

从小娇生惯养的刘义宣何曾走过这么长的山路，脚痛得他死也不愿再行一步。亲信们从老百姓家里找来一辆牛车，沿路乞讨，历尽千辛万苦终于望见江陵那高高的城墙。

江陵完好，仍旧挂着刘义宣的大旗，这一切全是鲁秀的功劳。鲁秀奉命攻打襄阳，朱修之备战充分。朱修之一开始就是欺骗刘义宣，告密的奏章早已送往南京城。朱修之守城技巧世所罕比，北魏大军尚吃过苦头，何况鲁秀区区一万人马。鲁秀屡攻不下，江陵告急，蜀中水军沿江东下对江陵发动攻击。鲁秀急忙退军，朱修之引兵远远跟着。部下们请求追击，朱修之淡淡讲了一句话："鲁秀，世之骁将，不可逼得太急。"

鲁秀回师江陵，打败刘秀之的益州军。得知南郡王回来的消息，竺超民和鲁秀率甲兵出城迎接，眼望旆旗羽仪、精甲将士，刘义宣悲喜交加，又要哭泣。亲信翟灵宝悄悄附在他耳边，轻声道："相王，士气可鼓不可泄。您要抚慰一下将士，对他们这么讲：'臧质不听指挥、违反命令招致失败。昔年楚汉相争，汉高祖百败，终成大业。今将整顿兵马，与敌人决一死战。'"

"啊，好，好啊！"刘义宣上得战马，面对将士们张口道，"臧质，不，不听指挥，所以，所以失败。昔年，项，项羽千败，终，终成大业……"

将士们一听，掩口而笑，鲁秀、竺超民面面相觑。刘义宣浑然不觉，众人入城，鲁秀道："相王，江陵仍有甲兵一万，足可与敌人决一生死。"

刘义宣一脸沮丧，魂不守舍，脑中一片空白，根本没有听见鲁秀的话，低着脑袋钻进府内，再也不肯出来了。

众人见他这副样子，知道大势已去，纷纷各奔前程。鲁秀向刘义宣告辞，准备再回北魏国。刘义宣想想自己在江南待不下去，不如和他一起去江北。

刘义宣的妻妾多如牛毛，哪一个也割舍不下，最后狠着心挑选了五个姿色艳丽的女人，换成男人的服饰，与最喜爱的儿子刘息韬一起出逃。

江陵城中大乱，有跑的，有逃的，有打劫的，有反叛的，刀光剑影，血肉横飞。刘义宣胆战心寒，一不小心从马背上摔将下来，马儿立刻被人抢走。刘义宣只得步行出城，竺超民将他安全送出城外，赠予马匹。看着昔日主子的狼狈相，竺超民落下泪来:“北土风寒，相王多多保重，超民回去了！”

刘义宣在城外转了一圈未找到鲁秀，左右亲信听说要去北国塞外，这回散了个干干净净。刘义宣徘徊良久，直到繁星满天。野外空寂冷森，刘义宣在姬妾们的哭泣声中返回南郡王府。

王府冷冷清清，没有灯火，没有人影，到处漆黑。能搬走的物什都被洗劫一空，仿佛成为鬼魅的栖息地。刘义宣倒卧在床榻之上泪如雨下。迷迷糊糊睡过去，他的大哥，营阳王刘义符，二哥庐陵王刘义真，四哥彭城王刘义康神色诡异，挂着阴森森的笑走过来，呼喊着:“六弟，六弟，过来吧！过来吧！哥哥们等着你呢！等着你呢！”

刘义宣不止一次从睡梦中惊醒。正当沉睡过去的时候，天光大亮，嘈杂的声音把他惊醒。一把把钢刀横在他面前，竺超民的脸变得那么陌生。

竺超民冷冰冰地道:“将反贼与我拿下！”

刘义宣木然地发愣，如狼似虎的士兵们把他和五个宠妃一并拖走，投入大狱。刘义宣一下子瘫倒在狱中稻草上，捶着地哀叹道:“臧质老奴误我！误我啊！”

狱卒将五个美女拖了出去，听着爱妾们撕心裂肺的喊叫和哭泣声，刘义宣号啕大哭:“那些个心惊胆战、颠沛流离的日子不算苦，今日和你们分别才是真苦啊！”

鲁秀北走，手下将士们不肯去异国他乡各自散去。鲁秀无奈重新回到江陵。黑洞洞的城门紧紧地关着，鲁秀昂首向城上喊道:“我是鲁秀，把城门打开！”

竺超民的身影出现在城楼，声音清晰地飘下来，“鲁兄！我竺超民难逃一死，可我要为我的家人、我的部下们谋一条活路。你走吧！走吧！”

城上乱箭齐发，鲁秀只得拨转马头退去，踏着江边的乱石信马由缰。江水汹涌湍急地奔向东方，滔滔不息。一轮红日缓缓沉入江心，水面一片血红。鲁秀万念俱灰，下了坐骑，一步步蹚入水中，江水逐渐漫了上来，腰身，脖子，嘴唇，眼睛……鲁秀眼中的不是江水，而是茫茫黄沙，他心中不停地呼喊："大漠，大漠，大漠！"

刘义宣的生死需要孝武帝刘骏表态，他左右为难，杀叔的恶名不轻，而且他是自己心爱女人的父亲。刘骏授意臣下给荣升为荆州刺史的朱修之写信，让皇叔自己看着办！然而，意想不到的一幕发生了。

朱修之的雍州军进入江陵。刘义宣和他的十六个儿子，以及竺超民、蔡超、颜乐之等人被押上刑场。正要行刑，一个佐僚急急忙忙地来到朱修之身边，悄声道："建康有书信送到！"朱修之摆手阻止他的话，缓缓道："行刑！"

贰 烧榻

刘骏一生备受争议。盖棺论定，臣下们的评价并不低，谥号"孝武"，表彰其平定祸乱的功劳。刘骏执政的十年，是骨肉残杀的十年。"遥望建康城，江逆流萦，前见子杀父，后见弟杀兄。"这首歌谣中的弟便是刘骏。他不仅杀了大哥刘劭、二哥刘浚，还杀了老四刘铄。因为刘铄自负才气，平时深得刘义隆宠爱，不肯屈从他这位遭父皇冷落的三皇子，依附太子刘劭，是出降最晚的诸王。刘骏即位后在食物中掺杂毒药害死了他。

在他默许之下，皇叔南郡王刘义宣父子十七人在荆州断头。年仅十七岁的十弟武昌王刘浑游戏无度，作檄文自号"楚王"，刘骏派人痛责，逼令自杀。大明三年（459），刘骏平定六弟竟陵王刘诞叛乱，杀刘诞，屠广陵城，死者三千多人，女人和五尺以下的少年分赏给将士们为奴。

南朝骨肉残杀不绝于史的原因，在刘义隆事变时我们探讨过。皇族自相残杀，刘骏是不得已，负疚的感觉一直困扰着他。平定刘诞，攻克广陵，刘骏出宣阳门，下令左右高呼万岁。侍中蔡兴宗面色严肃，一言不发。刘骏问："卿为何不呼？"蔡兴宗正色道："陛下今日正应涕泣行诛，怎么能让大家喊万岁呢？"刘骏不悦，立刻变了脸色。

蔡兴宗与竟陵王府官员范义是好友，他奉旨慰劳攻打广陵的台军将士时，不顾禁令收殓范义。刘骏听说后责问道："卿何敢故触王宪？"蔡兴宗当即顶撞说："陛下自杀贼，臣自葬故交，何不可之有！"陛下你杀你的贼寇，我葬我的朋友，有什么不可以的呢？蔡兴宗话语尖刻，刘骏当然听得出话中隐藏的深意，“上有惭色”。

蔡兴宗担着杀头的风险为好友收尸，刘骏却置兄弟骨肉亲情不顾，大动干戈，心中又岂能好受，岂能无愧？

刘骏的诗篇便能透露出他凄凉的心境，他有一首《夜听妓》。《夜听妓》顾名思义，纯享乐之作。南朝多艳情诗，靡靡曼词，志得意满，而刘骏的诗显得清冷感伤。“寒夜起声管，促席引灵寄。深心属悲弦，远情逐流吹。劳襟凭苦辰，谁谓怀忘易？”人们听乐往往春江秋月，刘骏偏在“寒夜”“悲弦”“流吹”“深心”“远情”“怀忘易”，那是绕不去的哀思悲愁。

除了动用武力维护皇位之外，刘骏无力改变政治现实，一步步向门阀退让，以至于后人哀叹“宋之善政，于是乎衰”。

南北朝是江南大开发的时期，汉人对江南的开发有如美国的西部大开发。南朝之前的江南大多土著，三国时的吴国不过沿江一线及重点城市而已。东晋南朝门阀士族在江南疯狂扩张经济，“名山大川，往往占固”，“富强者兼岭而占，贫弱者薪苏无托，至渔采之地，亦又如兹”。私人封锢山湖，本为朝廷所禁止。因为秦汉以来，一直认为山泽是公共土地。

刘骏下诏按品圈地，承认占地合法，可以说刘骏是在走自由经济的道路。垄断经济的国有与私有，中国自秦汉以来就在讨论，著名的有《盐铁论》。为增加皇族收入，刘骏纵容皇亲国戚在各地设立经营“邸舍”——即现代的银行，当时的高利贷。据《宋书·沈怀文》中记载，仅会稽一地，“王公妃主，邸舍相望”，“为患遍天下”。

南朝士族享有做官的特权，皇权难以约束。门阀士族按门第流品依次递补做官，即所谓“平流进取，坐至公卿”，自然对皇权有所轻视。王僧达与路琼之的故事见证了南朝世族大家与庶族豪门及皇权之间的矛盾。

王僧达出自琅琊王氏，王导的后代，南朝第一高门。刘骏一登基，封他做尚书右仆射，相当于现在的国务院副总理。王僧达不满意，“自负才地，谓当时莫及。一二年间，便望宰相”。得不到满足，便怏怏不得志，心怀怨气。他与路琼之发生的故事极为有趣。

路琼之是刘骏母亲路太后的侄孙。路惠男出身卑贱，兄长路庆之（路琼之的爷爷）曾经做过琅琊王氏门下的马车夫。刘骏称帝，路家一门飞黄腾达。路琼之官拜黄门郎，家累千金。宅院与王僧达相邻，路琼之居处、服装、器具与皇子不相上下，自以为皇亲国戚，满可以与王僧达平起平坐。

一日，路琼之一身名牌行头，坐上豪华的车子，前呼后拥登门造访王僧达。到王府前，王僧达正要出门打猎，只得换了衣服，勉强接待。路琼之落座之后，侃侃而言，讲得极兴奋。王僧达半天无语，只是略带傲慢地淡淡道："昔年我家门下有个养马的仆役叫路庆之，是君何亲？"

路琼之涨红脸，张口结舌，尴尬可想而知，愤然告辞。王僧达随即叫过家人，将路琼之刚刚坐过的床榻扔出去烧掉。东晋南朝士族不与庶族交往、共坐、通婚自是平常，可王僧达当着客人的面将床榻烧掉，着实过分。

路琼之下不了台，当众出丑，回去对路太后大倒苦水。路惠男大怒，向刘骏哭泣说："我尚在人间，就有人欺负我们家，等我死了，路家的人岂不都要去讨饭！"刘骏平静地道："琼之年少，无事诣王僧达门，见辱乃其宜耳。僧达贵公子，岂可以此加罪乎？"刘骏说啊，路琼之年少不懂事，没事跑到王僧达家里去，这是自取其辱。王僧达是贵家公子，怎么能以此治罪呢？

刘骏的回答可以见证士庶之间不成文的差别，纵是皇亲国戚也难比门阀世族。路太后恨得咬牙切齿，发誓道："我终不与王僧达俱生。"（我绝不和这种人活在一个世界上。）

说归说，刘骏也感觉王僧达做得过分了，但轻藐皇家在当时根本不算罪过。经济命脉把持在士族手中，南朝皇帝如同现今美国总统一样，行政摆设而已。可人家总统毕竟是民选，皇帝自诩天授君权，任人轻贱，威权何在？

路琼之遭羞辱不是偶然的，王僧达对皇帝的不满也不是一天两天。刘骏为抑制王僧达，曾经五年七降其官职。王僧达又羞又怒，时常非议朝政。刘骏最后以谋反为借口将王僧达赐死。

南朝社会等级森严，矛盾重重，皇族之间兵戎相见，战事常启，吏治难以清明。刘骏睁一只眼，闭一只眼，放任自流，得过且过，与北魏诸帝的励精图治比起来，天上地下。

叁 游戏官场

刘骏聪明，可他无力开创一个新的帝国，无心进行社会变革。刘宋王朝承继东晋，标榜华夏正朔，国际环境压力轻。北魏正值社会变革期，属于半农耕、半游牧的国家。南朝虽在军事上一再受挫，但文化和心理优势巨大。从地缘政治角度看，长江和淮河足以成为北方骑兵不可逾越的天然屏障。刘宋王朝不担心来自北方的威胁。

南方经济经过疯狂扩张，元嘉盛世达到顶峰。刘宋的经济问题随着战争规模的扩大开始暴露出来。没有一个国家能够永葆国民经济的强大，因为世界没有完美。从世界诸大国的兴衰起伏中可以一目了然，无论罗马帝国、阿拉伯帝国、蒙古帝国，近现代的葡萄牙、西班牙、荷兰、英国和美国。成功的因素往往演变为失败的诱因。经济衰落需要一个过程，战争起到加速的作用。

元嘉的三次北伐，就领土得失而言，双方以平局收场。然而战争耗费巨大，刘宋王朝负债累累。刘宋的经济模式相当于现在的美国，朴素的自由经济，资源掌握在门阀士族和庶族豪强手中。那时的资源不包括石油、天然气或钢材等矿产。而是人力、土地、粮食，这些都以等价货币金钱的形式表现出来。王朝欠的钱，随着刘义隆的死烟消云散。刘骏不认账，他的处世哲学是“难得糊涂”，自欺欺人，以求心理安宁。

集权的加强在于税收，税收的成败在于纳税的人群。现代意义讲求经济效益，南北朝尚讲不到效益。门阀在南朝享有特权，他们广占田园，封锢山泽，畜养奴婢，还不纳税。税收对象不过乎自由民和商人，刘宋王朝的财政收入捉襟见肘。刘骏赏赐臣下，常常倾其府藏。

刘骏不想改变社会制度，他又是一个心胸狭窄的人，看着臣下们大把大把地搂钱，心里又气不过，便把小聪明用得淋漓尽致。

为抑制门阀士族，刘骏重用庶族亲信、平民布衣出身的巢尚之、戴法兴、戴明宝等人。士族大家控制着高官重位，不可能剥夺他们的官位。汉武帝创建的中外廷制度，南朝运用到顶峰。不仅三公六卿，尚书台诸官，中书省的监、令、侍郎也成为虚位，权力竟然落到中书通事舍人手中。

中书通事舍人是中书省的普通官员，是皇帝的秘书，是负责宣传诏命，传递消息跑腿的小官。这种官士族是不做的，均由寒士担任。戴法兴小时候卖过葛——所谓“葛”，就是织葛布、制葛衣用的植物原材料——是“人士之末”。

处理国家大事、选任官员、诛杀赏罚，刘骏不开会，不和大臣们廷议，只和戴法兴三人私下参怀。凡他们推荐的官员无不照准。这几位权重一时，大肆收受贿赂，营私舞弊，以至于“天下辐辏，门外成市，家产并累千金”。

权力集中造成腐败，社会风气推波助澜，贪污腐化成为平常事。刘骏看在眼里，不能惩治，又不肯轻易放过。东汉皇帝卖官，刘骏可卖的官不多，他发明了一种有效的方法，利益均沾，即俗话说的见面分一半。各地刺史、两千石以上的官员任外职回京，一定要进献贡奉，叫作“还资”。你不贪嘛，分一半给我，也就入了国库。这种无奈的举动，反而刺激官员们更加疯狂搜刮。

如果刘骏发现某位官员进献得少，必定要和他赌博，直到把对方的钱赢光才罢休。南北朝不玩麻将、纸牌，玩樗蒲，这是刘家家传的本事。刘骏樗蒲技术佳，虽然曾经输光了钱，欠一屁股债，让人好一顿鞭打。

刘骏当时只是一个小混混，而今刘骏是皇帝，谁敢赢他的钱。大臣们输得落花流水，输钱最多的是一个叫作颜师伯的人。

刘骏处世的态度注定他不是一个威仪严肃、板着面孔训人的领导，而是用蛮不讲理的作风、嬉戏怒骂的工作方法，和官员们打得火热。

从古到今，清官少，贪官多，官员们往往一丘之貉。人生的大舞台浓缩在官场，千奇百怪，无奇不有。穷凶极恶、悭吝鄙啬、伪善贪婪、荒淫无耻、阴险狠毒，人性的阴暗面无不发挥到极致。

刘骏内心瞧不起官员，喜欢捉弄侮辱大臣们，给他们起外号，运用高高在上的皇权任意羞辱嘲弄，戏谑耍笑无度，以此排遣心中的愤怒和空虚。刘骏起的外号格外形象，根据每个人的性格、体形特征，诸如高、矮、肥、瘦等，各有恰当的名字，如留着山羊胡的人叫“羊”。

满朝文武官员，除了皇叔刘义恭之外，没有一个人没被污言秽语侮辱过。刘骏称呼王玄谟为“老伧”，意为“北方佬”。游牧民族统治北方一百余年，以文明自诩的南方人依然认为北方人粗野、鄙贱、缺乏教养。王玄谟祖籍太原，故而刘骏这般称呼。朝廷之中北方人很多，像柳元景、垣护之均是北方人，也是渡江很晚的人，为何独王玄谟受此讥笑呢？

王玄谟表面严肃庄重、不苟言笑，但内心冷酷残忍、贪婪狭隘。他怂恿刘义隆北伐，不过是贪图军功和荣誉。作为北伐前锋军团的大将，攻取河南时发现当地大梨便宜，有利可图。他利用手中的职权收购大梨，一匹布换八百大梨。如此低价收购，大失人心，使支持南军的河南民众转变态度。王玄谟对待部属刻薄少恩，军中流传一句话：“宁作五年徒，不逐王玄谟。”宁愿服五年劳役，不在王玄谟部下当兵。北伐军遭到失败，主将萧斌准备将其斩首。王玄谟竟然在刑场上大念《观音经》，南朝佛教兴盛，相传大慈大悲、救苦救难的观世音菩萨灵验感应。可见王玄谟之贪生怕死。

刘骏写过一首诗送给王玄谟，叫作《四时诗》：“堇荼供春膳，粟浆充夏飧。爬酱调秋菜，白醛解冬寒。”笑话王玄谟吝啬钱财，不舍得吃喝，一副守财奴形象。

仆射刘秀之舍不得花钱，叫作“老悭”，吝啬、老抠门儿的意思。颜师伯缺牙，没几颗好牙，叫作“齴”。刘骏很损，笑话人有水平。“齴”的意思是牙齿外露的样子，人家缺牙，偏叫人大板牙。

黄门侍郎宗灵秀身体肥胖，肚大腰圆，叩拜后起身不方便。每次聚会，刘骏偏偏不断赏赐，每次赏得很少，就是想看他跌跌撞撞谢恩的样子，以此取笑。

刘骏宠爱一个昆仑奴。昆仑奴就是黑皮肤的人，唐史有过描绘：“卷发黑身，通号为昆仑。”应该不是非洲人，而是今东南亚靠近赤道一带的人。昆仑奴有什么用处呢？“令以杖击群臣”，谁不听话揍谁。昆仑奴有个名字，叫“主”，一个奴隶竟然叫成主子。

昆仑奴拿着棍棒殴击各位官员，自尚书令柳元景以下都免不了挨打。昆仑奴也有不敢打的人，就是那位当面顶撞孝武帝，为好友收尸的蔡兴宗。柳元景和蔡兴宗不挨打，不是因为官职高，而是因为秉性正直。

刘宋朝会，嘻嘻哈哈，说说笑笑，打打闹闹，只能用一个词来形容——“荒唐”。中央政府这般开会，不成体统啊。即便西方一些民主国家，议会里也不会出现这等现象。不过，话又说回来，刘骏在各地官员们当中威望并不低，君臣关系也很融洽。他的继任者刘子业淫乱残暴，被叔叔夺了帝位。除南京城之外天下皆反，支持刘骏后嗣做皇帝，可见一斑。

在这场荒唐闹剧中，最吃亏的是颜师伯，最受益的也是他。颜师伯是刘宋第一佞臣，阿谀奉承，巧言令色，溜须拍马，是南朝第一高手。

颜家不能算士族大族，南渡之后才起家。颜家出了两位名人，颜延之是当时名士，颜竣是孝武帝宠臣。颜师伯是庶支，颜竣的族兄。少时孤贫，喜欢读书，好音乐，性格开朗，诙谐敏捷，善于谄媚、阿谀逢迎。

时任徐州刺史、北中郎将的刘骏看中此人，准备任命为中郎府主簿。申请报送到宋文帝刘义隆处，刘义隆拒绝委任，批评刘骏道：“中郎府主簿哪能用颜师伯！”刘骏再次请求任命颜师伯为长流正佐，仍遭拒绝：“朝廷不能任命这种人，你自己用吧，但不适合聘为长流。”刘骏只得任命颜师伯为参军，掌管刑狱。

刘骏称帝，颜师伯时来运转，步步高升，直至青、冀二州刺史，转任侍中。他输钱的时间即从地方官转任中央的时候。颜师伯性贪，是刘宋王朝第一大贪，家累千金。可交纳的“还资”很少，自然瞒不过刘骏的眼睛。于是，颜师伯成为刘骏赌桌上的常客。

一次，两人玩樗蒲，越赌越大，已押到一百万钱。

樗蒲也叫掷五木，和掷色子差不多。用于掷采的投子是用樗木制成的，所以称樗蒲。一组五枚，两头圆锐，中间平广，像压扁的杏仁，每一枚掷具都有正反两面，一面涂黑，一面涂白，黑面上画有牛犊，白面上画有野鸡。行赌时，将五枚同时掷出，任其转跃后躺倒，然后看其朝天一面配成不同的排列组合，即采。其中五枚全黑，称“卢”，是最高的采。四黑一白为“雉”，是仅次于“卢”的好采。以下三黑二白，二黑三白，一黑四白，乃至五枚全白。全白是最差的采，就是恶采。

刘骏先掷，掷了一个“雉”，扬扬得意，以为赢定了。谁知颜师伯是此中好手，运气极佳。一手下去，竟然掷出了满堂彩“卢”——五枚子全黑。刘骏大惊失色，颜师伯极伶俐，眼疾手快，伸手把投子一拢，垂头丧气道：“差一点儿就是‘卢’了。”

刘骏和那些昏庸淫乱帝王的区别在于能够保持心底最后的一丝清醒。史书记载刘骏终日酣饮，经常伏在案几上昏睡过去，看似醉得不省人事，可是，每当有急事呈奏时，马上肃然而起，抖擞精神，没有一丝酒意。内外臣工十分畏惧，没有一个人敢做事懈怠。

刘骏戏呼刘秀之为“老悭”，可他知道刘秀之为官清廉，虽朝堂戏弄，背后却尊重有加。刘秀之任梁、益二州刺史，管辖蜀和汉中。当时二州属于王朝富裕地区，前后每一任刺史聚敛财富都多达万两黄金。刘秀之以身作则，分文不取。从梁州转任益州，将分内 280 万钱留给梁州守军。刘秀之离京赴任，刘骏亲自坐车出城至新亭相送。刘秀之死后，家中贫困，刘骏赠予丰厚。

肆 生死相许

问世间情为何物？直教生死相许。天南地北双飞客，老翅几回寒暑。欢乐趣，离别苦，就中更有痴儿女。君应有语：渺万里层云，千山暮雪，只影向谁去？

横汾路，寂寞当年箫鼓，荒烟依旧平楚。招魂楚些何嗟及，山鬼暗啼风雨。天也妒，未信与，莺儿燕子俱黄土。千秋万古，为留待骚人，狂歌痛饮。来访雁丘处。

金代诗人元好问一首《摸鱼儿》道尽天下痴情男女的悲伤哀恨。爱情之所以伟大，是因为真正的爱情至为难得，只有为情人抛弃一切的人才配得起“爱情”两个字。

自古红颜多薄命，宋孝武帝刘骏最宠爱的殷淑妃红消香断，魂归离恨天。殷淑妃是刘骏的堂妹、刘义宣的女儿。刘骏自迷恋上殷淑妃之后，度过了一段风花雪月的浪漫爱情生活。可惜好景不长，殷淑妃生下八子刘子鸾后就离开尘世。殷淑妃之死，与二人这段孽恋以及刘义宣灭门一事不无关系。

随着心爱女人的死，性情乖戾的刘骏变得越发荒谬，不近情理。殷淑妃死了，刘骏不许埋葬，为方便探视，特意做通替棺。每夜临睡前，步行到放置棺木的大殿去，坐在灵床前酌酒祭奠。既而，呆呆看着熟悉的面容独自饮酒流涕，每到伤心之处，“恸哭不能自反”。

多日不下葬，殷淑妃容貌竟然栩栩如生。从初夏到立冬，整整度过一个夏秋季节。刘骏总是不停哭泣，一连数月，精神恍惚，无心处理朝廷政事。虽然采取了各种保护措施，但尸体搁久了还是会腐烂。叶落归根，土地是人最终的归宿。

殷淑妃四月离世，十月才葬。短短六个月的时间，刘骏征发江东百姓修建陵墓于龙山，凿山开路数十里。工程紧迫，官吏催逼，老百姓不堪忍受，死亡、逃跑者不计其数。

万物凋零，寒气森然。南朝举行了历史上最盛大的一次葬礼。自晋廷渡江以来，无论皇帝皇后、王妃公主，还是士庶豪门，从未有过如此盛大的场面。刘骏追赠心爱的女人为宣贵妃，灵柩用輲辌车，銮辂九旒、黄屋左纛、羽葆鼓吹、班剑虎贲最高规格的仪仗。送丧的人多达数千，公卿百官与后宫嫔妃皆着白衣一排排跟在灵柩后面。

丧车缓缓驶过。刘骏一袭白衣，神色憔悴，独自站在南掖门外流泪不止，左右侍从莫不掩泣。

刘骏思念情人，魂牵梦萦。梦中两人相见，默然无语，执手同泣。醒来，效仿汉武帝的《李夫人赋》写了一篇悼赋《伤宣贵妃拟汉武帝李夫人赋》，其中有“流律有终，深心无歇。徙倚云日，裴回风月。思玉步于凤墀，想金声于鸾阙。竭方池而飞伤，损圜渊而流咽……虽哀终其已切，将何慰于尔灵？”的缠绵悱恻的语句。

刘骏对自己写的文章仍然不满意，让当时的大名士谢庄写哀策。谢庄作《宣贵妃诔》，其文哀婉动人：“……移气朔兮变罗纨，白露凝兮岁将阑。庭树惊兮中帷响，金釭暖兮玉座寒。……旌委郁于飞飞，龙逶迟于步步。锵楚挽于槐风，喝边箫于松雾。涉姑繇而环回，望乐池而顾慕。呜呼哀哉！……中泉寂兮此夜深。销神躬于壤末，散灵魄于天浔。响乘气兮兰驭风，德有远兮声无穷。呜呼哀哉！”

刘骏斜倚着身子读完谢庄的文章，已是泪流满面，起身叹息道：“不谓当今复有此才。”下诏将谢庄的辞赋刻在墓石之上。哀策不胫而走，京都震动，士人竞相传抄，江南纸墨大贵。

为寄托哀思，刘骏多次和大臣们到殷贵妃的墓前凭吊。此时刘骏仍然不忘调侃臣下。有一次，他对身边的大臣刘德愿说：“你哭殷贵妃，如果哭得悲伤，重重赏你。”话刚说完，刘德愿应声恸哭，捶胸顿足，涕泗横流。刘骏大为高兴，赏赐豫州刺史。随后叫过医师羊志来哭，羊志泪如雨下，呜咽不止，悲不自胜，一点不像装的，看得众人很吃惊。过了些日子，有人问羊志：“你从哪儿弄到这副急泪？”羊志回答道：“我那天不过是哭自己死去的小妾罢了。”

刘骏的做派注定要与一些作风严谨、性格耿直的大臣冲突。颜竣就是其一，他是刘骏藩邸时的主簿，参与过平叛的军事行动，刘骏称帝后居中掌权，任吏部尚书、丹阳尹。他对刘骏的工作方法不满意，对刘骏重用戴明宝等人相当反感，希望由自己长久主持朝政，最终被杀。

另一个人则是江智渊。江智渊属济阳江氏，他这一支人丁不旺，朝中无援。江智渊文采出众，又以门阀自居，不满意朝廷安排的官职。刘骏喜爱文学，特别提拔，恩礼冠于朝廷。本是一对知遇的君臣，可江智渊平素安恬文雅，看不惯刘骏的所为。

刘骏请客喝酒的时候，必定让大臣们彼此互相嘲讽、攻击，以此取乐。一次宴席上，刘骏让江智渊传令给王僧朗，让他嘲弄自己的儿子。江智渊正色道：“这种玩笑恐怕不该开。”刘骏当时就生气了：“江僧安痴人，痴人自相惜。”刘骏嘴皮子功夫厉害，你不是说父亲和儿子不能开玩笑吗？我就拿你们父子开涮。江僧安是江智渊的父亲。南北朝时期注重门阀，也就特别重视家讳，世族大家的祖先名讳在子孙面前，必须避免说出来，要用其他的字代替。刘骏当众直呼江智渊父亲的名字，并说他是个大傻瓜。江智渊下不了台，伏席流涕。

江智渊死于给殷贵妃拟谥号，当时江智渊拟的是个“怀”字。大家知道，“怀”字含有同情的意思，不算好字眼，如楚怀王，刘骏相当不满意。“宣”那是好字呀，如周宣王。可当时刘骏没说，隔了几天，和大臣们骑马来到殷贵妃的坟墓，刘骏举起鞭子，指着墓前的石柱，对江智渊说：“此上不容有‘怀’字！”江智渊害怕过度，忧虑而死。

殷贵妃死后，刘骏郁郁寡欢，加之酒色过度，身体一天不如一天。两年后，正当壮年、三十五岁的刘骏相思成疾，重病缠身，死于玉烛殿。

刘骏不会想到，他一死，天下全变了。他太庙里的画像变了，治国方略变了，殷贵妃的尸体从坟墓里被挖了出来，宠信的大臣们一个接一个死去。这些都拜他儿子所赐。

刘宋王朝的大业落到中国历史最荒淫暴虐的人手中。这个为千万人不齿的人叫作刘子业，刘骏的嫡长子，刘宋王朝第一任废帝。史家评其人所作所为："罪孽，纣王不及万分之一；荒淫，昌邑王不及毫厘。"这是中国历史上最差皇帝的评价，那么，排名倒数第一的皇帝究竟是什么样的人物呢？

第十章
荒淫第一主

刘子业，刘宋王朝的前废帝。之所以被史家称为“前废帝”，因为刘宋王朝有两个废帝，他是第一个。十六岁登基，十七岁被杀，短短一年零六个月的时间，坏事做绝。史家评他“罪孽，纣王不及万分之一；荒淫，昌邑王不及毫厘。”纣王宠信妲己，残害大臣，穷兵黩武，是昏主的典范；而昌邑王，据霍光讲，“受玺二十七日，所做坏事一千一百二十七件”。两位昏聩君主加在一起，也不如刘子业罪孽深重。他到底做过什么，让史家对其如此憎恶？

壹 鲁昭不戚

刘子业小字法师，孝武帝刘骏的嫡长子，母亲王宪嫄出自琅琊王氏，门第显赫，江南第一高门。照理说，刘子业是富贵堆里滚出来的，大福大贵，不会受到一点点委屈。然而刘子业不仅经受过痛苦煎熬，甚至经历过生死考验。

元嘉三十年（453 年），刘子业刚过五岁，大伯父刘劭弑杀宋文帝抢夺皇位。刘骏在江州起兵讨伐。留在京都建康的刘子业和刘义恭的十二个儿子被刘劭囚禁在中书下省。

刘骏的军队节节获胜，刘劭几次想把刘子业杀掉，最后忍住了，希望作为最后一道挡箭牌。刘义恭欺骗刘劭单马出城投奔刘骏。刘劭凶性大发，下令将他的十二个儿子全部杀死。手执利刃、全副武装的甲士拖走哭天喊地的皇室子弟们的情景刺激着刘子业幼小的心灵。他痛苦地蜷曲身子，缩在角落里，惊恐地注视着杀气腾腾的甲兵。在最恐惧的一个多月里，没有一个人来关心他，父亲、母亲、叔伯、姑姑……

五岁孩童的身心受到摧残。逆境中成长的人性格坚强，刀光剑影的杀戮使童年刘子业懂得一个道理，骨肉亲情不可靠，刀剑是解决矛盾的唯一手段。

皇后儿子、排名最长、高贵的门第，刘子业理所当然成为刘宋王朝的太子。太子做得不顺心。刘骏宠爱殷淑妃，自然冷落王宪嫄母子。殷淑妃死后，刘骏把对她的爱转化为对殷淑妃儿子刘子鸾的抚爱，愈加加深刘子业性格中对亲情的冷漠。南朝社会风气奢靡，放纵堕落。世人不关心人的品质，只计较门第和文化素质。刘骏忽略了对未来皇帝的道德教育，只关心太子的诗文造诣和文化修养。

刘子业是个爱读书的孩子，写文章颇有文采。最喜好读历史书，喜欢和别人谈论历史故事。十三岁时，在皇宫崇正殿讲读《孝经》，有模有样。但知识有时会成为双刃剑，不求甚解，只看表面故事，得出的结论常常带有偏激的倾向。豪气冲天却不善于思考，想不到会带来什么样的后果。勇气是每个人应具备的品质，但勇气不能变成蛮干，治理国家做事业更不能只有匹夫之勇。

史家对刘子业相貌的描绘逼真形象："蜂目鸟喙，长颈锐下。"眼睛像蜂，眼球凸出，鸟嘴，长长的脖子尖下巴。相书上讲，这种人属于凶人系列。刘子业性情急躁、不沉稳。刘骏相当不满意，几次三番训诫。西巡途中接到过刘子业一封书信，字迹有些潦草，刘骏很恼火，大加训斥，刘子业赶紧谢罪。刘骏对他说："书写不长进只是一条。我听说你平时做事懈怠，越来越急躁粗暴，怎么顽劣到这种地步！做人要有平常心。心静，思虑才能深远，考虑问题才会全面深入。性格急躁，行事粗鲁最应该避免，何况君临天下的帝王。"

刘子业劣习不改，刘骏曾想废掉他。废长立幼取乱之道，刘骏没有康熙皇帝的见识和胆量，侍中袁觊一句话便挡了回去，"太子好学，有日新之美"。为着这句话，多少人身首异处，说这话的人同样未能幸免。

刘骏死时留下遗诏，江夏王刘义恭、尚书令柳元景、始兴公沈庆之、尚书仆射颜师伯、领军将军王玄谟辅政。朝政交由刘义恭、柳元景和颜师伯；军事交给沈庆之；外事交给王玄谟。刘骏并非一个昏庸皇帝，从辅政人选可以看出，除颜师伯外，其他人均是王朝佼佼者。

猜忌多疑的刘骏去世，让所有人放松神经，弹冠相庆。大臣们不必随着刘骏的喜怒哀乐调整自己的情绪、极不情愿地表演，更不敢私相往来。人们从极度压抑中走出来，摘去假面具。皇叔刘义恭等人在刘骏死后，相互庆贺说："从今天开始可以免于横祸而死了。"

然而，真面目会暴露出人性的种种弱点。

人在战场能够时刻绷紧神经，全神贯注。因为稍有不慎便人头落地，再也接不上去。没有硝烟的战争往往让人产生松懈，像官场、商场。懈怠的结果意味着灾难降临。孝武帝的宠臣们一个接一个犯下相同的错误，只有蔡兴宗保持着清醒头脑。葬礼结束后，他对人说："从前，鲁昭公即位时毫无悲伤之色，叔孙穆子猜到他不会有什么好结果。如今，家国之祸莫非要应在陛下身上吗？"

蔡兴宗为何发出如此感慨呢？原因是刘子业在父皇葬礼上丝毫没有表现出悲伤的神情。古代以孝治天下，敬父母才能敬国家。一个对父亲的死亡都不感到悲伤的人怎么会去和睦亲人，和睦子民呢？

人生一出戏，领袖是国家这幕大戏的最大主角。看看世界各国的大选，竞选者们卖力表演，竞选时许下的诺言，又有多少兑现了呢？现在有学者怀疑"珍珠港"事件是一场苦肉大戏，世事谁又能说得清楚。

作为最高统治者，你装也要装出来，你是道德的表率，是人民的表率。装虽然虚伪，但说明你在克制。偏偏刘子业不是这样的人，他是一个坦坦荡荡、毫不做作的人，从不掩饰仇恨与喜好。他就是恨父亲，恨殷淑妃，要把他们的尸体从坟墓里挖出来。

刘子业做事不受外界干扰，我行我素。他没有摆正位置，以为皇帝可以为所欲为，殊不知没有任何一个国家领袖可以置人民意志于不顾。即使像希特勒和东条英机那样的恶魔，如果没有国民支持也难以发动战争。为了获取人民的支持，他们狂热地宣扬民族主义，希特勒甚至不惜毁掉整个犹太民族来增加日耳曼民族的凝聚力。

皇帝的利益和社会财富拥有者的利益一致，他只是代言人而已。如果皇帝威胁到统治阶层的生命和利益，哪怕你是上帝神仙，他们中的优秀人物照样群起攻之。刘子业不懂这个道理，依着性子把左右臂膀尽情斩断。

孝武帝时代呼风唤雨的戴法兴嚣张得可以用狂妄来形容。他并非辅政大臣，却专制朝权，诏令出自他一人之手，俨然一个大皇帝。身为辅政的皇叔刘义恭畏惧戴法兴成为习惯，不肯插手政事。一个小小的中书通事舍人、越骑校尉何敢如此？

这是由南北朝特定的政治斗争决定的。皇帝用藩王宗室对抗士族豪门，用平民出身的官员牵制藩王宗室。这类平民官员便是中书省的中下级官员和各地的典签。典签我们以后介绍。皇帝独揽大权，国家大事只与身边的人商议，秘书们狐假虎威，作威作福。

狡猾的狐狸懂得一个道理，失去老虎的威风，他们什么都不是。戴法兴忘记了手中权力从何而来，极度蔑视少年天子。当刘子业行为不检点或想亲理朝政、有所作为的时候，戴法兴出面阻止，狂悖地丢下一句狠话："陛下这么胡来，难道想做营阳王吗？"营阳王刘义符是刘宋王朝少帝、刘裕长子，因胡作非为被辅政们废掉。

狂妄跋扈、居高临下的态度引起少年天子的不满。戴法兴威逼刘子业，满心以为小皇帝离不开他，殊不知刘子业绝非循规蹈矩之人。

小太监华愿儿替皇帝打探民间传言。太监的重大收入不外于皇帝的赐予，刘子业宠爱华愿儿，赏赐的珍宝钱财不计其数。皇帝如此大方，乱花钱，管钱的不干了，戴法兴经常从中裁减。华愿儿自然恼恨于心，借机对刘子业说："民间流传'宫中有二天子：法兴真天子，官家是假天子'。您住在深宫之内，不接触外界。戴法兴和刘义恭、颜师伯、柳元景结为一体，往来门客数百人，内外士庶莫不畏服。戴法兴又是先帝的亲信重臣，久在宫廷，如今和他人做成一家，恐怕宝座不会再属于官家了。"

刘子业冷冷地听着，淡淡一挥手，戴法兴卷铺盖回家。一个月后，赐死于家中。据说戴法兴守着多年受贿积攒起来、堆积如山的珍宝财货的仓库钥匙死掉了。真的不明白，世人要那么多钱有什么用？如果朋友们喜欢科学，必然知道戴法兴这个人，他曾反对过祖冲之的《大明历》。

解决戴法兴看似平淡容易，其实背后隐藏着巨大的危机。戴法兴死了，谁来平衡皇族与士族豪强势力呢？

贰 四大侍卫

万事我来做，刘子业举起刀剑向大臣们立威。接下来一年的时间里，血雨腥风伴着靡靡之音笼罩着京都建康。人人心惊肉跳，个个胆战心寒。

刘子业比谁都清楚“枪杆子里出政权”的道理，亲自提拔四位如狼似虎的禁军军官保驾护航。宗越、沈攸之、谭金、童太一是令人闻风丧胆的王朝虎将，江南四大高手。

宗越是南阳庶族，郡吏出身，年轻时在襄阳做吏卒。雍州山地是蛮族势力范围，宗越父亲被南蛮子杀害，他调查跟踪，闹市之中手刃仇人。非但没有获罪，反而受到襄阳太守的提拔，召入军队担任队主（大体相当于现在的营长）。宗越这个营成为剿匪别动队，有盗贼就去抓捕，去了就能立功。

南北朝时期，军马由自己来搞。花木兰从军时买马购鞍，连带辔头、长鞭均由自己装备。宗越虽是营长，无奈家里穷，买不起马。每战虽舞刀持盾，步行出击，却没有人能够挡得住。打了胜仗发奖金，一次胜仗一千钱。宗越经常获胜，买马不在话下。

刘骏镇守襄阳，看中了他，拜为扬武将军，领台队，成为中央军骑兵幢主。南朝军队编制军幢队，幢主大体相当于旅长。骑兵是先进军种，南朝骑兵队少，能够当上骑兵军官不容易。元嘉二十七年（450 年），宗越随柳元景北伐，冲锋陷阵所向无前。随王刘诞代替刘骏督雍州，宗越官至后军参军督护。刘诞开玩笑地说：“你是什么人，能够得到我府四字。”意思是说，你出身这么低，凭什么做我随王的参军。宗越昂首答道：“佛狸未死，不忧不得谘议参军。”刘诞大笑。

其后，宗越跟随柳元景伐蛮，打建康，拥戴刘骏称帝。平鲁爽，血战梁山洲，攻广陵，杀随王刘诞，屡建战功，受封长水校尉。宗越治军严酷，杀人不眨眼，将士们有一点点过错，动辄军法从事。宗越治军严到什么地步？数万人的队伍，宗越骑马前行，马止营合，不差分毫，即马一停下军队就停下，没有一个人多行一步。以前军中流传一句话，“宁作五年徒，不逐王玄谟”。后来又加上一句“玄谟尚可，宗越杀我”。

宗越为人凶残。中央军攻陷广陵，为报复广陵人拼死抵抗，刘骏下诏屠城，诛杀城内所有男人。宗越亲自动手，命士兵用鞭子抽打战俘们的脸和肚子，向伤口浇苦酒盐水，然后挖眼剖腹，最后斩首。宗越欣赏着种种惨无人道的手法，听着凄厉痛苦的哀号，欣欣然有所得。

踏着敌人的尸体，宗越一步步升迁，刘子业登基，宗越封侯，和谭金、童太一、沈攸之三位嗜血将领同入直阁，典禁军，成为大内侍卫官。在这四只恶兽当中，最狡诈狠毒的当属沈攸之，他的心有五窍。

沈攸之是苍头公沈庆之的侄子。沈家是农家子弟，沈攸之更是一个孤儿，家境贫寒。叔叔沈庆之大器晚成，人到中年还在家里种地，帮不上沈家什么忙。而且沈庆之并不喜欢这个侄子，因为沈攸之生得丑陋，又黑又小。沈庆之做了宋军高级将领之后，也没想到造就他。

元嘉二十七年（450 年），宋军北伐失利，拓跋焘率魏军骑兵向南推进，进抵长江。朝廷征召三吴地区的军队支援。各地纷纷组织新军，只要家里有男丁的，一律强征入伍，王公以下贵家子弟不服兵役的，这次也要上。

沈攸之不甘心一辈子面朝黄土背朝天，应征入伍。军队抵达建康，沈攸之心想叔叔是北伐大将，军队的高级将领，总该有点优惠吧？沈攸之找到队伍的长官，要求给个官当当。军官对出身要求比较严格。农民身份，虽说叔叔是大官，门第也不是一代两代可以高起来的，那要经过三四代或更长的时间才能提升。但，谁也不肯得罪，毕竟人家叔叔是军队的高级将领。

军官们忽悠他说，你去找最大的官，讨个一官半职不是稀松容易吗？于是，沈攸之奔高层去，找到当时的领军将军刘遵考。刘遵考是皇亲，刘裕的族弟，打卢循的时候跟着刘裕，当时六七十岁了，德高望重。领军从一品，领军将军是领军中的最高级别，相当于现在的国防部长。

沈攸之没敢要大官做，请求担任新军的队主，要个新兵营的营长干干。他的要求不过分。叔叔做过剿匪集团军司令，北伐军副司令。侄子做个新兵营的营长还不行吗？再者说，又不是正规军，地方民团，不定哪天就解散啦。

刘遵考上上下下打量半天，眼前这位求职者个子矮、相貌丑、黑黑瘦瘦，心里头一百个不满意，“你这样子还想当队主，影响我大宋军队的军容军貌啊！若非现在军情十万火急，怎么也轮不到你当兵呀！”刘遵考撇着嘴一口拒绝：“君形陋，不堪队主。”

沈攸之心里别扭，长叹一声：“昔年孟尝君身高六尺为齐国宰相，今天选个军官专挑肥胖仔吗！”

气得沈攸之去找沈庆之，跟着叔叔混，但沈庆之不喜欢这位瘦小侄子，直到元嘉二十九年（452年），随沈庆之征讨五水蛮，沈攸之才因军功升为队主。该着他走运，第二年伐蛮军拥戴刘骏称帝，进军建康。新亭一场血战，沈攸之身负重伤换来头功一件，做到太尉府参军，封侯。看来，对于不得志的人才，战争确实是块跳板。

随王刘诞谋反，宋军征广陵。沈攸之屡建战功，冲锋在前，被一支长箭射破骨头。孝武帝刘骏大加赞赏，将要重用。谁知沈庆之出面阻拦。沈庆之深知侄子为人狡诈，不适合做高级军官。沈攸之只得到杂号将军——龙骧将军封号，做了一名七品小县令。叔叔拆侄子的台，侄子能满意吗？从此，这对叔侄成了冤家。

刘子业登基，从军中选虎将，沈攸之入选直阁将军。同时入选的谭金、童太一两人也历经百战，身怀绝技。在四名武功高强的大内侍卫护卫下，刘子业放开手脚准备大干一场。

叁 鬼目粽

夕阳西下，金风微凉，几片落叶孤零零地飘落。倏忽间夏季已过，单薄的人似乎能够感到秋季逼来的凉气。

江夏王府的锦灯一盏盏明起来。丝竹阵阵，箫管悠悠。吴越美女，长袖飘飘，翩翩而舞。宾客们把酒交杯，欢歌笑语之声绕梁而起。自孝武帝死后，江夏王府日日饮宴，夜夜笙歌。

刘义恭心情不错。人在心情好的时候酒量会大，刘义恭醉了。这个高祖皇帝的宠儿、文帝的爱弟已经有十年没有尝过醉酒的滋味。

人喝醉了讲话就会多，讲话多就会失言。无心的人不会去听别人的胡言乱语，有些人则不，他们专听醉话。比如孝武帝刘骏，一个猜忌心极重的皇帝。

遇到这种皇帝，要么戒酒，要么少喝。

刘氏皇族死的人太多，比长江的弯道都多。刘义恭能顽强地活下来，靠的是谨慎、沉默和少喝酒。

如今可以喝了，喝得烂醉也无妨，因为死人听不到他的醉话。

颜师伯却没有这么好的心情。他刚刚被新皇帝罢免卫尉卿、丹阳尹和尚书右仆射的职务，改任尚书左仆射。从首都卫戍区司令、首都市委书记和第一副总理，降为第二副总理。谁的心情会好？除非是个傻瓜。

颜师伯从一个低等士族靠拍马起家，执掌朝廷大权数年，不得人心，嫉妒的人比比皆是。新皇帝想亲政，自然由他开刀。颜师伯瞅了一眼尚书令柳元景，忧心忡忡地说道："陛下赐戴法兴自尽，诏令已发，杀伐未免过重。"

刘义恭半眯着眼，喃喃道："莫非你还没有受够他的气。"颜师伯嘿嘿一笑："兔死狐悲，陛下比先帝有过之无不及。先帝有感情，今上则无。"

柳元景只是听着，不动声色。

颜师伯继续道："武皇帝七子，除王爷外谁还健在？有谁善终？"

刘义恭的酒醒了一大半，颜师伯的话均是大逆不道，这话从他嘴里说出来太让人惊讶。颜师伯给人一种笑面虎的感觉，笑面虎的话总是藏在笑脸里，而今笑面虎变成一只冷面狼。

"我敢保证，陛下下一个对付的是元景兄。"颜师伯的话冷森森的，"然后是王爷您。"

刘义恭似乎不相信他的判断，柳元景有同感，不过他不肯相信罢了。

"元景兄，与其束手就擒，莫如趁尚有权力之际做一回徐羡之、傅亮，拥戴王爷登基。"

刘义恭彻底清醒，他今年六十有二，皇帝梦做了快一甲子，这就是他不肯多饮酒的原因。

干大事要果断，偏偏三个人都有缺点。刘义恭"娇气"，柳元景"愚忠"，颜师伯"贪婪"。

三人久议不决，柳元景决定请一个好朋友参谋此事。

密谋人越少越好，自己能做的事决不让第二者知道。柳元景非但不懂这个道理，还不懂“利益是人的驱动，义气并不可靠”。

沈庆之听到这个阴谋之后，第一个反应是新皇帝会不会对他好，结果否定了，因为刘义恭和他没有什么交情；第二个反应是新皇帝的权臣会不会给他利益，结果又否定了，颜师伯曾经对人说过：“沈庆之不过是个爪牙而已，哪里能参与朝廷政事！”

既然否定了，就要做正确的事。柳元景为义气埋单，颜师伯则要为轻佻付账。

沈庆之与柳元景，一个农家子弟，一个高门士族，怎么会是朋友呢？缘自两人的志趣和人生态度。沈庆之和柳元景都是世之名将，当时的军事天才，靠讨伐南蛮成名。他们在剿匪战争中配合默契，惺惺相惜。拥戴刘骏的军事行动使得二人同时做上刘宋王朝的高官，位列辅政大臣。

纵使成为三公，沈庆之仍不改农家本色，每逢农忙都亲自去田间干活儿，没有人知道他是国家高官。

有一次，柳元景和颜师伯去看望沈庆之，约他一同出游。柳、颜二人鸣笳开道，大摆仪仗，旌旗车辆、士兵甲士充满道路。

沈庆之与一个随从在田间劳作，理都没理。二人来到他身边，沈庆之一脸忧虑地道：“贫贱不能长居，富贵也难自守。我和诸公出身于贫贱，因为遇上时代机遇，才有此等荣华富贵。我们应该经常回想艰难时的情形。我这个老头子八十岁的年纪，眼见的成功失败太多太多，诸位炫耀这些车辆衣服，想要做什么呢？”说完，扔下二人不管，插下手杖继续耕起地来。

柳元景撤去侍从，把外衣脱了，提着衣服来到田间，二人相顾欢笑。

其实，很多人嘴上想得开，心里想不开；心里想得开，骨子里想不开。沈庆之就是这种人。人过八十，富贵如过眼云烟，很快消失。钱再多，与他没有一点关系。沈庆之教训别人头头是道，轮到自己就不这么想了。

沈庆之出身农民，对土地情有独钟。他家原本安在建康城清明门外，有四所院宅，屋室富丽堂皇。他在娄湖（位于今南京市区东南十五里）修建一处园舍，带着子孙迁往娄湖居住。后来，又把里外亲属迁往那里，广开田园之业。

娄湖修建于三国的吴国，周围七里，溉田数千亩。到西晋时代，可灌溉土地万余顷。沈庆之有眼光，他自己时常得意地指着这大片土地，对人说："钱尽在此中。"

凭借娄湖土地，沈家产业累计万两黄金，奴僮数以千计，粮谷万斛，富甲当时。有财产就有私心，难做闲云野鹤。沈庆之年过七十屡屡辞官，然而每当动乱之秋，必定挺身而出，原因在于此。这也是巴菲特与比尔·盖茨的区别所在。

这一次，他把好朋友出卖了。出于忠心还是私心呢？私心重得多。理由倒是正大光明，忠君！为了守住这个"忠"字，两个月后，他把性命搭上了。

刘子业处理谋逆者的手段极其残忍，亲自率羽林军抓捕叛党，不仅将刘义恭和他的四个儿子一并杀死，而且惨无人道地把太皇叔身体肢解，大卸八块，胃肠挑出来。眼睛剜出来，用蜜糖浸渍。刘子业得意扬扬地对人说，这是"鬼目粽"（用鬼眼睛包的粽子）。

柳元景府内有兵，家族强盛，本可以反抗。柳元景却苦劝兄弟们放下武器，辞母奉诏，从容而死。八个儿子、六个弟弟，诸侄均被杀死。颜师伯也遭灭门。

肆 髓奴

除掉三个辅政大臣，刘子业再无顾虑，借机清理朝臣，挟私报复，大开杀戒。赐死殷贵妃的儿子新安王刘子鸾，杀死刘子鸾的同母弟弟南海王刘子师和妹妹。掘开殷贵妃的坟墓，抛尸荒野。拆毁刘骏当年为殷贵妃造的新安寺，寺内以及远近的尼姑和尚一律斩杀。

享尽荣华富贵的刘子鸾在终结短暂的十年生命时，叹息说："只希望下辈子不再生于帝王家！"

殷贵妃的子女均被杀死，暴尸野外。刘子业怒气不息，积怨仍旧不出，下诏挖开父皇的景宁陵，把孝武帝的尸体扔到荒山野外。

大臣们一听，这还了得，哪有儿子掘父亲陵墓的道理。刘子业说一不二，多亏太史伶俐，劝道："如果掘开帝陵，对陛下您不利。"

刘子业盯着太史道："不能掘？"

太史不示弱，神色不动："不能掘！"

“不掘也可以，”刘子业大叫道，“给我往上泼大粪！”

刘子业怎么琢磨怎么看不上他这位父皇。一日他去太庙，看到高祖武皇帝刘裕的画像，指着像中人大赞道：“你是大英雄！生擒好几个天子！”看到爷爷文帝刘义隆的画像，咂咂嘴道：“你也不赖，可惜临到老被儿子把脑袋砍了去！”最后看到父皇刘骏的画像，刘子业歪歪个脑袋，指着像中人说：“你是个酒糟鼻，怎么不糟！画工呢！赶快给我改成酒糟鼻！”改成酒糟鼻后，刘子业仍不解气，气咻咻道：“齇奴！你个色鬼！不要脸！”

最不要脸的人不是刘骏而是刘子业。

刘骏生前对刘子业不好，招惹刘子业这般仇恨。母亲王宪嫄没招他呀，刘子业对亲生母亲一样绝情。

王太后病重，差人叫刘子业去探病。刘子业竟然不屑一顾，说了句世间最薄情的话：“病人住的地方多鬼，怎么能去！”王太后不听还好，一听气得浑身哆嗦，颤抖着手，喊道：“取刀来，剖开我的肚子，看一看怎么生出这么个孩子来！”没过几天，王太后气死了。

那个大哭殷贵妃的刘德愿被杀头，为殷贵妃作诔的谢庄也要杀头。谢家毕竟是高门望族，谢庄才动天下，有人讲情。讲情的人说话婉转巧妙，“人死都是一个样子，一刀下去，痛苦就那么一下。不能这么便宜他，谢庄出身富贵人家，没吃过苦，把他关起来，遭遭世间的罪，再杀不迟。”

刘子业一听，有道理！他毕竟是个小孩，有弱点，容易被人欺骗。人们抓住这个规律，一次次骗他，最终将他骗死。

朝廷死了一批大臣，换了新面孔，刘子业的人上台了。刘子业胞弟豫章王刘子尚担任尚书令（总理）。那个说“太子好学，有日新之美”的侍中袁颢做了吏部尚书（组织部长）。沈庆之为太尉（军委副主席）。

可惜的是，这一套班子不足两个月就散了架，走的走，死的死。散架的原因在于刘子业又把屠刀举向皇族和外戚。

屠杀外戚起因于刘宋王朝的公主们。三个公主，三个驸马，把刘子业进一步拖入泥潭。

三个公主当中就有山阴公主刘楚玉，她与刘子业一母所生。山阴公主向皇帝弟弟要驸马。

山阴公主没有驸马吗？当然不是，不但有，而且非常英俊，是位出自高门望族的美男子。她要的是第二个驸马，第三个驸马……

中国古代实行一夫多妻制，皇帝的女人更是多得数不过来。山阴公主感到委屈，既然男人可以三妻四妾，为何女人不能三夫四公？更何况她是公主千金。

山阴公主的话非常有道理，“妾与陛下，虽男女有殊，俱托体先帝。陛下六宫万数，而妾唯驸马一人，事不均平，一何至此！”天下不公平的事怎么能到这种地步呢？

山阴公主确实是个伟大的人物，女权运动的先驱。只是她不明白一个道理，男人比女人有力气，这是弱肉强食的一个规律。随着科技的进步，男人的力气变得微不足道，于是有了一夫一妻制。

南北朝是个思潮开放的时代，但凡思潮开放时代，人的欲望必须得到满足。于是，刘子业一口答应下来，并给山阴公主找了三十个情人，当时称作“面首”。

第十一章
山阴公主

有人说，中国历史上最伟大的女人有两个，一个是周朝女皇武则天；另一个就是南朝山阴公主刘楚玉。这两个女人有一个共同点，她们都在为女性争取平等权利。

武则天如愿以偿地登上帝位，成为中国历史上唯一的女皇。刘楚玉则为女性争取到三十一个丈夫的权利。如果继武则天之后，中国历史能够出现像英国伊丽莎白、维多利亚那样魅力超凡的女王，东方的法律和风俗以及全民的素质将有一个很大的提升。可惜的是，武则天没有传位给太平公主，而太平公主似乎也不具备伊丽莎白的素质，不能不说这是东方的一大遗憾。

山阴公主的命运更是一场悲剧，花样年华便香消玉殒。“君须髯如戟，何无丈夫意？”这是山阴公主留给后世的名言，也是仅有的点滴记录。后世的男儿们自然不屑于为这等风情万种、放荡不羁的女人立传。她的风姿笑靥、哀怨悲愁，如轻风般散入历史长空中不见踪迹。

壹 三十面首

山阴公主向皇帝弟弟索取驸马，刘子业爽快应允，并很快为她挑选了三十个年轻漂亮的男人。冠以什么样的名字令刘子业费了一番心思。当然不能用驸马，刘子业虽然标新立异，属于嬉皮士一族，但也不能无视南朝社会森严的等级制度，以及庞大的士族集团。

不能做老公，只能做情人，不能称驸马，那就叫“面首”。南朝人做事很讲究，尤其在文字上。刘子业的文学功底不差，写出的文章颇有文采。“面，貌之美；首，发之美。”面首，即为面貌漂亮、头发黑亮的美男子。貌美可以理解，头发为何要黑亮光泽呢？因为中医讲，发主肾气，头发生得好就是肾好。肾好，性功能自然旺盛。

刘子业创立面首，比之男宠、小白脸、鸭子、吃软饭的，形象生动、暧昧有趣。不知为何没有流传下来，倒让西方名词“情人”后来居上。

山阴公主得到三十面首是中国历史了不起的大事，这是实实在在摆到桌面上的事情。前无古人，后无来者。

刘子业之所以敢这么做，和当时南朝社会风气息息相关。南朝是一个放纵的时代，人性解放的时代。

人们纵酒、纵欲，享受着感观刺激，尽情体任自然。现代毒品由西方传入，南朝时代没有鸦片。可中国人聪明的头脑早已设计出类似毒品的东西，它比毒品高明得多，危害也小。是什么呢？五石散，又名寒食散。

从魏晋开始，士人多服用五石散。它是用石钟乳、紫石英、白石英、石硫黄、赤石脂五味石药合成的一种中药散剂。此方子最早见于东汉张仲景的《伤寒杂病论》，用于治疗伤寒（古人所讲的风邪入侵）。到了晋朝，正始名士何晏，因身体虚弱，常服五石散。由于药性猛烈，何晏改进前人的方子，一服之下，竟神明清朗，体力转强，也就大力推广。

神明清朗即有毒品功效，体力转强。洛阳人争相效仿，成为一种时尚。有晋一朝，名士多服用此散。不过服用此药以后必须以吃冷食来散热，因此又名寒食散。要寒衣、寒饮、寒食、寒卧，却要饮温酒，凭酒劲以发汗，来散发药性。

观看女子跳裸舞是南朝风尚，其实不仅南朝人纵情声色，受其影响，北方人也一样。前秦天王苻坚曾“使宫人与男子裸交于殿前，引群臣临而观之”。古代没有情色电影，只能现场观看，这就是北朝帝王贵族们的娱乐休闲。淫靡风气影响下，刘子业和山阴公主的行为不足为奇。

刘子业与山阴公主一母所生，两人关系特别亲密。山阴公主晋爵会稽长公主，由地市级升到省部级。

世人都有迷恋心理，也会人云亦云，所以会有追星族。南朝也有追星的风尚。东晋名臣孟昶尚未发达之时，家住京口。那日，天空飘着雪花，名士王恭身披鹤氅裘，乘坐高舆，缓缓而过。孟昶从篱笆间窥看，叹道："此真神仙中人。"和现代崇拜影视明星相同，南朝人追逐名士，即王恭所说"熟读离骚，痛饮酒"的所谓名士。

山阴公主只是二十妙龄的女子，自然不能免俗。她疯狂崇拜上一个男人，渴望得到他。

贰 名士褚渊

这位名士叫褚渊，是一位驸马。妻子是山阴公主的姑母南郡公主，宋文帝刘义隆的女儿。褚渊既有才，又豁达。父亲死的时候，兄弟分家，褚渊只拿走家中数千卷图书，其他一文不取。出自望族，又是驸马，仕途自然一帆风顺。历任美官，太子舍人、太宰参军、太子洗马、秘书丞、中书郎、吏部郎，袭爵都乡侯。

褚渊容貌俊美，举止得体，举手投足，风度翩翩。每逢朝会，文武百官甚至外国使臣争睹容颜。脖子探得老高，就为欣赏褚渊。褚渊有妙才，解音律，善弹琵琶，是刘宋著名的音乐家。人无完人，褚渊再美，也有瑕疵，白眼球大，黑眼球小，嫉妒的人称为"白虹贯日"。

褚渊有谢安之风，沉稳有雅量。一天家中失火，浓烟弥漫，火焰乱窜，几乎燃到他的胡须。这位美男子竟然神色不变，怡然自得，缓缓道："轿子在哪里？"

爱上一个人，迷恋一个人，就看不到他的缺点。在山阴公主眼里，"白虹贯日"根本不算缺点，褚渊的眼睛是世间最美的一双眸子。

山阴公主向皇帝倾诉相思之苦，刘子业笑道："我可以帮你把他找来，至于下面的事，那要看你的本事了。"

刘子业召褚渊入宫，安排宿在禁中。

一座依畔御花园的大殿，空气中弥漫着芳菲的香气，闻之心醉。起初褚渊不知何故，直到月上柳梢头，才发现大殿上多了一个人，一个倾国倾城的美人。

有美人岂能少了美妙的歌声，吴声妖浮缠绵，何况唱歌的是绝代佳人。

“夜长不得眠，明月何灼灼。想闻散唤声，虚应空中诺。春林花多媚，春鸟意多哀。春风复多情，吹我罗裳开。”

漆黑长发在春风中飘动，薄如蝉翼的衫裙裹着苗条起伏的胴体，衣襟松着，隐约可见两条笔直修长的玉腿。

女人静静地注视着他，双眸充满诱惑，像火山。如果世上有人可以在美人、花香与歌声中保持镇定自如，那么这个人一定是褚渊。

香气更浓，女人已经走到他身边，声音轻柔得像春风。

“你一个人是不是很寂寞，我可以陪你。”

“不必了。”褚渊淡淡道。他忽然想起眼前这个风情万种的女人是谁，皇室公主中最美丽的一个——刘楚玉。

山阴公主媚笑道：“这本来就是我的住处，即使你不让我陪，我还是要住下的。”

褚渊竟然平静得像什么事也没有发生，“既然你住这里，我可以走。”

山阴公主表情很奇怪，“这里是皇帝安排的住处，你想抗旨吗？再说，即使你能走出大殿，这里是皇宫，你能走到哪里呢？”

褚渊终于明白这是圈套，精心设计的圈套。

山阴公主靠得更近，可以闻到诱人的发香。女人的身体缠上来，柔软的手指滑上褚渊的脸庞，爱抚着他的胡须。缓缓地，纤长的手指向下面滑去。

褚渊稳稳地站着，一动也不动。

许久，山阴公主笑了：“君须髯如戟，何无丈夫意？”

褚渊淡淡回答道：“回虽不敏，何敢首为乱阶。”褚渊字彦回，他套用孔子大弟子颜回的话回应公主的戏谑调笑。

山阴公主恨恨道：“不信你不依我！”

一个正常的男人和一个风情万种的女人共度十个夜晚，会发生什么事？

什么事也不会发生。因为男人是褚渊，他可以从月出东山站到朝霞绚丽。

遇上这种呆子，你有什么办法？山阴公主实在佩服得很，褚渊就是褚渊，永远是她的偶像。好在，她还有三十个美貌健壮的面首。

山阴公主输了，刘子业却赢了。山阴公主没能打动姑父，刘子业却留住了姑姑。因为他是皇帝，全天下独一无二的皇帝。

刘子业结发妻子叫何令婉，一个值得怜悯的女子。她在丈夫登基前夜去世，未能体验一回做国母的滋味。她的哥哥何迈娶宋文帝第十女新蔡公主刘英媚。何氏一门驸马，正宗皇亲国戚。何迈的父亲娶妻宋武帝刘裕小女豫康长公主刘欣男。

十姑姑刘英媚是刘子业最喜欢的女人。可能有人感觉奇怪，为什么刘宋皇族之间男女关系多不检点，难道他们具有古埃及王室近亲婚配的风俗吗？当然不是，埃及法老是为保证皇室血统的纯洁，这种远古意识在南北朝根本不存在。

南北朝风俗不同，女人地位截然相反。江南女子大多养在深闺，高门士族女人更是如此，极少出门。即使婚姻之家，早年定下的娃娃亲，也有十多年不曾见面的。这是汉人的陋习，是对儒家经典的曲解，难怪王安石变法时高呼“法先王”。儒家的很多思想都曾被人为地片面诠释。比如孔子那句“唯女子与小人难养也”。如果当时女子占社会主导力量，孔子的意思便是“唯男子与小人难养也”。孔子为什么不这样说，因为当时社会仍以体力为优。

在这种情况下，刘宋皇室成员们根本见不到多少女人，还不如现代社会的平民。我们从小开始上小学、中学、大学，然后工作，混社会，甚至走南闯北，俊男美女见得多了。即使待在家里，还可以对着电脑欣赏帅哥靓女。南朝呢？女人猫在闺房里，怎么见？有几个村妇、渔丫头成天出来，气质又差远了。刘子业从小到大圈子里的女人，除了公主、王妃们，还能有谁呢？

当然，不要以为南北朝的人们过得郁闷，生在北朝就幸运许多。塞北不用说，男女混在一处。即使在中原的邺城，现在河北地区，都是妇女执掌门户，请客送礼、打官司办事，一律是女人的事情。你到邺城大街上一站，“车乘填街衢，绮罗盈府寺”。香车满路，政府法院各个机关单位挤满了女人。

中国文化能保持数千年之一脉，民族间的融合功不可没。有人讲四大古文明，就是四大文明古国，什么古巴比伦、古埃及、古印度和中国。还有人说，中国文明太晚，你看赫梯文明、亚述文明、腓尼基文明、波斯文明、犹太文明，哪一个不比中国早呢？

我们可以看一看，有哪一种文明较为完整地流传下来了呢？只有犹太吧？还在巴勒斯坦那个弹丸之地苦苦挣扎，它不挣扎不行啊，发源地让人家连锅端的话，你的文明就终结了。说美国继承犹太文明，即便不感觉扯淡一样，也只能说差不多。

真正的传统文化不是裹小脚、搞专制，鲜卑民族带给北方的风俗，恰恰深合先王之道。在中国历史中有很多现代社会的影子，只是我们没有发掘出来，或者一叶障目不见泰山罢了，什么是树叶？欲望是树叶，每一个人的欲望。

这可能是刘子业感觉压抑的原因之一吧？你以为皇帝是什么？皇帝是一种制度。皇帝不是人，是制度！如果你破坏了制度，皇帝就做不成。

刘子业想做人，利用制度带来的便利，痛痛快快活一回！

做皇帝不久，刘子业便把心仪已久的新蔡公主接进宫来。入了刘子业的虎口，插翅难飞。强纳姑母，毕竟不是件光彩的事情。刘子业有办法，杀掉一个婢女假冒公主送还何家。新蔡公主改姓谢氏，留在宫中为贵嫔。

刘英媚柔弱，驸马却是个厉害角色。何迈喜欢犬马射猎，勇武豪侠，手下聚集着一批门客死士。死去的女人是不是妻子一望便知。何迈怒不可遏，与死士密谋，策划趁皇帝出游下手谋杀，另立晋安王刘子勋。

皇家赶上多事之秋。刘子业的六姑临川长公主刘英媛向他哭诉，驸马王藻有同性恋倾向，爱上男宠吴崇祖。换成其他皇帝或许不了了之，劝几句，做个和事佬。因为王藻出自琅琊王氏，江南一等高门，是王导的嫡系子孙。王藻的父亲同样是驸马，妹妹王宪嫄是刘子业的母后。

刘宋的皇帝们对公主家事格外头疼。公主金枝玉叶，驸马出自高门，一个个娇生惯养，何曾受气，和和美美的婚姻少。驸马江敩曾作《辞婚表》，道出驸马们的辛酸苦涩，文章写得酣畅滑稽，实属不可多得的妙文。建议大家去读一下，若不愿意读古文，可观柏杨先生的译文。

清官难断家务事，何况南朝皇族一向对高门士族容忍有加。可刘子业听过公主的倾诉后，勃然大怒。他不管那套，下诏将王藻下狱，与公主离婚后赐死。

刚刚处理了王藻，何迈密谋叛乱事发。刘子业亲率禁军诛杀何迈，何迈虽勇，怎敌宗越、沈攸之手下如狼似虎的大内高手，血溅当场。

刘子业连续处理掉两位驸马，辅政大臣、皇亲国戚谁也难逃魔爪。一时间朝野震动，建康城人心惶惶。

叁 留下来

有压迫就有反抗，这是颠扑不破的真理。

吏部尚书袁颉深受刘子业宠信。刘子业性情变化无常，袁颉感到继续待在京城太危险，说不定哪天屠刀从天而降。于是，想个鬼花招，要求外出为官。刘子业答应了，任命他为雍州刺史。

出镇地方的不仅袁颉一人，朝廷做了一系列人事调动。七皇子临海王刘子顼出镇荆州，蔡兴宗为长史、南郡太守，辅助刘子顼。

夜，漆黑漆黑，空中不时刮过寒冷的秋风。两个孤零零的人影立在寂静无比的院落。

袁颉特别兴奋，舅舅蔡兴宗抬头仰望天外繁星，突然冒出一句话："襄阳星恶，怎么能去？"

袁颉紧张兮兮地道："白刃架在脖子上了，哪管什么流矢。今日之行，唯愿活着逃出虎口。天道深远难测，吉凶未必都能灵验。不知舅舅何时离京？"

蔡兴宗淡淡道："你呢？"

"明日凌晨上路，今晚特来向舅舅辞行。"

蔡兴宗听得出外甥话语中的急迫，似乎想从眼前无尽的黑暗中逃跑。蔡兴宗的语气极淡："我不走。"

袁颉吃惊地张大嘴巴，好像舅舅突然变身化作妖怪。

南朝皇子出镇地方，长史之职极重，皇子年幼，大权全在长史之手。刘子顼不到十岁，谁做长史，谁就是荆州主人！

袁颉困惑不解，想不通为什么舅舅甘心留在血雨飘摇的京城，想不通自然要问："舅舅什么意思，现今朝廷形势人所共见。在内大臣朝不保夕。

舅舅出居荆州，掌管八州军事。我在襄阳，地胜兵强，去江陵咫尺之遥，水陆流通。若朝廷有事，我们正可共立桓、文之功，不比受制凶狂皇帝，面临不测之祸更好吗！如今有机会不肯走，以后想走，就走不了啦！”

袁顗很坦诚，将心中秘密和盘托出，因他想拉上蔡兴宗一起造反。谁都知道荆州和雍州是江南重镇，合二州之力，财力可抵半个宋国。

蔡兴宗一点儿也不惊讶，静静道：“我素门平进。与主上太疏远，不见得有什么大祸患。朝廷内外，人不自保，一定会发生变故。如果朝廷内的灾祸得以消除，地方的祸患却难以估量。你打算在外求全，我打算居中免祸，各行其志，不是很好吗？”

蔡兴宗看得很明白，现在无论中央还是地方，全天下的人都对皇帝不满意，必有一场大乱。那么，留在中央机会大呢？还是去地方机会大？历史经验告诉蔡兴宗，地方起兵，鲜有克捷，宫廷政变最容易得手。一旦得手，下一步就是如何平定同床异梦的地方势力，待在地方才是大大的危险。

袁顗没有蔡兴宗那么长远的眼光。第二日天刚拂晓，就撒丫子狼狈上路。待在船上，犹怕皇帝改变主意，派人来追，下令水手加速前进。飞舟似箭，狂行到浔阳江，方才绽出笑脸，仰天叹道：“现在终于免除大祸啦！”

袁顗不着急赶路了，进浔阳城拜会三皇子晋安王刘子勋的长史邓琬。两人本来没有什么交情，却相见甚欢，结伴游玩，亲密异常。一有空闲，整日整夜待在一处。袁顗出自高门，邓琬门第不显；袁顗人品出众，邓琬才干平庸。东晋以来，门第不当的人极少往来。袁顗对邓琬过于亲密，隐藏着玄机。玄机只有一个，他有意联合江州之力起兵造反。

袁顗离开建康，留下的吏部尚书空缺给了蔡兴宗。蔡兴宗主动留在京城当然不是为了吏部尚书的官职。早在刘子业登基之时，蔡兴宗便看出他必将祸乱国家。蔡兴宗是个正直的大臣，却也难免染上南朝纵情声色的习气。有个故事可以看出他是个风流人物。

建康何后寺一个叫智妃的尼姑生得美丽迷人，名动四方。蔡兴宗派出迎亲的车辆接智妃到府为妾。结果被颜师伯得到消息，抢先派人偷偷进入何后寺把智妃接走了。

大臣们纵情声色不要紧，皇帝不可以。皇帝是万民之主，任务是治理国家，保护民众的财产。明君圣主以增加国民的财产为己任，是以万民拥戴。只顾自己享乐，不管民众疾苦，这样的帝王是昏君，昏君人人得而诛之，这是儒家文化精髓所在。

有人问过孟子，武王伐纣，“臣弑其君，可乎？”孟子淡淡回答说：“残贼之人谓之一夫。闻诛一夫纣矣，未闻弑君也。”

独夫民贼，人可诛之。废昏立明，天之大义。蔡兴宗留在京城图谋除掉刘子业。皇帝手握军权，禁军猛将如虎，如何除掉他呢？蔡兴宗认为，没有军队参与是万万不行的。

肆 公开的密谋

蔡兴宗首先鼓动太尉沈庆之发动军事政变。沈庆之是刘子业的心腹，江夏王刘义恭和颜师伯发动政变为此人所叛卖。刘子业给予沈庆之极高荣誉，每次出巡，御车之上同载的只有三个人，皇帝、山阴公主和沈庆之。

与皇帝最大鹰犬谋划除掉皇帝，岂非白白送命？蔡兴宗看准一点，人是自私的，而沈庆之是自私的聪明人。皇帝这么搞下去，天下必将大乱。天下如果大乱，沈家娄湖数百里肥田沃土会是谁的呢？

蔡兴宗想到的，沈庆之当然也想到了。作为刘宋王朝的军事统帅，沈庆之承受的压力相当大。刘子业动辄杀人，皇叔杀！御弟杀！王妃杀！驸马杀！大臣杀！侍从杀！

如果国家靠杀戮可以太平的话，皇帝也太容易做了吧，你行我行大家行！刘宋王朝像一座即将喷发的火山隆隆作响，他沈庆之如同在火山口觅食的一只羚羊，而刘子业像趴在上面懒洋洋打瞌睡、晒太阳的雄狮。

沈庆之警觉，借着帮助皇帝破获颜师伯谋反集团阴谋的契机，屡屡向刘子业进谏，劝皇帝和睦群臣，不要乱杀，更不要因为好色贻误军国大事。劝得多了，刘子业烦了，渐渐不满意。

人最怕仇人多，哪怕你是大得不能再大的官。沈庆之闭门谢客，他和皇帝牢牢拴在一起。皇帝一开杀戒，求情的人会挤满沈宅。你说帮不上忙，没有人会相信。人家会想，皇帝那么宠信你，分明是你不帮忙。

沈庆之抱病在家拒不见客，蔡兴宗常吃闭门羹。不过，毕竟是吏部尚书，组织部长，管人事的，很多事绕不开——亲戚要提拔吧，朋友要调动吧？

一天，沈庆之的亲信到吏部办事。蔡兴宗悄悄地说：“沈公闭门谢客，不过是想逃避无休止的请托办事罢了。我对沈公无所求，为什么拒绝不见？”

沈庆之一听，组织部长生气了，以后亲戚朋友升迁关照全指这位，不能得罪，便安排人把蔡兴宗请到家里来。

蔡兴宗毫不隐瞒来意，开门见山，张口就来：“主上近来的所作所为，已丧尽人伦天道。想改变他的德行，已经没有什么指望了。”

这种话说出来就是大逆不道，并且再也收不回去了。

蔡兴宗毫不避讳，没有停止的意思，滔滔不绝：“主上如今所忌惮的，唯有沈公一人。百姓所仰望的，也只有沈公您。沈公威名远播，天下所服。如今，朝野上下惶惶不可终日，人人自危。沈公如能首树义旗，谁不响应！如果犹豫不断，欲坐观成败，岂止是大祸将临，将来四海之人会唾骂沈公。我蒙沈公提拔，故为沈公着想，还望三思。”

蔡兴宗说得平静，沈庆之听得平静。苍头公活了八十岁，什么样的风浪没见过？刘劭叛乱，血溅宫城；刘义宣满江的楼船；刘诞铁打的广陵城，哪一次不是他亲自平叛，金戈所指，群贼授首。

如今蔡兴宗当面鼓动皇帝身边最亲信的大臣谋反，可谓胆量包天。谁知，这位万马千军、枪林箭雨中不肯皱眉的苍头公竟然长长叹了口气：“唉！我怎不知如今的忧患与危险，我保全不了自己，只想尽忠报国，始终如一罢了，一切听天由命。我年事已高，退职在家，不管事了。手中已无兵权，即使想干也不会成功！”

老狐狸已没有昔年五洲鼓动刘骏讨逆的锐气了。蔡兴宗不死心，详详细细道出心中的谋划：“当今心怀异志，想做大事的人，不是为了邀功赏富贵，只求脱离朝夕突来的死地。殿中将帅，唯听外间消息，不过缺个带头大哥罢了。若有人振臂一呼，俯仰可定。沈公带兵数十载，提拔起来的旧将多在禁宫和朝廷。沈攸之等人更是沈家子弟，怎么能不听您的！何况沈公门下皆是三吴勇士。殿中将军陆攸之，沈公的同乡，今奉朝廷之命东出讨贼，掌握物资调配，大有铠仗兵器，在青溪未发。沈公用他的物资武装将士，以陆攸之为前锋，杀入宫中。我自当率百官按前朝故事，另立贤君，天下事可立定！”

蔡兴宗见沈庆之不动声色，略带威胁道：“如今民间讹传皇帝所作所为，沈公全部参与。如沈公迟疑不决，若有人先举大事，沈公难免有附从之祸。如沈公不想动用甲兵，我听说主上经常到沈公府上，不带侍从直入阁内，喝得大醉，留的时间又长，这是万世难寻的好机会呀，机不可失！”

沈庆之听得浑身冒冷汗，这个蔡兴宗好歹毒，刺杀这种办法都想得出来，连连摇头：“君肺腑之言，我感激不尽。可是这样大的事情，不是我一人能做得了的。事到临头，只能怀抱忠贞，一死而已。”

并非只有蔡兴宗看到了沈家的危难，沈家自己人也看得出来。沈庆之的侄子沈文秀率部去青州上任前，劝沈庆之说：“主上狂妄暴虐，祸乱不久就会到来，而独我们一家受到宠信，人们会认为我们和他一条心。况且，主上喜怒、爱憎变化无常，残暴无情，实是无法预测的灾祸，进也难免，退也难免。不如，趁我手中有兵，另立新君。”

沈庆之不为所动，任凭沈文秀哭泣落泪。都说人越到老越怕死，沈庆之是害怕吗？一生戎马的苍头公不怕死，他准备用死来换取沈家的安宁。

刘子业诛杀何迈，沈庆之终于坐不住了，匆匆赶往宫廷劝谏。九曲青溪，碧波盈盈，溪水上的竹桥却不见了，难道桥会飞吗？

谁有那么大的胆量，敢拆除通往宫廷的桥梁？明摆着，皇帝不想见他。沈庆之喟然长叹，只得打道回府。

不久，一个数年不登门的亲戚来到沈家大宅。不是来串门拜客，也不是来请托办事，而是要命的。

大内侍卫沈攸之阴恻恻地站在苍头公身边，手中的托盘上放着一罐药，残忍地笑道：“叔叔，陛下听说您得了重病，特意派侄儿给您送药。”

沈庆之明白，这哪里是什么良药，分明是皇帝想要他的命，这个阴险残酷的侄子不过借机报复，同时脱开与沈家的关系。沈庆之后悔了，后悔不该出卖好朋友柳元景。钱财与生命哪一个重要？只有面对死神的时候才会醒悟。

南朝人信佛，佛教不准自杀，沈庆之怎么肯饮毒？沈攸之冷笑着，伸出瘦干结实的手掐住叔叔的脖子，将他死死摁倒在床上，抄过一床锦被包向脑袋……

可怜沈庆之八十高龄，战功卓著，三世老臣，一朝死于非命。沈攸之冷冷扫了一眼床上逐渐冷却的尸体，扭转身，若无其事地回宫复旨了。

沈庆之的长子沈文叔泪如雨下，想起江夏王刘义恭被活生生肢解的惨状，不寒而栗，咬着牙对弟弟沈文季道："我能死！你能跑！"说罢，饮药自尽。

说话间，皇帝派出抓捕沈家子弟的禁军包围了沈宅。沈文季悲痛欲绝，跨马舞刀，杀出府外。禁军中多有沈庆之的老部下，故意放开一条生路，任由沈文季冲杀出去。

细节决定成败。任何微小的变化也逃不过蔡兴宗锐利的眼睛。沈庆之死了，有一个人最害怕——领军将军王玄谟。

柳元景、沈庆之和王玄谟都是刘宋王朝的高级将领，北伐大将，三朝元老，大功臣。如今只剩王老伧，大街上好些人在传："王玄谟死了！"

官越大越怕死。王府大门紧闭，王玄谟忧虑恐惧，饭吃不下，觉睡不着，精神萎靡，度日如年。

蔡兴宗拜访王府，王玄谟手指大门，颤抖着说道："抓我的人来了，我的命完啦。"哪里还有当年封狼居胥的豪情壮志。

有些人官越大胆越大，有些人官越大胆越小。当蔡兴宗劝王玄谟发动政变时，王玄谟眼中的光亮一闪而过，喃喃道："这不是容易办得到的，但我决不会泄露蔡君的话。"

蔡兴宗不死心，又鼓动统领禁兵的右卫将军刘道隆。这次策反竟当着刘子业的面，刘道隆护卫皇帝夜间出游，蔡兴宗随驾。蔡兴宗一脸从容地对身边的禁军主管说："刘君，近来我们找个清闲的日子谈谈。"刘道隆反应机敏，一把掐住他的手，悄声道："蔡公勿多言！"

军委副主席、国防部长、中央警卫部队长官均无意发动军事政变，看来武装推翻刘子业的统治已无可能。山重水复疑无路，干高风险的事要由收益高的人去做，皇帝倒了，谁最有利，当然是皇族。

第十二章
狮狐王刘彧

马基雅维里说过：“君主必须像野兽一样行动，既要做狮子又要做狐狸。狮子能够抗击豺狼，狐狸能够识别陷阱。”刘子业是一头狮子，但不是一只狐狸。所以，他没能躲过敌人的阴谋诡计。他把皇叔湘东王刘彧看成一只“肥猪”关进笼里。然而，刘彧却是真正的狮子和狐狸的化身。

壹 湘东王

湘东王刘彧是刘义隆第十一子，时年26岁，身体肥胖圆滚。刘彧的肥胖症纯属富贵病，和饮食习惯不良有莫大关系。能吃不一定胖，但胖一定能吃。刘彧好吃，好吃不是毛病，人都好吃，可他暴饮暴食，尤其喜欢吃大鱼大肉。

南齐食神虞悰写过一部《食珍录》，里面记录若干美食方子，其中有刘彧发明的蜜鱼。刘彧最喜欢吃蜜渍鲢鮧，就是把鱼鳔、鱼肠用蜜渍成的酱。他一顿饭能吃十多斤。史书记载“一食数升”，一升大约3斤，不知我算得对不对。他还喜欢吃腊肉，这个大家懂，我也喜欢吃，可吃不了那么多，他一顿吃200多片腊肉。

刘彧胖而聪慧，“帝好读书，爱文义，在藩时撰江左以来文章志，又续卫瓘所注论语二卷。”他不仅喜欢读书，还亲自写书，撰写的《江左以来文章志》颇有名气。又曾经给《论语》作注，足见其传统文化的功底之高。依照藩王出镇地方的习惯，前废帝刘子业登基，刘彧任南豫州刺史，镇姑孰。

除掉辅政大臣的刘子业意识到手握地方兵权的皇族威胁，将各地藩王征调入京，便于监控管理。

中国帝制王朝的藩王之乱从汉高祖分封诸王便开始，八王之乱达到顶峰，封藩、削藩，周而复始。明朝皇帝封藩王不给兵权，用金银珠宝、园林田宅、美女佳肴腐蚀着诸王的肉体和灵魂。弊端也很明显，没有兵权的明朝诸王面对农民军和清军毫无抵抗能力。

刘宋王朝的诸王均有实权，尤其是管控大郡的王爷们。刘子业把皇叔们从各地召回京都建康，来了不准走。他将诸王关在殿内，殴打鞭笞任意欺辱。更有甚者将他们分别赶进竹笼里，刘子业不叫皇叔们的名字，只叫外号。

譬如呼湘东王刘彧为“猪王”，呼建安王刘休仁为“杀王”，呼山阳王刘休祐“贼王”，呼品行顽劣的东海王刘祎“驴王”。桂阳王刘休范、巴陵王刘休若年纪小暂被放过。更有甚者，刘子业差人找来猪槽，添上饭，加上杂食，搅拌均匀。在地上挖个坑，里面灌满泥巴、脏水。剥光皇叔的衣服，赤条条放进泥坑里用嘴吃槽子里的饭。“尝以木槽盛饭，并杂食搅之，掘地为坑，实以泥水，裸彧内坑中，使以口就槽食之，用以欢笑。”

如此羞辱叔父，刘子业没想让他们活着，一旦心情不高兴，就叫嚷着杀他们。刘彧、刘休祐横眉冷对，多亏刘休仁机智，自甘堕落，奉承阿谀，说好话，难为宋王朝的皇叔们耐得如此下贱。刘子业玩心大，别人一说好听的，马上高兴起来。前前后后十几次要杀人，每次都让刘休仁化解掉，“最开心的是过程，杀了就没得玩了。”

时间一长，皇叔们受不了了。刘休仁机灵，刘彧木讷，一句话说得刘子业不高兴。刘子业下令，将刘彧捆住手脚，用木棍抬着，气咻咻道：“今日屠猪！”刘休仁赔着笑道：“猪未应死！”刘子业愣了：“为什么呀？”刘休仁道：“待皇太子生，杀猪取肝肺！”

刘子业想想有道理，气慢慢消了，折腾一晚上，终于把刘彧放了。

刘休仁说的皇太子，并不是皇妃生儿子，而是少府刘蒙的小妾怀孕了。少府是掌管宫中御衣、宝货、珍膳等事务的官员。他的妻子怀孕干刘子业什么事。

有事，否则不能没出生即预定太子。刘子业性生活糜乱，喜欢群交，那是刘蒙小妾和他们一起乱搞时怀的孕。

似乎我们在说奇谈，其实没什么大惊小怪，刘子业不过是个坏小子而已，这些事很寻常。

刘蒙小妾果然生了个儿子，刘子业定为太子，大赦天下，“杀猪”的事忘到脑后去了。

遗忘是件坏事，谁也想不到，这位任人羞辱的湘东王会成为南朝的皇帝。高贵与下贱、美丽与丑陋，决非一成不变，如同那绚烂落日堕入漆黑夜色，刹那之间漫天红霞喷薄而出。

刘子业拿皇叔们取乐，对兄弟们更狠。他派使者赐江州刺史晋安王刘子勋毒药，原因有二：其一，他是孝武帝三子，刘骏以三子弑兄夺位，三子不祥；其二，何迈谋反所拥戴的便是刘子勋。

安乐死确实是个不错的主意，可人家要愿意。刘子业把事情想得过于简单，刘子勋固然只有十岁，可他不是寻常的孩子，他的身后有一大群各怀野心的人。因为刘骏二儿子刘子尚是刘子业的一母胞弟，且性情与皇帝哥哥相近，人们把希望寄托在刘子勋身上。

刘子勋不能死，他死了，希望会像江水泡沫般无情破灭。

圣使最先背叛皇帝，船行溢口不再进发，传出口风告诉江州人，皇帝要杀晋安王。王府亲信们着急了，找长史邓琬商议对策。邓琬笑了，笑得非常奇怪，他早在等这一天，从雍州刺史袁顗路过江州那天开始，足足等了两个月。

“昏君还想杀多少人？我不过是南土寒士，家中有一百口，够不够杀？诸君有多少？”邓琬仰望灰云密布的天空，“我邓琬蒙先帝厚恩，先帝爱子岂能命丧我手。我要杀的人是独夫民贼，是暴君！江州戒严，备战！”

刘子勋身披重铠，手持长剑，出现在众人面前。甲胄和长剑似乎与孩子格格不入，他的任务是站出来，仅此而已。江州沸腾，甲兵欢呼。

厚重的铠甲压着刘子勋单薄的身体，迷茫、恐惧、紧张得透不过气来，他咬着牙挺着，绝不能流出眼泪。邓琬尖锐的声音在耳边回响：“你不是孩子，是皇子，是全天下人的希望，是未来的皇帝。记住你的父皇，你要做的是，杀掉你的哥哥。”

贰 宫廷淫乱

江边的芦花风中摇曳，寒鸦飞上宫廷树梢，一座座宫殿慢慢消失在苍茫暮色中，唯有玉烛殿烛火通明。

刘子业没戴冠帽，梳丫髻、仅披着宽衫，袒胸露腹，表情异常兴奋，瞳孔发红，手里握着一条镶嵌着珠宝的精致马鞭，一边指点，一边沙哑地吼道："排好，排好。刘道隆，你说说，她们怎么样，王朝最高贵的女人都在这里。"

刘子业的话没有错，刘氏皇族的王妃和公主几乎全部到齐，衫、袄、裙、襦遍地，一丝不挂的女人排成一排。高贵的女人和卑贱的女人实际没有差别，只要把外衣和尊严剥落。

刘子业用马鞭挨个敲打着女人诱人的胸脯，"每个女人都不是阴冷的石头，不必用衫裙掩盖你们的欲望。朕知道你们喜欢，只是说不出口，有什么说不出口的，朕替你们找。人生一世，草木一秋。及时行乐，那是上天赐给人的权利。朕读了那么多书，这个道理还是懂的。你们是大宋的皇族，最尊贵的女人，朕的姑姑、姐妹、婶子，朕要替你们着想。看看那些人，朕从台军中千里挑一选的男儿，面首。"

英俊的军士们负手而立，女人赤裸的胴体挑动他们的欲望。那些赤条条的女人除了高贵的公主，便是王妃，搁在平时，多望一眼就是罪过。刘子业走到禁军将军刘道隆身侧，咯咯笑道："选好了吗？朕的将军，你是右卫将军，可要给朕带个头。"

刘道隆武将，是个粗人，经常犯低级错误，凤毛麟角的典故有他的笑料在里面。同事陈郡谢氏谢超宗文采斐然，有祖父谢灵运的风采。孝武帝刘骏大加赞赏，对人说："超宗殊有凤毛，灵运复出。"刘骏文人，说话有水平，谢超宗的父亲叫谢凤。刘骏说凤毛，语涉双关，既指凤凰的羽毛，又指其父的风度才华，并说谢超宗是祖父谢灵运复生。

恰巧刘道隆在座，留了心，下朝后匆匆赶往谢府，对谢超宗说："听说谢君有稀世珍宝，可否一观？"谢超宗摇脑袋，"悬磬之室，家徒四壁，有什么宝贝！"刘道隆神秘地道："别骗我了，今早皇上说了，你家有凤毛。"

谢超宗“呼”地从床上跳下来，光着脚丫子向里屋跑。刘道隆以为找凤毛去了，傻傻地等到太阳落山，不见人家出来，只得悻悻回家。

南北朝重家讳，不能当面提父祖的大名。桓玄听到“温”字痛哭流涕，人们说他有胸襟，换寻常人不是扭头离去，便破口大骂了。

刘子业为刘道隆挑选了一个与众不同的女人，那个女人是已故皇叔刘铄的王妃江氏。之所以选江氏，因为她衣着整齐，在赤裸的女人中显得鹤立鸡群，卓然不同。

“为什么不脱衣服？”刘子业凶暴地问，“你敢违背朕的旨意吗！”

江氏的脸变得铁青，一语不发，她有济阳江氏的贵气，有哥哥江湛的骨气，荒淫无耻的事情决不肯做。

刘子业冷笑道：“四叔追随逆贼造反，朕的色鬼父皇赏了全尸，对得起他了。你孤身十年，朕给你一次机会享受畅快的欢愉，如、为何不从？”

江氏冷冰冰道：“不知羞耻，皇族中出你这样的人，是王朝的悲哀。”

刘子业大笑：“羞耻才是罪恶。”

坚硬的马鞭挑起江氏光滑漂亮的下巴，刘子业盯着那张风韵犹存的脸，嘿嘿笑道：“看你不像没有男人滋润的女人，哦，朕明白了，喜欢你的儿子是吧？母亲总是男孩第一个贪恋的对象，朕的色鬼父皇就在太皇太后的怀里找到了慰藉。来人，把王妃的儿子们找来。”

南平王刘敬猷、庐陵王刘敬先、安南侯刘敬渊看到宫廷中的一幕淫荡丑剧后惊呆了，王妃公主们赤裸着，皇帝赤裸着，只有母亲保持着女性的矜持。

皇帝的声音像夜枭，“你们的母亲心里只有你们，你们让大家欣赏一下，在这里！”

刘氏兄弟一动不动，刘子业气急败坏，尖叫道：“难道你们不肯让大家获得快乐？谁不肯把谁的脑袋砍掉。”

死很简单，维护尊严而死伟大。看着儿子们一个个被斩首，江氏没有流泪。如果一个人连死都不怕，你拿她有什么办法。刘子业冲刘道隆吼道：“杀王的母亲怎么样？”

刘道隆再笨，也不想侮辱建安王母亲，但他更不想死。建安王刘休仁看着母亲受凌辱，竟然露出灿烂的笑容。

刘子业逼近江氏，残忍地道："女人都是高贵的女人，男人都是漂亮的面首，我想，没有人会感到不满意，除了你，也许换种方式会有快感。"鞭子重重落到江氏身体上……

大理石般的女人，大青石地面，母猫叫春般的呻吟，激烈疯狂的占有，痛苦、羞辱、欢快、呜咽、淫荡、美妙，每个人有自己奇怪的感觉。

叁 射鬼竹林堂

刘休仁悄悄地走了，自始至终保持着动人的笑意，直至见到湘东王刘彧，才露出狰狞的面容："陛下是疯子，可悲的疯子，我们要宰了他才行。"

刘彧肥胖的脸阴森森的，"钱蓝生负责监视，阮佃夫联络人手，不是鱼死就是网破。"

"要快啊，夜长梦多。湘中出天子，这话传到疯子那里，我怕哥哥的命危在旦夕。"刘彧肥胖的身子颤抖了一下，"既然上天注定我是天子，我怎么会死？"

蔡兴宗策划政变没有成功，阮佃夫可以吗？阮佃夫是个小人物，不过是刘彧的主衣，管理衣服杂物的心腹小官。刘子业养猪，使这些湘东王府的下人得以进入宫廷。阮佃夫与蔡兴宗不同，走下层，小人物路线，找到与他做着同样事的人，皇帝的主衣寿寂之。

杀人既难又简单。害怕杀人，那是因为杀人者不想死，如果将生死置之度外，白刀子进红刀子出，如此而已。唐雎说过这样一段话："夫专诸之刺王僚也，彗星袭月；聂政之刺韩傀也，白虹贯日；要离之刺庆忌也，苍鹰击于殿上。若士必怒，伏尸二人，流血五步，天下缟素。"

不要轻视小人物，历史也由小人物写成。寿寂之做了专诸，默默无闻的人顷刻间改变历史。

寿寂之负责皇帝衣物，照说是刘子业的心腹。对于身边工作的人，高级领导总会千挑万选，出身、朋友、经历、性格、好恶等等。聪明的领导对身边的人关照有加，甚至不吝赏赐，并非仅对端茶倒水、铺床叠被等辛劳的奖励，就为与己一条心。

三国的郭嘉评价小霸王孙策时说："策轻而无备，虽有百万之众，无异于独行中原也。若刺客伏起，一人之敌耳。以吾观之，必死于匹夫之手。”孙策神勇，武功盖世，结果遇刺身亡。明枪易躲，暗箭难防，亲近之人更是防不胜防。

刘子业对寿寂之的工作极不满意，常常恨得咬牙切齿。可能寿寂之挑选衣料眼光有限，也可能为人呆板，不善言谈。不满意下属可以调换，刘子业选择继续留用。

皇帝的凶暴让人恐惧，何况他讨厌的人。当阮佃夫找到寿寂之时，寿寂之一口答应。里里外外一个死，阮佃夫的背后有湘东王，如果杀掉皇帝，湘东王登基，非但不会死，反而官运亨通，这条命赌得值。

阮佃夫告诉寿寂之，已经联络到许多人，宦官朱幼、舍人戴明宝，禁军军官姜产之、王敬则、樊僧整等十多人。人越多越好，阮佃夫要拉更多的人入伙。寿寂之幽幽道：“你错了，机密的事情怎么能让太多人知道，密谋的人越少越好，足够了。”

阮佃夫惊讶地睁大眼睛，“有没有搞错，宗越、沈庆之、谭金、童太一和那帮残忍的禁军，哪一个是省油的灯。我们几个人如何能搞定？”

寿寂之冷冷道：“宗越又不是疯子的影子，总有离开的时候，你不能指望永远有机会。一次，一次足够。”

上天会给每一个人机会，平等的机会。

“湘中出天子”像一句神秘的谶语传遍宫廷，不用问，必是仇恨刘子业的人散播的谣言，唯恐天下乱得不够。皇叔刘彧是湘东王，自然难逃厄运。刘子业下诏，严密看管诸王，明晨屠王祭旗，兵发湘州，倒要看看长沙有什么厉害人物敢争天子。

平日与皇帝寸步不离的铁血虎将宗越等人外出整顿兵马，禁军队主樊僧整守卫华林园。樊僧整参与密谋，钱蓝生迅速将消息通报阮佃夫。

恰恰这一天晚上，刘子业要去华林园，因为华林园闹鬼，闹女鬼。平常人见了鬼唯恐躲之不及，刘子业不，他要把鬼收拾掉。

鬼是刘子业造出来的，原型是个宫女。刘子业喜欢宫女们赤身裸体聚在一起追逐打闹取乐，偏偏这个宫女有骨气，宁死不受辱，刘子业斩去她的脑袋。

晚上睡在竹林堂，朦胧之中梦见一个女人指着他骂：“你荒淫无耻、作恶多端，活不到明年麦熟。”刘子业气极，召集宫内的宫女挨个看，非要把梦中的女人找出来。梦里人哪里记得清，刘子业随便找个宫女拉出来杀掉。晚上又梦见那个女人，依旧大骂：“我在上帝那里告你了，你快死了。”

刘子业坐卧不安，找巫师占卜。巫师说，那不是人是鬼，竹林堂有鬼，杀人不管用，得杀鬼。

杀鬼有杀鬼的程序，立坛射杀，刘子业亲自操弓。

猪肝色的夜空，竹林中鬼影幢幢。心中有鬼，世间才有鬼。立坛只是仪式，巫师可以驱赶心中的恐惧。

刘子业没有带侍卫，身边跟了一群巫师和彩女。射杀根本不存在的幻想，无非是心理慰藉。几支画满符咒的箭离弦而出，刘子业的心境平和许多，接下来跳舞庆祝除鬼成功。

鬼不可怕，世间最可怕的是人。人可以吃植物，可以吃动物，甚至可以吃人。刘子业是只凶残的狮子，狮子照旧会死，因为世间还有一种更凶残的动物——人，聪明、会思考的人。

侍卫们退出华林园的时候，寿寂之怀藏短刀赶进园子，姜产之等人紧随其后。脚步咚咚，急促杂乱，禁宫中没有人敢这么走路。建安王刘休仁冷酷地一笑，对随从说道：“好戏开锣了，我们去看看。”

寿寂之抽出刀向皇帝扑去。刘子业见寿寂之穷凶极恶地冲过来，感觉事情不妙，拉弓射去。寿寂之不是鬼，想射死人，姿势、力道、角度、精确度均有较高的要求。

箭落空了，刘子业应该后悔平时没有加强练习。彩女、巫师们吓得四散奔走，刘子业弃弓而逃，口中大叫：“寂寂……寂寂……寂寂……”他可能想喊“寂之造反。”由于过于紧张，变成结巴，寿寂之以百米冲刺的速度追上去，一刀结果了刘子业的性命。

面对蜂拥而入的禁军，寿寂之坦然道：“湘东王受太皇太后令，除狂主，今已平定。”

没有人为皇帝复仇，也没有人欢呼。一切都结束了，就这么简单。恶果已种下，死亡是必然，只不过由一个衣服管理员圆满完成故事的结尾。

刘休仁狂奔到囚禁湘东王的秘书省，拜倒称臣，拉了刘彧直奔西堂，边跑边说："疯子死了，陛下赶紧登基，迟则生变。"

争分夺秒，刘彧的鞋子跑丢了，大汗淋漓，气喘吁吁地闯进西堂，几乎连滚带爬上了须弥宝座。刘彧手摁御座如在梦中。他是皇叔，即使皇帝身死，也无资格继承皇位，面对突如其来的幸福，汗流浃背，不知是冷汗还是热汗。

刘休仁大喊大叫，"主衣呢？快给陛下拿白纱帽来。"魏晋南北朝时期的皇帝便服戴白纱帽，没正式继位不能戴皇冠。

"备仪仗，召群臣，升殿！"

刘休仁挨个嘱咐，先召自己一边的大臣，再召刘子业的那些心腹将领。直到天光放亮，群臣才到齐。一切都是太皇太后的旨意，宣旨的侍从一口一个太皇太后，就是孝武帝刘骏的母亲路太后。刘彧和路惠男有渊源，刘彧自幼丧母，从小由路惠男养大。

刘彧满脸堆笑地安抚大臣们，甚至拉着刘子业亲信大将宗越的手，对四虎将笑眯眯地说道："卿等久在朝廷任职，太辛苦了，应该四处走走，国家兵马大郡任由诸位挑选。"

刘彧尽量保持宽宏大度，只把山阴公主刘楚玉和刘子业同母弟刘子尚处死，余者一律不予追究。渡过一年多放纵快乐的生活，山阴公主乐极生悲。她的生命虽然短促，但那两句讽言和谑语永留史册，足让华夏儿女汗颜。

新皇帝大赏群臣，禁军将领刘道隆升任中护军。建安王刘休仁一百个不满意，问候过母亲的人，有他无我，有我无他。刘道隆升中护军，他辞职不干。刘休仁拥立新君头功一件，怎么能不干？刘彧只得赐死刘道隆。

群臣松了一口气，精神病死了，生活照常，唯独宗越等四位倍受刘子业宠爱的将领心中惴惴不安。刘彧的笑，在他们眼里那是奸笑，兵马大郡任由选择，这话怎么听怎么不实在，给人一种先稳住再说的感觉。宗越、谭金、童太一密谋起兵造反，拉上沈攸之，他们是一条绳上的蚂蚱。

他们忘了，沈攸之的心有五窍。三颗人头正是见面礼，沈攸之官复原职，宗越等人脑袋搬家。

刘子业的尸体发霉，仍没人过问。蔡兴宗劝刘彧把旧皇帝下葬，不要给四方诸侯留下借口。

安葬不安葬已经无所谓了，天下诸侯决定起兵，因为在这场更换新君的盛宴中他们没有分到哪怕一丁点儿蛋糕。

最先起兵的晋安王刘子勋晋封车骑将军、开府仪同三司。脱离战争威胁的江州官员们欣喜异常，一起造访邓琬道："暴乱既除，殿下又开黄阁，于公于私都该好好庆祝一下。"邓琬冷笑着把文书扔到地上，给爱好和平的人们泼去一盆凉水："殿下当开端门，开黄门是我辈之事。"

一句话决定一个人的命运，决定成千上万人的命运，甚至决定国家的命运。年幼的刘子勋还得继续披着重甲为自己、为野心家们战斗。

刘子业时代，朝廷高官们相继任职地方避祸，不承想刘彧政变成功，留在南京的臣僚们个个扬眉吐气。一经邓琬鼓动，手握各地兵权的诸侯群起响应，雍州刺史袁顗、益州刺史萧惠开、冀州刺史崔道、青州刺史沈文秀、吴郡太守顾琛、吴兴太守王昙生、义兴太守刘延熙纷纷支持浔阳政权。他们的理由堂而皇之，徐州刺史薛安都的话掷地有声："我终不辜负孝武皇帝。"

皇位须由孝武帝的儿子继承，作为孝武帝十一弟的刘彧有什么资格做皇帝，更何况采取暗杀这种卑鄙无耻的行径夺取帝位。除了京都南京之外，各地均支持刘子勋，形势完全倾向于浔阳政权。

刘彧发起统战工作，派出说客招降游说。外交背后需要强权力量支持，否则无论多么动听的言辞必将苍白无力。薛安都对希望归附朝廷的人得意地道："京都无百里地，不论攻围取胜，自可拍手笑杀。"

公元464年十二月十九日，江州长史邓琬胁迫晋安王刘子勋传檄天下，起兵造反。仅仅十六天后，刘彧任命建安王刘休仁为大都督，80岁高龄的王玄谟为副都督，集合建康中央军数万人沿江南下，兵进江州平叛。

又过了一天，公元465年正月初七，邓琬诈称奉路太后玺书，率江州文武拥戴刘子勋继位浔阳。刘宋王朝出现两个皇帝，各地诸侯均支持浔阳政权。

不少地方官吏将领的家属亲戚居住京城，中央军中有大批叛军亲党，如同随时可以引爆的定时炸弹。内外交困，南京局势危如累卵。

刘彧倚仗的招牌路太后没有发出真正的玺书，但是感情上倾向于皇孙刘子勋。宫廷密谋千篇一律，路太后打算毒死刘彧，借生辰之际请皇帝赴宴。一杯淡淡的酒足以化解天下兵戈。可人类毕竟偷吃了禁果，上帝早已告诫人类，智慧是万恶之源。

刘彧举杯欲饮，侍从从后面悄悄拉扯衣襟。别看刘彧身体胖大，形动迟缓，反应却机灵敏捷，当即放下酒杯，笑着为太后祝寿，请太后饮酒。路惠男大惊失色，知道阴谋已泄，只得端起毒酒一饮而尽。当天，这位与儿子传出绯闻的太后魂归西天。

如何对待死去的太后，如何处理叛军家属，蔡兴宗一语中的，“如果将他们绳之以法，京都瞬间土崩瓦解，怎么办？四个字‘罪不相及’。”路太后得到安葬，平静地长眠地下。

众叛亲离，许多说客转而投向敌人。严峻，极度严峻。光明只有一座灯塔，四周无尽的黑暗。真的勇士敢于直面惨淡的人生，刘彧要拼搏，为保住来之不易的果实而拼搏。

刘彧唯一的底气是军队，南京的台军，刘宋王朝的中央军，以及那批经历过战火洗礼的平民军官们。他要感谢祖父，刘裕依靠平民将领缔造了一个新王朝，并把财富留给后代，军人的荣耀要靠战争取得。

中央军兵分两路，东西出击，吴喜、任农夫、王道隆、沈攸之、张兴世等军官像一根根火炬照亮漆黑的夜空，照亮江南大地。其中最亮的火炬当属张兴世，一位大器晚成的将领，他的命运和沙洲紧紧相连，在奔流不息、烟波浩渺的大江中驭剑独舞，十万楼船灰飞烟灭。

第十三章
功名起鹊洲

一个人一辈子只需做一件事，一件有价值的事，就可以名垂青史。张兴世，一个出身平凡、默默无闻的中级军官，吸引了刘宋王朝所有人的目光。军人的职责是作战，张兴世用灵光乍现的智慧诠释了何为“出奇制胜”。一招“天外飞仙”让他凌驾于同时代将领之上。《宋书》将他的传记排到第十，与北伐名将胡藩、刘康祖、垣护之并列，柳元景、沈庆之望尘莫及。张兴世用兵与东吴周瑜有异曲同工之妙，一辈子一件事，可惜世间没有第二个罗贯中。“乱石穿空，惊涛拍岸，卷起千堆雪”。三国周郎起于赤壁，而南北朝张兴世成名之处则是大江之中的茫茫沙洲。

壹 平凡

落霞如绮绚晴空，坐对天门欲下舂。
十里孤峰层汉碧，数村残照半江红。

——唐·皮日休《天门夕照》

张兴世有美丽的家乡，竟陵郡濒临沔水，江南人所称荆州楚人，沿江而居，无非捕鱼为业。沔水是长江支流，河面不宽，从襄阳到九江两千余里，江心从无洲屿。张兴世出生之日，门前的水中忽然堆积出一片沙洲，年年渐大。张兴世荣归故里之时，河面沙洲竟有十余顷大。张兴世与沙洲结下不解之缘，命运于冥冥之中或许早已注定。

张兴世本名张世，兴世是宋明帝刘彧改的，改名字有典故，我们暂且不谈。张世自幼家境贫寒，去给当地的大地主宗珍之为“客”。客比奴稍好些，奴是卖艺又卖身，客是卖艺不卖身，说白了就是打长工，“半夜鸡叫”中小宝的角色。不管宗珍之是不是周扒皮，反正少年张世生活艰苦、不如意。

没有高贵出身，在南朝是件很痛苦的事情，永无出人头地之日。刘裕时代改变了这一切，绛红的战袍，耀眼的戈矛，平民青年应征入伍、披挂上阵，只要足够勇猛无畏，不战死，三十岁可以当上将军。

张世出生第二年，刘裕代晋称帝，建立刘宋王朝。从某种意义上讲，张世属于王朝同龄人。刘宋王朝依靠北伐的赫赫战功取代百年晋朝，从那一刻起，王朝就没有停止过战争的脚步。

东晋南朝实行世兵制，祖祖辈辈都是兵。军官则从平民中挑选，刘裕因之成为北府军将领。渴望改变命运的张世毅然报名参军，给他安排的第一职务是竟陵郡参军督护。

能够从长工混到地方军官，主人宗珍之恐怕出力不少，算作对小张世从小做牛做马的报答吧。然而，张世拒绝了。他做军官的目的不是领工资混日子，而是立功、升迁。在那个动荡的岁月，机会无处不在。比如，时任荆州将领的王玄谟率兵伐蛮。

美国西部大开发时，牛仔们疯狂圈地，对当地土著印第安人大肆劫掠屠杀。南朝也一样，东晋、宋、齐、梁四朝都是北方人的政权，真正南方人的政权仅有陈朝一朝。王玄谟靠攻打蛮族部落发家，他的军功里面有张世的功劳。

张世遇到王玄谟时两手空空，没有任何身份，不是公务员，也非军官，又非士兵。王玄谟看中他的才干，张世以白衣身份入伍，做了一名临时工军官。

张世是竟陵人，对大洪山、汉水一带地形了如指掌，加之本身突出的军事才能，他指挥的小分队每战必胜，屡有擒获。伐蛮战争是为了抓奴隶，将领们之间比谁抓的南蛮多。令王玄谟将军惊奇的是，部下所有将领竟然统统比不上年轻的白衣军官。

战争任务出色完成，王玄谟依靠军功获得宋文帝刘义隆的赏识。众所周知，王玄谟力主北伐中原，属于刘宋王朝著名的鹰派人物。打仗需要人才，王玄谟极力在皇帝面前推荐张世，说他胆力过人，有勇有谋。于是，张世有了第一个军职，南中参军督护。

此参军非彼参军，和竟陵郡参军有云泥之别。南中是南中郎将的简称，南中郎将不是高官，但做此官的人非寻常人，他是刘义隆三皇子、武陵王刘骏。照说皇子不可能做这么低职的武官，中郎将四品。

刘骏原本为安北将军。元嘉第一次北伐，坐镇彭城的刘骏按诏派兵偷袭魏军屯粮地汝阳，先赢后输，贬为镇军将军。第二次北伐，魏主拓跋焘饮马长江北返，刘骏畏敌不敢拦截，再降北中郎将。后转任江州刺史，南中郎将，率兵伐蛮。张世打南蛮有心得，军功卓著，给皇子做参谋情理之中。有棵大树好乘凉，张世从此交上好运。

元嘉三十年（453 年），刘宋朝局突变，太子刘劭弑杀父皇，刘骏起兵讨逆。柳元景为主将，张世为前锋。新亭之战，讨逆军大败中央军。刘骏称帝，三十四岁的张世圆了将军梦，官拜员外将军。不过，这个将军只能算擦边球，员外意为编制之外另行设置，不在编的将军，是个少将，最低级别的。

不在编也是将军，享受将军待遇。对于平民出身的张世来说，聊以自慰吧。有本事的将军注定要在战火中展现自己的魅力。南郡王刘义宣与臧质谋反，王玄谟率军抵抗，带上老部下。梁山之战，张世再立战功。

南北朝讲究门第，士庶不通婚，不交往。有战功未必升迁，无战功照做高官。很多平民将领对门阀士族不满，趁战争之机打击报复。张世心眼好，为人实在。中央军打败荆州军，很多依附刘义宣的士族灰头土脸。

南蛮校尉张畅被刘义宣胁迫起兵，就是那个在彭城外百万军前舌战北魏名臣李孝伯的张畅。梁山兵败，乱军洗劫张畅，剥得精光，一条内裤不剩。张畅不知从哪里捡来一件破衣服裹身，望见中央军主将王玄谟的战车。张畅自视出身望族，不管身上又臭又脏，爬上人家的车子，和王玄谟挤在一处。王玄谟老大不高兴，你一个叛将，要注意自个儿的身份。南朝人注重风度，王玄谟当时不好说什么。等张畅下了车，将领们七嘴八舌，“宰了他，什么玩意儿。”

即使你是朝廷高官、门阀士族，和皇帝共过事，但现在你是叛军，管你是不是主犯？战争中杀个人算什么，王玄谟不吱声。众将心领神会，提着刀去杀张畅。幸亏张世用袍子盖住张畅，当板凳坐在身下，才逃过一劫。

好心人有好报。朝廷任命张世做皇弟建平王刘宏的参军，刘宏当年病死，转任皇子西平王刘子尚的直卫，禁卫队军官。刘骏拿张世做自己人，他的角色实际是负责保护皇子，监督皇弟。

张世犯了一回傻，随从皇子入宫见驾的时候，居然“弃仗游走”。卫队不带了，四处观光旅游去了。皇宫大内，禁地森严，是溜达的地方吗？好奇心既能成事，也能败事。等待他的结果是“下狱，免官”，革职查办。不过，幸运的是，张世很快出狱，仍然以“白衣”领“直卫”，继续当禁卫队军官。从编外定员变回临时工。很明显，张世的人品无人下绊子，刘骏顾念旧情。

没有战争，对于一身才华的军官来说，只能用两个字来形容——悲哀。军人的价值只能在战争中体现。又是八年，平平淡淡的八年。孝武帝刘骏临死时安排了张世的最终命运，回到离家乡不远的随郡任太守。老了，回家吧！

张世四十五岁了，大半生已过，如果不是刘彧夺位导致天下大乱，只能默默无闻地去做随郡太守，然后死去，谁也不会记得他的名字。

张世不甘心，磨磨蹭蹭没有上路，这一等，千帆竞发，万舸争流。

贰 最后的机遇

一座建康城对抗全天下，这场战争的结果不言自喻，瞎子也知道，刘彧完蛋了。世界之所以美妙，那是因为奇迹的存在。精于军事战略的毛泽东同志点评这场战争时，惊讶地感叹道：“这是一场奇迹。”

四个月结束战斗，十个月平定天下，对于一座城市对抗上百座城市的战争来说，当然是奇迹，一场真正的奇迹。要知道，战争不是赌球，而是赌命。没有人肯去作假，因为胜利就是生命，失败就是没命。

战争的第一要素是综合国力。建康有军队没有粮食，有现役军人没有预备役兵员。刘彧深深懂得这一点，如果想赢得这场战争的胜利，必须快。他反应之迅速完全不像他笨拙、肥胖的身体。

面对普天同叛的局面，刘彧中堂阅兵，尽发中央军四面出击，分兵平叛。山阳王刘休祐督刘动、吕安国诸军渡江北上，进攻合肥、寿阳；巴陵王刘休若督张永、萧道成诸军东下江东，直取义兴、吴郡。刘彧亲送大军出征，当着军士们的面做出担保，“父子兄弟罪不相及，无论多大罪过，朕决不追究”。

风雨飘摇的京都风平浪静，中央军将士们毫无顾虑地开赴战场。刘彧这一招令天下诸侯措手不及，谁也不曾想到建康的反应竟是如此之快。

分兵出击是兵家大忌，势分力散。清太祖努尔哈赤在萨尔浒战役中说过一句著名的格言，“凭你几路来，我只一路去”。那是专指快速移动的骑兵而言。南京城不能隐藏，步兵无法机动，只能用一个字来解决战斗，“快”！

兵贵神速。剑客对决，比的是谁的剑快。当然，很多将领喜欢后发制人，以逸待劳，像独孤九剑，专等你的破绽。可这需要条件，而建康没有粮食。

先发必有破绽，中央军仓促出动，准备不充分。江面舟舰云集，江岸甲兵如山，喧哗嘈杂，乱哄哄行进。指挥官决定战役的成败，最先出动的南讨大军迫切需要选拔水陆两军的先锋军官。

陆军先锋选用沈攸之，别看沈攸之心狠手毒、反复无常，朋友、叔叔都不放过，但领兵打仗真有一手。刘彧没有看走眼。不相统领，杂乱无章的十支部队构成的前锋军，在他手里号令统一，军容齐整。

然而，沈攸之任先锋官没几天，便被兖州刺史殷孝祖替换，因为殷孝祖是唯一一位支持朝廷的地方诸侯。他把妻子儿女抛在边关，率两千壮士入卫京都。作为勤王奖励，先锋之职不能再给别人，沈攸之只得做副手。

水军将领的选择，王玄谟推荐张世。对于张世的任用，刘彧大犯踌躇。并非张世军事经验不足，也非出身平凡，而是因为张世的名字过于娘。

只有二十五岁的刘彧，非常迷信，好鬼神，多忌讳，连平常言语文书之中有关祸败凶丧之类的字及与其相近的字均需回避，触犯了要杀头。有几个典故足见此人迷信的性格已经融入血液。

比如，把黑嘴黄马的“騧”字改为“马”边加“瓜”，因为“騧”字与“祸”字相似。他把南苑借给张永时说：“暂且借给你三百年，到期再说。”刘彧从来不说“百年”两个字，因为“百年”一般形容人死，所以他说“三百年”。

路太后的停尸漆床移往东宫安放，刘彧不知道，有事去东宫，不想一眼撞上，晦气之下勃然大怒，因此事受牵连而被杀者几十人。

另外，白色是不吉祥的颜色，需要避讳。建康城的正南门宣阳门俗称白门，白门不吉利，刘彧不喜欢听。大臣江谧有一次不经意间说了出来，平素温文尔雅的刘彧立时发怒，吼道：“白你家门！”

这样一个人，让他任用张世为前锋确实犯难，张世，张氏，怎么听怎么像个女人，女人能打仗吗？多晦气！架不住王玄谟极力推荐，又在用人之际，刘彧想出一个妙招，改名字！

张兴世！名字一改人都精神。张兴世，还别说，真有气魄。于是乎，水军先锋官变成张兴世。

中央军三路出击，只有南讨大军配有主力水军，因此张兴世成为水军主将，刘彧特意加封龙骧将军。龙骧将军之号出自江南童谣，“不畏岸上兽，但畏水中龙”。晋武帝司马炎伐吴，拜王濬为龙骧将军，领水军。前秦天王苻坚兵下江南，水军统帅姚苌也被封为龙骧将军。其年张兴世已四十七岁，他会成为刘彧所期待的那条令人畏惧的水中龙吗？

机会终于来临。军人渴望战争如同商人渴望金钱，张兴世兴奋异常。大江滚滚，浪花涌动，张兴世立身船头，指挥水军逆流而上，与大军共屯虎槛洲（今安徽繁昌东北的大江之中）。

浔阳方面对中央军的调动不知情，等回过味来的时候，刘彧的东征军都凯旋了。用时仅仅一个月，东征军连下国山、义兴、晋陵、吴郡、会稽诸城郡，生擒浔阳王刘子房及长史孔觊，平定江东。

江东如此之快搞定，固然是刘彧“快”字诀的战略方针起了作用，也与吴喜、任农夫、王道隆等将领的才干密不可分。吴喜本是一名主书，掌管书籍的文官，他率领一百羽林军配合东征军队一路势如破竹、风卷残云般连战连胜。东征成功，军队掉头西行，支援南讨大军，天下叛军先输一阵。

浔阳方面紧张起来，先锋孙冲之的一万军队顺流而下，抵达赭圻（繁昌获港镇）。二路军主将陶亮率两万人随后进发，行进途中突然获悉刘休仁率中央军主力驻扎虎槛洲，而前锋大将竟然是刘宋王朝赫赫大名的勇将殷孝祖。陶亮为人胆怯，把军队屯扎鹊洲观望。

古时长江江面宽阔，沙洲众多。鹊洲是长江中的一片沙洲，面积广大，在今安徽铜陵至繁昌段长江中。鹊头为铜陵西南鹊头山，鹊尾为繁昌东北三山，皆为江流险要之处。

中央军的开局不算美妙。先锋殷孝祖勇敢且傲慢，每次打仗冲杀在前，鼓盖相随。冲锋带着仪仗队，撑着云盖，敲打战鼓，向敌军示威，向我军炫耀，生怕人们不知道他是殷孝祖。《孙子兵法》中讲“必死，可杀也”。将士们对殷孝祖的弱点看得清清楚楚，为其命运担忧。“如果敌人找十几个神射手，一起发射，殷将军想不死，都不可能”。

将士们的担忧成为现实。殷孝祖指挥军队攻打赭圻岭，陶亮发兵支援。中央军大都督刘休仁派将军江方兴增援，双方展开激战，敌军射杀殷孝祖。

前锋军团群龙无首，军官们支持沈攸之做临时统领。沈攸之一路军副将，江方兴二路军主将，论职务，论军衔，论资历，两人差不多。最重要的一条，江方兴参加了东征军，刚刚从东线回来。东线大捷，江方兴有功，怎么能屈尊沈攸之之下呢。

紧急关口，沈攸之表现得非常大度，主动带众将去见江方兴，推荐江方兴代理前锋统帅，自己心甘情愿做配角。沈攸之为人做事，极有目的性，知道孰轻孰重，不会像某些人大敌当前仍在钩心斗角，争名夺利。

江方兴大喜，中央军团结一致，人心稳定，总算稳住阵脚。随后，发起反击，反败为胜。

浔阳军退守姥山，修筑防线，在巢湖口、白湖口建立水寨，水陆互为犄角之势，共守赭圻，中央军的攻势顿时停滞。恰在此时，张兴世指挥水军闪击巢湖口、白湖口的两座水寨，一举攻克。水战打响了，浔阳军水军主将陈庆进攻张兴世，有意思的是，两位将领均号龙骧将军。真龙假龙，凭本事说话。张兴世大败浔阳水军，投水而死者数千人。

浔阳军防线立时崩溃，陶亮急召孙冲之退兵鹊尾，防卫浓湖。赭圻留下薛常宝防守，成为一座孤城，被中央军团团围住。

叁 奇袭钱溪

浔阳主力军赶到鹊尾，铁骑两千，步兵三万，会合陶亮、孙冲之所部，水陆十多万军队封锁了大江。浔阳军主帅刘胡是个厉害角色，和张兴世一样，也是在伐蛮战争中书写了传奇。此人天生一张大黑脸，起名黝胡，黝黑得像胡须一样。长大之后，嫌黝胡拗口，单名胡。打南蛮，凶狠无比，成为野兽的代名词。小蛮子哭，大蛮吓唬："刘胡来了！"

刘胡到达之后，第一任务便是接济赭圻粮食。浔阳军畏于张兴世水军的勇猛，不敢强攻张兴世。刘胡想出一招妙计，把米袋绑在浮排或船舱上，伪装翻船，船底朝天顺流而下，为赭圻城送米。

论起奸诈，刘胡比不过沈攸之。沈攸之站在江岸那么一瞧，小把戏，沉船吃水会那么深吗？派出船队检查，获取了一批大米。赭圻继续忍饥挨饿，中央军白米饭倒吃得滋润。刘胡没有得手，不死心，亲率一万步兵，趁着夜色，凿山开道，另辟一条小路送米。刘胡实在不走运，天光放亮，离赭圻城只隔一条小沟，差那么一点点便入城了。沈攸之得到探报，挥军杀来。浔阳军大败，刘胡受伤，丢粮弃甲而逃。

赭圻再坚固，没有粮食白搭，薛常宝开城突围。城池落入中央军手中，刘休仁的大本营移到赭圻城。

两军相峙近两个月，邓琬见战事久拖不决，继续增兵。雍州刺史袁顗率千艘楼船、二万襄阳兵抵达浓湖，浔阳军总兵力达到十五万。中央军十万。近三十万大军、数以千计的大小战船遮蔽大江，对峙于鹊尾。

浔阳军兵力占优，刘胡每每到袁顗帐中议事，提议发动进攻。袁顗不置可否，态度冷淡。他倒不是对刘胡有意见，东晋南朝士族瞧不起武人。袁顗虽为一军主帅，但从来不着戎装，从来不谈战事，从来不和将领们交流，除了吟诗就是作赋。刘胡恨得牙根痒痒，你不打仗跑这儿干什么，索性再不提进攻的事儿。

刘胡军中缺米，后方补给未到，刘胡向袁顗借粮。这本是很正常的事，又不是有借无还。谁知袁顗晃荡着脑袋，答非所问："我在建康还有两处住宅没有完工，正是用钱的时候。”刘胡鼻子都气歪了，心道：“你家修房子关军粮什么事，仗打败了，还修什么破房子！”

刘胡没明白袁颢的想法，他已算准敌人的底细，潜伏的特务早已汇报：“建康米贵，斗到数百。”京都现在斗米斗金说明什么？说明中央军无粮。没粮食打什么仗，只要我们再坚持一会儿，敌人不攻自破。他瞧不起刘胡这种只知打打杀杀、不懂运筹帷幄的粗人。袁颢不失士族名士的派头，不直说，拐弯抹角说两句，自个想去吧。他的话寓意深刻，第一，米很值钱；第二，中央军马上要完了；第三，等着吧。

浔阳军可以等，中央军不能等。天下胜负在此一战，打败刘胡，攻入荆州杀死刘子勋，各地的叛乱自然烟消云散。形势之严峻，中央军将领们心中有数。进攻，没有必胜的把握；相持，敌军粮草充足，己方没有足够多的粮食。

《孙子兵法》说：“饱能饥之。”出奇制胜在于想敌人所想不到。你不是吃得很饱吗？我有办法让你挨饿。张兴世提出一个极其大胆的军事计划：进据钱溪！

“贼据上流，兵强地胜。我军相持有余，但想剿灭他们力量还不足。若出奇兵数千潜入叛军背后，依险筑城，伺机发动进攻，则叛军首尾难顾，进退两难。我军切断中游，叛军粮运自会艰难，这是制敌奇策。我已经选好一处地方，钱溪！那一带江面狭窄，离我大军不远。江中有洄、袱漩涡，船只经过必须紧靠岸行，又有横浦可以隐蔽船只。千人守险，万人不能过，冲要之地，莫出于此。”

钱溪在哪里呢？在今安徽铜陵上游。就是说，插入敌军后方，截断敌军粮道。因为浔阳军的补给线多是经钱溪的长江水路。这一招与官渡战中曹操火烧袁绍乌巢屯粮相似，却更加狠毒，直接掐断你的粮道。

战术非常之美妙，可问题的关键在于，如何去？如何守？

七月的大江，云蒸霞蔚，张兴世与沈攸之并肩站立船头，遥望浓湖那一座接一座的水寨，以及填满长江的楼船。沈攸之目光中流动着异样的光彩：“穿过去，站住脚，伺机而动，你有把握吗？我和吴喜在大都督面前为你打了包票，大都督本想让你过江支援北路军，我拦了下来。毕其功于一役，就在钱溪。”

张兴世目光坚毅，打仗要冒险，前路难料。运筹帷幄，决胜千里，谋士们可以这样夸耀，真刀实枪全靠将士们。诸葛孔明料事如神，六出祁山无功而返，足见战争难以预测。如果稍有闪失，中途被歼灭，中央军士气必然低落，这场战争的结果不难推测。

敌军水寨连绵十余里，不容船队越过敌营，怕早被包了馄饨。张兴世拿定主意，要不费一兵一卒安全穿越敌人控制的江面。

张兴世率七千名战士，乘两百条快船溯江而上，进逼浔阳军水寨。等到敌人发觉，便率军迅速撤退。翌日，张兴世再次率军接近敌营，再次退却。

接到中央军莫名其妙举动的报告，浔阳军将领们纷纷猜测张兴世所部的意图。刘胡笑了，“意图嘛，很明显，张兴世有袭取浔阳之意，想抄我们的大本营。我刘胡兵力占优，尚不敢越过他们去取建康。张兴世何人，居然妄想据我上流。”

遭人轻视有时是件好事。韬光养晦、卧薪尝胆就为让对手轻视。不晓得如果张兴世换成韩信，刘胡是否还敢发出此等狂言。

张兴世接二连三进而复退，浔阳军以为常事，放松警惕。第三日午夜，张兴世再次率船队逼近敌军水寨。浔阳军船桅杆顶上的瞭望哨看了看，又倒下睡觉去了。

江面东风正急，船队到达敌军控制的水域，突然扯起长帆，顺风破浪，一条条轻舸像离弦的箭，穿越巢湖口、白水口、鹊尾，直奔钱溪而去。

如果罗贯中在此，又能大加描绘一翻借东风的翻版。不知赭圻可有南屏山？张兴世是否在大都督面前立下军令状，仙衣鹤氅求来一夜大风。其实，作为一名将领若不知气象变化，或者说得不到天气情报，只能说庸将一个。起个风还要借，孔明先生太小瞧周都督了。

整个浔阳军让张兴世耍了猴，刘胡如梦方醒，这个张兴世要搞大动静。刘胡急令部将胡灵秀率船队沿岸尾随追赶。

两支船队划龙舟比赛，胡灵秀正追得兴起，发现张兴世突然在离钱溪不远的景江浦停了下来，摆出一副决战的架势。胡灵秀到现在也没明白张兴世真实的意图，他奉命监视，没有友军支援，无必胜把握。所以，胡灵秀停军不前，两军静悄悄对峙。不料，张兴世早已下令部将另率七十条船进入钱溪，抢立水寨。等到水寨完工，张兴世掉头率船队驶入营寨，把目瞪口呆的胡灵秀扔在景江浦。

肆 解甲浓湖

刘胡终于明白张兴世的真实意图，他并非攻打浔阳，而是要断自己的粮道。佩服，佩服，算你狠！刘胡大吼一声，集合手下精兵二十六支军队，水陆并进，扑向钱溪。

刘胡自恃勇猛无敌。但是，在大江之中遇上张兴世，好比黑旋风遇到浪里白条，有本事使不出。张兴世算准敌人会玩命反击，才会选择钱溪下寨。钱溪江岸狭窄，水流湍急，奔腾的江水形成巨大漩涡。

浔阳军舟舰众多，一股脑儿冲上去，前锋战船旋入水涡之中，拥挤堵塞，一时乱了阵形。张兴世趁机派勇将寿寂之、任农夫打头阵发起冲锋。处于混乱状态的浔阳军遭遇袭击，纷纷后退，编队更加混乱，后面的船舰无法接应。浔阳军大败，刘胡退回浓湖。

吸取教训，扬长避短。刘胡弃船登岸，率一千骑兵、两万步兵由旱路进攻钱溪。没有漩涡保护，你张兴世还有什么招？

中央军察觉到敌军的军事调动，知道张兴世得手。为缓解钱溪压力，沈攸之、吴喜率军乘皮划艇猛攻浓湖守军。沈攸之打得越狠，对张兴世支援越大。果然，整日吟诗作赋的袁顗抵挡不住中央军进攻，急召刘胡回军。刘胡大骂袁顗饭桶，但他知道浓湖丢失，大家一块完蛋，只得回军救援。

仗根本没打，可是刘胡却敲着得胜鼓回到浓湖大营，边敲边喊："钱溪平定，全歼敌军。"正在冲锋的中央军将领们大惊失色，有人提议撤退。沈攸之嘿嘿冷笑道："慌什么，不过是敌人的心理战，如果张兴世兵败，七千人至少该有几个逃回来才对。"

沈攸之镇定自若，指挥船队顶住刘胡反攻。钱溪捷报传来，附带战利品——割下的敌人耳鼻。沈攸之把战利品当作礼物送给敌人。一支支雕翎箭穿着浔阳军的耳朵、鼻子钉在船板之上。刘胡闭上嘴，沈攸之得意扬扬地划着皮艇回营去了。

一夜之间形势反了过来。中央军粮少，但能坚持一段时间，浔阳军粮多，却吃不上。从浔阳过来运粮送米的船队只能远远呆望着钱溪水寨，那样子好可怜。

作为一军主将，不能眼睁睁看着部下饿死。一筹莫展的刘胡强打精神再次聚齐四百条战船向钱溪进发。行到半路，刘胡站在船板上，恶狠狠踢着桅杆，“我刘胡从小山野长大，擅长陆战，从来没打过水战。陆战几万人一起搏杀，我横冲直撞，无人能挡。水战只能站在一条三十人的破船上，每条船各自为战，互不关联，让我怎么指挥。这些天在船上颠来簸去，得了疟疾拉肚子，我总算知道曹阿瞒为什么输给小周郎。拉肚子能打仗吗？”

刘胡装起病来。他不会打水战，当然要水军将领去打，拨出三百条战船交给龙骧将军陈庆继续前进，做出指示：“张兴世，我太熟悉了。你不用攻击他就跑了。”

人家千辛万苦来到钱溪，怎么会跑？主将胆怯，部下更胆怯。陈庆是张兴世的手下败将，也不敢打，靠近钱溪扎下水寨，派部将王起率一百条船进攻。结果可想而知，王起大败。刘胡听到消息，带着一百条船回到浓湖，振振有词地向袁顗汇报战果：“张兴世营寨已经扎稳，很难进攻。昨天小败一仗，不过没关系，陈庆和上游诸军将敌营包围，不足为虑。”袁顗这个气，不敢打说不敢打，真能找理由。粮食运不过来，包围管个屁用。

浔阳军运粮队强突钱溪，结果三十万斛粮食成了张兴世的军粮。钱溪水寨七千勇士在十多万敌军重重包围之中屹立不倒，张兴世的大旗始终飘扬在钱溪的水面。袁顗哀叹道：“敌人已入肝脏，我们岂有活命。”

形势万分紧张，浔阳军一片恐慌。刘胡再次来到袁顗大帐，豪气冲天地发誓：“把军中的马匹配给我，我率两万步骑与张兴世决一死战！”

袁顗如同溺水者抓住最后一根救命稻草，忙不迭地点头答应。马骑走了，人再也没回来，刘胡和两万军队一去不回头。半夜，睡在被窝里的袁顗才得知刘胡逃跑的消息，一骨碌爬起来，咬着牙道：“我被这小子害惨啦！”拉过心爱的千里马“飞燕”，纵身而上，大叫道：“我去把那小子追回来！”

事到如今，聪明人都不会回来，袁颉当然没回来，只留下浓湖十万大军。士兵们没有马只能投降。大都督刘休仁趾高气扬地接收降兵降将。对于双方士兵来说，这是最好的结局。大势已去，投子认输，中盘告负，抵抗下去，只有无谓的流血。

逃是逃不掉的，刘胡、袁颉的命运无非死亡。浔阳政权转瞬间土崩瓦解，十一岁的刘子勋和长史邓琬人头落地。中央军兵入浔阳、江陵和襄阳。各地诸侯纷纷上表请降，眼见天下太平。

如此大规模的内战以这种方式结束，真是不幸中的大幸。这场奇迹的主角是张兴世。一剑西来，天外飞仙。张兴世用那神来一剑，御剑凌波，孤舟闯营，纵横于十余万大军之间。十万战士齐解甲，一战天下定。

平叛之战异常顺利地结束，后来发生了一起小小失误。这个小失误缘自宋明帝刘彧的自负与得意，他只不过自大了那么一点点，而这一点点改变了南北朝的格局。在南北对抗中，南朝走上了下坡路，即使中途偶尔回头，也没有改变下坡的命运。

伍 北疆有雪

宋明帝刘彧一生最懊悔之事，便是那场雪中大战。

风雪肆虐，鹅毛般的雪花弥漫天地，山川、河流、田野一片灰蒙蒙。

取得浓湖大捷的五万宋军在沈攸之和张永指挥下，乘坐战船由泗水北上，兵进彭城，迎接归降的徐州刺史薛安都。令他们大为惊讶的是，彭城出现了大批魏国的铁甲骑兵。蔡兴宗的预言成为现实：“如果朝廷派重兵去北疆，薛安都必将叛乱，投降魏国。”

蔡兴宗此时是刘彧最器重的谋主，平叛之战中提出的“镇之以静、罪不相及”的政治决策成为定海神针。被巨大胜利冲昏头脑的刘彧执意要派五万甲兵北上，向淮北宣示赫赫武功。蔡兴宗百般劝阻，薛安都已经投降，这不是逼人造反吗？哪里有用五万军队受降的道理。狗急了要跳墙，一旦薛安都投降魏国，后患不浅。那么多叛乱诸侯均已赦免，难道差一个薛安都？

刘彧不听，傲然道：“诸军猛锐，何往不克！”他永远记得薛安都说的那句话，“无论攻围取胜，自可拍手笑杀”。他倒要看看薛安都如何拍手如何笑。

薛安都是一员虎将，元嘉北伐立过战功。他与北魏帝国联手的威力不亚于一颗原子弹，刘宋王朝的疆域大大缩小了。

当宋军对彭城发起攻击时，发现北魏军队已经入城。时值寒冬，风雪交加。江南人乍到北方，不适应严寒的冬季，大批大批的士兵冻死，冻掉手指脚趾的不计其数。宋军再坚持下去，只有全军覆灭。沈攸之与张永决定放弃攻城，趁着夜色遁逃。泗水河冰封，船只无法移动，宋军弃船步行而逃。

天明，薛安都与北魏大将尉元夹击宋军，鲜卑铁甲骑兵反复冲击宋兵单薄的身体。没有手指脚趾如何作战，宋兵死者数以万计，枕尸六十余里。沈攸之与张永独身逃回，淮北四州丢失。

刘宋王朝与北魏帝国的“淮海战役”以南朝惨败结束。刘彧得到败讯，对蔡兴宗哀叹道:“我太对不起你啦！”刘彧一时骄傲犯下的错误，最对不起的并非蔡兴宗，而是山东百姓。

徐州失守，刘宋王朝失去了陆路与山东地区的联系，北魏名将慕容白曜进入山东，连拔四城。山东告急，刘彧急令沈攸之攻打彭城，打开通道。沈攸之以清河、泗水干涸，无法行船、粮运不济为理由，拒绝出兵。使者往返七次，刘彧大怒，严令沈攸之北进，若再不进，临阵换将。沈攸之无奈之下领兵北伐，没有水军掩护的宋军大败而归。

慕容白曜屡战屡胜，长驱直入，山东守将沈文秀坚守最后一座城市东阳（今山东青州市）。将士们昼夜苦战，甲胄生虮虱，无人叛逃，三年不见朝廷援兵，粮尽城破。

至此，山东全境、淮北四州、淮西九州尽落鲜卑人之手，魏国边境划至淮河。

用“内战内行，外战外行”来形容刘彧一点不过分。刘彧把外部事务搞砸了，便集中精力处理内务。一个又一个的亲王和大臣死在毒药之下，他用毒的手段不亚于西毒欧阳锋。

陆 湘宫寺

刘彧非凶狠暴戾之人，生得白白胖胖、眉目慈善，喜欢读书，爱好文学，写就一笔好字，是位风度儒雅的书生。好佛，性情温和，不轻易动怒。

佛教自汉代传入中土，在南北朝达到一个鼎盛期。中国禅宗始祖菩提达摩自天竺来到江南，一苇渡江而至嵩山少林寺，便发生在南朝梁武帝时期。在此之前，大江南北，塔寺林立，佛教已是相当昌盛。

当时的中国存在三种文明，中华文明（中国传统文化）、佛教文明和游牧文明（鲜卑本部文化）。佛教广泛参与到政治中，佛图澄、释道安、鸠摩罗什、慧远、昙曜，甚至包括支妙音，均可谓帝师。文明冲突导致太武灭佛，而文成帝拓跋濬一上台就着手修建云冈石窟，佛教在北方复兴。献文帝放弃帝位做太上皇帝，所居住的鹿野浮屠甚至堪比天竺的佛教圣地。佛教之所以未能像西欧的基督教那样拥有至高无上的权力，成为中国的主流意识形态，与汉化有关，这个后文再谈。

与北方鹿野浮屠交相辉映的是南朝的湘宫寺。它是刘彧出资在故第湘东王府基础上修建的，极为壮丽。王宫改成寺院，足见此人心之虔诚。佛家讲造浮屠有功德，就是建宝塔。有句俗话“救人一命胜造七级浮屠”，刘彧想建造十级浮屠。可能当时建筑技术达不到要求，分开来建了两座五级宝塔。刘彧很得意，引以为荣。

有一次，新安太守巢尚之回京述职，刘彧问道：“你去过湘宫寺吗？那可是我的大功德啊，用钱不少。”

巢尚之还没回话呢，散骑侍郎虞愿接了一句嘴，“那都是老百姓卖儿卖女的钱建的。若佛祖有灵，当慈悲为怀、悲伤叹息。罪恶高过浮屠，何功德之有！”在座的人脸色“唰”地全变了。刘彧大怒，喝令左右将其赶出去。虞愿慢慢腾腾、从从容容踱出殿外。

刘彧喜欢围棋，棋艺不高，可以用“拙劣”来形容，纯属一票友。南北朝围棋风行，高手如云。越是高手，刘彧越喜欢和他下。一次，与国手王抗下棋。王抗厉害，那是刘宋王朝围棋“第一品”。刘彧几品呢？平心而论，没品。大家怎么也得奉承一下，共议“第三品”。我们现在讲段，“第三品”大体相当于“七段”。

两人下，王抗让棋。刘彧飞一手，王抗说：“皇帝您这一飞，臣都不知道该怎么应啦！”刘彧不晓得人家让，还以为自个儿蛮厉害，对围棋越来越好，爱不释手。虞愿又插一嘴：“这是尧哄儿子丹朱玩的小把戏，不是人主所应该嗜好的。”刘彧当时怒不可遏，涨红了脸，气昏了头，也没把虞愿怎么样。

如果刘彧杀人成性，是个暴君，给虞愿一百个胆他也不敢这么嚣张。这样一个人，让他去残害兄弟、屠杀大臣，似乎说不过去，偏偏铁证如山。

他杀十三弟晋平王刘休祐极其无情。平叛时，刘休祐指挥北路军立过功，战争结束任荆州刺史，在任残酷剥削，不是个好官。刘彧借围猎之机，趁他独骑追逐野鸡，派出寿寂之等武士在林间野外群殴将其打死，谎称坠马而死。

十二弟建安王刘休仁好几次帮他逃过疯子皇帝刘子业的迫害，救过他的命。又是第一时间拥戴他称帝，指挥南讨军取得浓湖大捷。两人从小最要好，光着屁股玩大，刘彧仍然将其赐死。

毒药成了刘彧的武器，八哥刘祎、十九弟刘休若、国舅王景文、大将吴喜均未逃过一杯鸩酒。

刘彧为什么这么做？从他的话中我们不难看出答案。刘休仁死后，刘彧常因思念而哭泣：“我与建安王年龄相近，少时友好亲善，除暴君平叛乱，建安王功劳卓著。只因事计交切，不得不相除，痛念之至，不能自已。”他对将领们解释为何杀吴喜时说：“吴喜有大功，然为人狡诈，虽有前功但有后患。我这样做，不是忘其功劳，而是势不由己。”

刘休仁功高不赏，吴喜生性狡诈。“势不由己，事计交切”是指什么？当然是指他快要死了，太子年幼，根本驾驭不了这些人。

刘彧身体不好，三十出头就经常闹病，他所做的一切全是为了太子刘昱，为了顺利完成政权交替。

刘彧的病纯属富贵病，和饮食习惯不良有很大关系。

懂医学的朋友知道，人的胃肠消化功能有限度。鱼肉荤腥吃得过多，脂肪和糖摄取过多，会造成消化不良，加重胃肠肝肾的负担。长期下去，会得各种各样的富贵病，如肥胖症、胆结石、胃肠病、糖尿病、动脉硬化、冠心病等。一种病不可怕，但并发症厉害。古代医疗条件不佳，即使你是皇帝，治不了还是治不了。难怪刘彧那么胖，刘子业叫他“猪王”。这不是成心找死吗？

对！撑死了，三十四岁，这不倒霉吗？放着好好的皇帝不做，纯吃饱撑的。

幼儿园有个口号，“一切为了孩子，为了孩子的一切”。自知不久于人世的刘彧昧着良心杀人，杀完了伤心地流泪，全都是为了他那个不争气的孩子。可怜天下父母心。

第十四章
苍梧王

“仙凡有路，全凭着足底一双凫，翱翔天地，放浪江湖。东方丹丘西太华，朝游北海暮苍梧。”苍梧是个好地方，因为它在天边云外。后废帝刘昱死后贬为苍梧王，这位十五岁的小皇帝自称李统李将军，恣意任情、游戏尘世，被历史学家斥责为“荒唐”。玩鹰走马、杀人随意、穷凶极恶，比之堂兄刘子业毫不逊色。

刘昱是刘彧的儿子，怎么父亲和儿子的名字一个音啊？刘宋王朝的开国皇帝也叫刘裕。南北朝汉字读音和现代有区别，否则不可能祖父、自己和儿子同音。刘彧为儿子机关算尽，辛苦一场，可儿子未必是亲生儿子。人们流传刘昱的父亲叫李道儿，刘昱曾自称“李统李将军”。这话又从何说起呢，说来话长。

壹 皇后与皇妃

刘昱并非皇后所生，刘彧的皇后王贞凤只生过两位公主。王贞凤出身名门，琅琊王氏，不过非王导直系。提到王贞凤，我们要讲个小故事。

后宫聚会，皇妃、公主、诸王妃到齐。玩到尽兴时女人们褪去裙裳，赤裸嬉笑取乐。王皇后以扇遮面，不看不笑，一语不发。刘彧大为不满，怒道：“你娘家向来小家子气、寒酸，今天大家玩得如此高兴，你不参与倒也罢了，为何不看？”王皇后回答道：“娱乐的方式有好多种，哪有姑姑、姐妹们聚集一起裸体取乐的？我娘家的人在一起欢笑开心从不这样。”刘彧瞪了她两眼，努着嘴道：“去！去！一边待着去，别耽误大伙的情趣。”

大家可能觉得刘彧真是个另类，姑嫂姐妹弄一块脱光衣服玩多难为情。其实，在那个时代，王贞凤才是个另类。姑且不说刘骏、刘子业、刘彧他们，大名士谢安那么怕老婆的一个人，还“携妓东土山”，出出入入歌妓成群。王贞凤在人性放纵的南北朝时期能够保持传统文化道德难能可贵，连王家的人事后都赞叹不已。

有些人不懂南北朝社会风气，只会指责什么刘裕家族血液不好，一窝禽兽，再指责北朝高欢家族一窝禽兽。怎么不说前秦皇帝苻生领着大臣们看性表演啊，没那么多禽兽，研究历史不能迷信前人观点。南宋之后理学盛行，历代道德精英们把南北朝埋藏得太深了。

南朝个性放纵的风气远超当今西方社会。南朝和商代的“酒池肉林”不同，商代那是原始习俗，南朝是现代情调。

太子刘昱的亲生母亲叫陈妙登，刘彧的妃子。陈妙登出身贫贱，父亲是屠户，可以说她有三个老公。

陈妙登从灰姑娘变成公主缘自一次偶遇，白马王子是孝武帝刘骏。陈妙登家住南京郊外。家境贫穷，住不起青砖大瓦房，两三间茅草屋紧依着官道。孝武帝出巡，一眼瞅见道边的破屋，对陪同官员说：“御道边怎么能有草屋，影响我大宋盛世形象。”转念一想，又道：“可能这家人太穷盖不起，我出三万钱，让他家盖新房。”

官员拿着钱进屋，发现家人不在，只有一个十二三岁的女孩子羞涩地席地而坐。“娉娉袅袅十三余，豆蔻梢头二月初。”清纯、质朴的少女是实实在在的美人坯子。官员留了意，因为皇帝好色，自然要投其所好。这位官员出了门，便在刘骏面前夸赞女孩容貌漂亮，过不了几年定是人间绝色。刘骏动心，派人把陈妙登迎进宫去，安置在路太后房里做侍女。

那名官员抱着讨好皇帝的心，同时寄希望于陈妙登将来宠冠后宫，好跟着发达。三年后，陈妙登初长成，出落得美丽动人。谁知刘骏发疯地爱上堂妹殷淑妃，其他的女人根本不再挂怀。陈妙登为之伤感，无人时悲悲戚戚，流了不少泪。一段皇帝与灰姑娘的戏剧马上要谢幕，偏偏此时刘彧出现了。

刘彧自小丧母，养在路太后宫中。两三年间，与这位太后侍女、准皇妃产生情愫。皇帝无情，王子有意，灰姑娘的故事得以继续下去。路惠男发觉养子心意，顺水推舟，对皇帝说了，把陈妙登赐予湘东王。

与童话故事的结尾不同，陈妙登没有因此过上幸福的生活。见异思迁是坏男人的本色。一年后，刘彧失去起初的激情，把陈妙登当作礼物转赠给老师李道儿。

佳人赠才子也是好故事，偏偏陈妙登命运多舛。刘彧忽地想起陈妙登的好处来，又把送出的礼物索要回来。这一来一往，陈妙登怀孕生下刘昱。到底是谁的儿子呢？相信刘彧心底最清楚。有人说刘彧借种生子，因为他没有生育能力。我倒是持怀疑的态度，这也太明目张胆了吧。

据说刘彧做皇帝之后，担心人丁不兴旺，常把怀孕的诸王妃秘密招进宫中，产下男婴认作皇子，再把王妃关起来。先后认了十多个儿子，抚养如同亲生。因此许多人据此认为，刘昱实为李道儿的儿子。《宋书》是齐国大臣沈约所著，萧道成篡宋建齐，陈妙登的这段经历实在是污蔑晚宋诸帝的上好素材。

刘昱继承皇位时只有十岁，放到现今社会，还是个小学三四年级的学生，我们完全可以称之为“刘昱同学”。

刘昱同学不长进，不给父母亲争气，做不好父亲刘彧为他选择的皇帝职业。只不过是个孩子的他，顽劣调皮，功夫下在本职工作之外。

做皇帝要有威严。刘昱从小喜欢像猴一样爬竿玩耍，爬到一丈高的竿顶也不害怕。喜怒无常、脾气乖戾，一不如意，拳打脚踢。坐没坐相，站没站相，喜欢像狗那样光着脚丫子蹲在地上。皇帝是一门职业，做皇帝要技术。刘昱同学不适合，刘彧恨铁不成钢，常常叫陈妙登严加训斥，用棍子打。体罚对刘昱同学不起作用。棍棒底下出孝子，可能刘彧打得还是不够狠。

刘彧死后，刘昱同学登上帝位。袁粲、蔡兴宗、沈攸之，还有那位刘宋王朝的美男子褚渊成为顾命大臣。以上各位，除了袁粲比较陌生之外，其他人我们都很熟悉。

袁粲出身名门，和死去的袁顗是叔伯兄弟。他自幼丧父，刻苦好学，仅凭袁顗父亲袁洵的一句话，可知袁粲的才气。有人给袁顗提亲，袁洵对媒人说：“我家袁顗配不上人家，可以许配给袁粲。”

和刘子业执政前期的朝局相仿，辅政大臣无实权，真正的权力掌握在中书通事舍人阮佃夫和王道隆手里。阮佃夫就是联络寿寂之杀害刘子业的那位湘东王主衣。寿寂之的下落，我们可以表一表，此人已被刘彧除掉了。

阮佃夫掌权纯属小人得志。买官卖官，童叟无欺。不分亲戚、陌生人，不送礼门儿都没有。老家有个侄子想到县衙做个小吏，混个公务员出身，到南京城见叔叔。阮佃夫不见，找了三次才露面，一口回绝。公务员是随便进的吗？要选拔，要考试。我现在是朝廷重臣，怎么能走后门呢！

侄子一见空磨牙没指望，狠狠心，取出两百匹绢献上。阮佃夫板着的脸才有点笑模样，回去吧，第二天听信！侄子住进宾馆一等四天，愣没半点动静，只得再咬咬牙，又送去两百匹。这才办妥。四百匹绢不是小数目。那时候公务员没有养老保险、住房公积金，哪头划算，他这位侄子心里清楚。

有个官员何恢，求他帮忙谋广州刺史，花了钱如愿以偿。事后，家中设宴请客答谢阮佃夫。席间，阮佃夫一眼看中歌伎张耀华，张嘴就要。开始何恢装作没听见，阮佃夫一次又一次说。何恢是个好色之人，拒绝道："恢可得，此人不可得也！"要我行，要美人不行！

不知何恢算不算爱情至上的男人。阮佃夫火了，拂袖而去，临走扔下一句值得玩味的话："爱惜手指，别把手掌丢啦！"第二天，司法部门调查何恢劣迹，不日免官。阮佃夫意思是，因为有官才有钱，因为有钱才有女人，孰轻孰重，别弄反了。

外有阮佃夫，内有太后、太妃，初登皇位的刘昱还算老实，才十岁嘛。王贞凤太后和陈妙登太妃相处得比较融洽，陈妙登没有慈禧太后的野心。

贰 假痴不癫

为防发生前朝故事，刘彧杀了好多兄弟，但还是有一人漏网，桂阳王刘休范。刘彧为什么没有杀刘休范，因为刘休范是个呆瓜、笨蛋。刘休范是刘义隆第十八子，给人的感觉是木讷寡言，庸庸无为，兄弟们瞧不起。

刘彧曾经对人说过:“十八弟什么也不是，因为是我弟弟生来富贵。连佛祖都想出生在帝王之家，就这么回事。”

刘彧这回看走了眼，刘休范不简单，有心机。他从刘氏皇族骨肉残杀血淋淋的现实中得到启发，人不能出头，尤其是皇子。“木秀于林，风必摧之”，抱着这个想法，他从小装作笨拙的样子。刘子业养猪那年他十八岁，躲过一劫。刘彧残害兄弟，又逃过一劫。刘彧一死，时任江州刺史的刘休范露出本来面目，折节下士，收养勇士，暗地收集制作船只的木材。

刘昱继位第三年五月，经过精心准备的刘休范自浔阳起兵，率两万甲兵、五百骑兵昼夜兼程向南京城扑来。刘休范吸取上一次邓琬起兵失利的教训。邓琬之败，败在行动慢，被中央军抢了先机。这一次，刘休范先发制人。

“谋事在人，成事在天”。刘休范再算也算不过天意。闪击战的军事战略确实起到作用，没等中央军集结，浔阳军已杀到石头城。形势一片大好之际，深藏不露的刘休范中了一招古老的计策——反间计。中央军将领张敬儿、黄回诈降，不费一兵一卒，刘休范人头落地。

令人奇怪的是，如此精明的刘休范竟然丝毫没有意识到张敬儿和黄回是诈降。刘休范对于自己制定的奇袭战术异常自负，窥探新亭垒时仅带数十名随从。

齐武帝萧赜之前，东晋和刘宋的都城南京没有城墙，外城用竹篱制成。皇宫叫作台城。护卫台城的有三处要塞，南面的新亭、北面的白下、西面的石头城。浔阳军突破竹篱笆，向宫城进发。此时形势，犬牙交错，敌中有我，我中有敌。

刘休范认为大局已定，因为刘宋王朝著名的将领均在地方，沈攸之在荆州，张兴世在襄阳，京城中没有人能够抵挡浔阳军。可他忽略了一个至关重要的人，右卫将军老将萧道成。

萧道成在刘宋没有名气，却也身经百战。原籍东海兰陵（今山东枣庄市），南渡的北方人，父子同为刘宋将领。为什么要提北方人，因为他是萧齐王朝的创建人，不要以为南朝是南方人建的，东晋、宋、齐、梁都是北方人的王朝。

萧道成属于凭资历升迁的人，元嘉北伐、历朝伐蛮、刘彧平叛之战和北征都参加了。有战功，但没有出色的战功。刘彧杀功臣之时曾想除掉他，终究因为他不是很有名气，派吴喜进行了一番试探。

有一日，吴喜突然带着皇帝亲封的银壶酒，来到萧道成镇守的北方边镇赐酒。刘彧是用毒专家，名声在外。萧道成大惊失色，怎么也不肯喝。正要开溜，吴喜扯住他的衣袖，冲他嘿嘿一笑，自己先饮一杯，若无其事。这一杯酒救了萧道成的命。

萧道成获得的宝贵经验就是做事情要镇定。所以，当晚年宋明帝从边关调他回京任职时，萧道成没有犹豫。他知道拖延时间等于死路一条，回京越晚说明你越有问题。萧道成通过了考验。宋明帝遗诏任命其为右卫将军、卫尉，统领皇宫的禁卫军。

浔阳军沿江迅速东进，骤然出现在南京水面。文武官员们慌了手脚，唯有萧道成从容不迫，提议集中兵力坚守四个点，台城、石头城、新亭和白下。他亲率一部禁军屯驻新亭垒。

此时，浔阳军猛攻中央军三处堡垒，前锋冲进南京城，对台城发起冲锋。新亭垒前后左右到处是叛军，喊杀声震天。萧道成解衣高卧，新亭军心才安定下来。部将张敬儿向萧道成献诈降计。

张敬儿是一个平民军官，本名张狗儿，有个弟弟叫张猪儿，光听名字就知道不是名门大家出来的。后来的名字是刘彧改的。此人胆子大，别人打猎射鹿、射兔，他专门射杀老虎。跟着刘胡打南蛮，积累军功，成了中级军官。他发现刘休范身边只有几十个随从，向萧道成提出诈降，和另一名军官黄回逃出新亭垒放下武器举手投降。

浔阳军主帐设在新亭垒南临沧观，刘休范身着白色便服，坐着两人抬的轻便小轿督战，模样悠闲得意，丝毫没有意识到两名军官是来索命的。因为京城已在掌握之中，不来投降更待何时？

张敬儿说，他们奉萧道成之命来投降，萧将军害怕献城之后被杀，所以不降。一听此言，为表示诚意，刘休范竟把两个儿子送进新亭垒当作人质，留二人在身边。刘休范聪明反被聪明误。饮酒时，张敬儿抽出刘休范的防身宝刀斩下了他的脑袋。

没人知道刘休范死了。前往台城报信的使者把刘休范的人头丢到秦淮河里了，空口无凭，皇宫中没人相信。石头城、白下、台城一个接一个被浔阳军攻下。听说刘休范攻破新亭垒，城内的文武官员争相跑到新亭垒递名片求见。

萧道成听闻叛军攻破台城，一面安抚众人之心，将所有名片焚毁；一面派张敬儿率兵进入台城，与浔阳军展开巷战，终于平定叛乱。

萧道成摇身成为刘宋王朝的第一号大功臣，封为中领军。打赢了仗，小皇帝刘昱更加得意，四处游玩不着家。

叁 李统李将军

刘昱同学聪明吗？聪明。能干吗？能干。什么事都能做，除了做皇帝。

做皇帝比较遭罪，你见过哪个皇帝自由自在？莫要说古代君临天下的帝王，就是现任美国总统还不是规规矩矩，听人家安排，脑袋里除了国家大事便是钩心斗角。

刘昱同学绝对过得逍遥自在，从来不待在宫里，不在荒郊野外，便在闹市街道。出门不带仪仗队，微服出行。电视剧《康熙微服私访记》中康熙皇帝住民宅、与民同苦共乐的生活形象是编造的，那是根本不可能发生的事情。据记载，康熙出巡前呼后拥，最少时有三百多名扈从，一个地方逗留从不超过三日。

刘昱同学身边只有几个人，出了宫门，骑着马一溜烟没影了。开始母亲陈妙登怕出事，经常乘坐青犊车追。小牛车哪里追得上，时间一长，不管了，也管不了。

刘昱同学外出，身穿小裤衫，晚上住客店，白天睡道边。逛集市，砍价钱，即使受到呵斥辱骂，也一笑了之，毫不介意。街巷之人互相传说父皇刘彧与母后陈妙登那段爱情故事，添油加醋，说先皇阳痿不举，当今皇上是李道儿之子。人们讲得津津有味，刘昱同学听得兴高采烈。

我们不明白，人家诋毁你父母，有什么可高兴的呀。刘昱同学非但高兴，反而公开宣称自己是“李统”，在外面要叫“李将军”。为父母亲有这么一段传奇故事而得意。刘昱同学泡了一个右卫翼辇营的漂亮营妓，就是当时的军妓。一段时间形影不离，一起玩乐，一起欢笑。

长期厮混于市井，刘昱同学像刚出花果山的孙猴子走裁缝店、过乐器坊，玩得不亦乐乎。他可不是单纯地玩，裁衣服、做帽子，只要看过一遍，就能学会。从来没有吹过篪（一种用竹管制成的乐器，有八孔，横吹，像笛子），他拿起来吹，居然韵律十足。刘昱爱驴马，耀灵殿上养几十头驴，心爱的御马养在床边。

一个服装设计师、音乐家、动物饲养员的料子，偏偏出身于皇家，如同那些选错职业的人。“男怕入错行，女怕嫁错郎”，这话一点不假。现代社会女人尚可离婚，而男人空有一身才华无处施展，真若狠下心来跳槽，又需多大的勇气。刘昱同学根本无法跳槽，那是一个万人景仰的职业。他不懂，这个职业如果做不好，下场就是一个“死”字。

皇叔刘休范谋反刺激了他那颗幼小的灵魂。南京城血流成河，叛军差一点攻下皇宫。他这条小命从奈何桥边被萧道成拉了回来。不过两年，建平王刘景素又反了，阮佃夫和萧道成联手平定叛乱。

刘昱同学从此不再相信任何人，要起皇帝的威风。再出巡，则不是偷偷摸摸，而是大张旗鼓。侍卫们手持长矛大棒，钳凿斧锯不离手。遇人杀人，遇狗打狗，不管男女，无论驴马。刘昱同学夕去晨返，晨出暮归，一天两趟，百姓们惊恐万状，大白天紧闭门户，道路之上不见人影。

刘昱同学用这种方式立威，效果太差。你又不是楚霸王、赫连勃勃，不过是个小孩子，没有军权、没有武功的小孩子。

还管不了你了！阮佃夫反了。策划趁小皇帝外出打猎射野鸡的机会召回仪仗队，关闭城门谋反。结果事情不密，让人告发。刘昱同学亲自率人抓捕阮佃夫及其同党。

阮佃夫死了，有人告发孙超等人是同谋。刘昱同学舞刀冲在前面，杀往孙家。孙超正在守丧，见小皇帝第一个气势汹汹冲上来，知道东窗事发。上前一步，揪住刘昱同学的耳朵，破口大骂道：“小兔崽子，你比桀、纣还要坏，用不了多久也难逃屠戮！”

王贞凤太后发现情况不妙，这么胡搞下去，非出事不可，多次教训申斥，刘昱同学烦了。可巧端午节到了，王太后送给他一柄毛扇。

“这是什么破扇子，一点艺术感都没有！”刘昱同学将扇子扔在地下，下令太医煮毒酒鸩杀太后。侍从们慌了，有口齿伶俐的人忙劝：“太后死了，陛下您要以孝子身份参加那些复杂的丧礼仪式，那样就没时间出去玩了。”刘昱同学连连点头：“有道理，有道理。”

肆 袒腹领军

刘昱同学盯上手握禁军军权的萧道成，此时萧道成已升为中领军，刘宋王朝的国防部长。

一天，小皇帝带人猝然闯进领军府。时值盛夏，萧道成袒胸露乳躺在大青石上乘凉。望着萧道成胖大的肚子，刘昱生起恶作剧的念头。让人取过毛笔，围着肚脐画了一个圆圈，随后拍醒萧道成。

萧道成乍见皇帝，吓了一大跳。不及跪拜，刘昱同学让他站在大树下，自己退后几十步，拉满弓瞄准要射。萧道成惊出一身冷汗，大声道：“老臣无罪！”一个侍从急忙开脱说：“领军肚皮大，是个上好的箭靶。一箭射死了，以后再也难找这等好靶，还是用骲箭来射。”骲箭的箭头由骨或木制成。刘昱同学听了，点点头，换成骲箭，一箭射去，正中萧道成的肚脐眼。小皇帝投弓大笑道：“此手如何？”

萧道成逃过大难，可刘昱同学心里不舒坦。心中到底意难平，聪明的刘昱每次见到萧道成，总隐隐感觉有种莫名的威胁。一日在宫中磨标枪，边磨边咕噜：“明天杀萧道成。”不巧，陈太妃听到了，把儿子狠狠骂一顿，“萧道成有功于国，把他杀了，谁再为你出力！”

母亲的话让刘昱同学打消了杀萧道成的念头，萧道成却开始酝酿杀刘昱同学的计划。弑君不能明目张胆，既要杀掉还不能露出马脚。萧道成效仿刘彧杀刘子业的方式，联络皇帝身边亲近的侍从杨玉夫、杨万年等人。

密谋静悄悄进行，萧道成派人秘密监视跟踪刘昱同学的一举一动，亲信将领王敬则身穿黑衣昼夜潜伏道路探听动静。小皇帝浑然不觉，依旧不分昼夜，四处游玩。一日夜晚，小皇帝一伙人再次路过领军府。有人建议说：“府里人睡了，我们何不从墙头爬进去玩。”对这个好玩刺激的方案，刘昱同学拒绝道：“我有更好的游戏，明晚再说吧！”

第二天是七夕佳节，牛郎织女鹊桥相会的日子。刘昱同学玩兴正浓，白天和狐朋狗友们比跳高，晚上潜入新安寺偷狗。偷出来的狗在昙度道人处宰了，吃狗肉喝老酒，披星戴月，大醉而归。临睡想起一件事来，叮嘱侍从杨玉夫说：“你待在院里，给我仔细瞧着，看到牛郎和织女相会立即叫醒我。看不到的话砍了你的狗头！”

杨玉夫这个气，“小破孩，什么牛郎织女都是胡编的。即使有，天边云外，凡人能看到吗！”这些日子不知怎么得罪了小皇帝，白天小皇帝咬牙切齿对他发狠：“明日杀了你小子取肝肺下酒。”杨玉夫知道小皇帝一会儿莲花，一会儿牡丹。可能明天起来，什么都忘记了。但是，如果忘不了呢？杨玉夫越想越怕，又记起王敬则透的话，“杀死皇帝必定重赏”。

杨玉夫找到杨万年，两人一商议，干掉小兔崽子。刘昱同学不睡寝宫，睡在仁寿殿东边搭建的毡帐里，想体验一把游牧民族的生活。二人蹑手蹑脚来到帐篷里，刘昱同学醉酒之后睡得正酣。杨玉夫抽出小皇帝身边的防身刀，一刀斩了下去。熟睡之中死亡没有任何痛苦，十五岁，又一个刘子业。

刘昱同学死后，被废为苍梧王。萧道成迎立宋明帝第三子十一岁的刘准为皇帝，刘准不过是萧道成的傀儡而已。萧道成之所以没有直接做皇帝，因为荆州刺史沈攸之在。

沈攸之面临一个抉择，两人关系不错，是儿女亲家，萧道成的长女嫁给了沈攸之的三子。沈攸之清楚地知道，这位亲家翁是要做皇帝的。沈攸之的地位和战功在萧道成之上，而且还是宋明帝托孤的重臣，能不能甘心跪拜于萧道成脚下？

如果萧道成是个大英雄，或许沈攸之会就此臣服，可萧道成是如此的平凡。

沈攸之出身农夫，晚年喜欢读书，手不释卷，能够熟记《史记》《汉书》中的许多典故，常叹息说：“早知穷达有命，恨不十年读书。”沈攸之对命运颇有感触，从一个默默无闻的农夫成为王朝方面大员，难道没有命运的成分在里面？

掌握命运只能靠读书。沈攸之恨不得早十年读书，可他没有机会了。一个鹰犬只会用武力武装自己。沈攸之经营着独立王国，招兵买马，荆州军已达十万，战马三千匹。对于反叛者，即便逃到海角天边，也躲不过沈攸之的追杀。

萧道成很早就开始注意他，在沈攸之身侧埋了两颗钉子。镇守襄阳的张敬儿和镇守武昌的长子萧赜，时刻注意荆州动向。

明知山有虎，偏向虎山行。这是英雄的豪气，也是英雄的无奈。沈攸之要与萧道成一争天下。

大雾弥江，荆州五万水军向东进发，途经夏口，沈攸之犯下一个错误。在武昌守将柳世隆的百般挑逗下，沈攸之兵围武昌。他完全可以弃武昌东下，可他认为武昌不取，荆州军的后勤补给线会受到严重威胁。

他不知道，为了对付他，萧赜苦心经营武昌数年之久。一代奸雄沈攸之比刘休范败得还要惨，没望见南京城。武昌攻了一个月没有打下来，张敬儿兵发江陵，抄了后路。荆州军逃散，沈攸之败走华容道。曹操凭着与关羽的老交情从华容道逃生，沈攸之走投无路，无家可归，自缢于林中。

随着沈攸之的死，萧道成登基了。禅让前，小皇帝刘准哭泣着说了一句话："愿后身世世勿复生天王家！"

> 江雨霏霏江草齐，六朝如梦鸟空啼。
> 无情最是台城柳，依旧烟笼十里堤。
>
> ——唐·韦庄《台城》

建康城头升起萧齐的大旗。萧道成怀着凌云壮志登上帝位，对天下臣民的演说词是："使我治天下十年，当使黄金与土同价。"

上天终究没能给他十年时间。南朝依旧是南朝，江南没有变化，而大江之北，波谲云诡，翻天覆地。

第十五章
文成复法

经历了太武帝末年的腥风血雨，拓跋濬登上北魏皇帝的宝座，是为文成皇帝。两三年间，鲜卑少年天子走遍帝国的万水千山，足迹南到汉人豪强的聚居地信都、中山，北至塞上六镇。和同时代的南朝少主们不同，拓跋濬思考着帝国的未来。文化建设是国家的凝聚力，没有文化的帝国不会长久。拓跋濬下诏复佛，修建了闻名世界的艺术宝库云冈石窟。取消太武帝拓跋焘的禁佛令，亲自为沙门师贤等五人落发，佛教由此大盛，佛界称之为“文成复法”。

“文成复法”不是简单的佛学复兴，而是一场新文化运动。古往今来，人们总把两晋南北朝定义为黑暗三百年，野蛮三百年。黑暗的世界里怎么会有云冈石窟那么恢宏美丽的艺术之花？

壹 云冈石窟

“凿石开山，因岩结构，真容巨壮，世法所希。山堂水殿，烟寺相望，林渊锦镜，缀目所眺。”中国古代著名的地理学家郦道元在其《水经注》中如此生动地描绘了山西大同云冈石窟气势宏伟的盛大景象。云冈石窟位于平城西面的武周山南麓，气势宏伟，雕刻精细，规模宏大，内容丰富，被誉为中国美术史上的奇迹。

拓跋濬为世界所作的最大贡献就是动工开凿了云冈石窟。然而他本来的目的，并不是为未来世界贡献一座艺术宝窟，而是加强意识形态领域的控制，塑造一种有别于儒家文化与草原文化的新型文明，消弭农耕文明与游牧文明之间的尖锐对立，调和汉族与鲜卑族之间的矛盾。

拓跋濬时期的云冈石窟称为“昙曜五窟”，是第一期工程。之所以叫“昙曜五窟”，因为主持开凿的是一个名叫昙曜的沙门。昙曜是南北朝时期著名的高僧，风骨刚毅。年少出家，在凉州学习佛法。魏国统一北方，昙曜来到中原，受到当时的太子拓跋晃的礼重。太武帝灭佛，捣毁佛像，坑杀和尚。沙门僧众大多还俗避祸，连佛家领袖师贤都蓄了发。但是，无论拓跋晃怎么劝，昙曜坚持不还俗，法服器物一刻不肯离身，人们由此叹服敬重他的为人。

“昙曜五窟”为云冈石窟的开端，窟风方整，窟外门楣处雕饰精美。五处洞窟雕刻出释迦像五尊，形体高大，面相方圆，深目隆鼻，神情庄严肃穆，身躯健壮高大，均着褒衣博带。宁静安详的意境与气度恢宏的情调相交融，大有胡汉一家的风采。

五尊佛像威严，穹隆阔大，象征着北魏道武帝、明元帝、太武帝、景穆帝和文成帝五位皇帝，据说与其真实相貌很像，一个痣都不差。文成皇帝拓跋濬意图明显，皇室血统与佛祖联结，“皇帝即佛”。

对中原来说，魏国是外来征服者。拓跋鲜卑人不肯全盘汉化，难以融入汉人中间。拓跋濬希望用外来的佛学确立拓跋皇权，统一人们的思想，淡化儒学影响，维护鲜卑和汉人的团结。

云冈石窟起到了一定的作用，“瘦骨清像”是汉人的艺术风格，“浑厚纯朴”是草原民族的艺术情调，两相融合，象征汉、鲜卑一家。云冈石窟使中国北方民族大融合加速，来自东北、蒙古高原、西域，甚至中亚、西伯利亚等地的人们和中原人慢慢成为一个民族。从这个意义上讲，北魏帝国不仅继续着汉人的多血统，而且奠定了多民族的中国。

经过历代北魏人的努力，蛮族洪流退落，魏都平城变成佛教圣地。云冈石窟有一处门楣联写道：山色随云秀，佛灯共日长。

但愿大同云冈石窟永远见证民族团结，非一国之大同，而是天下之大同，世界之大同，实现儒家“四海之内皆兄弟”的社会理想。正基于如此的想法，北魏政府相当看重对西域的经营。

古代西域即今新疆，指玉门以西，葱岭以东之地。西域诸多小王国在经济上具有相当大的重要性。联系中国与印度、伊朗、希腊、罗马的伟大商路——丝绸之路就穿过这些绿洲。匈奴和两汉为控制西域诸国相互争夺，主要是为了谋利。汉为了商道，匈奴为了财货。拓跋濬则是基于意识形态的考虑。

佛教自印度传来，西域是必经之地，丝绸之路带来了印度文化、宗教和艺术。大批布教的印度佛教徒从这条路来到中国。确保丝绸之路的畅通，可以扩大佛学影响。

北魏帝国平定凉州，在敦煌设立军镇，实际控制西域大部地区。丝绸古道的威胁来自北方的柔然和南方的吐谷浑。

吐谷浑经过吐谷浑、吐延、树洛干、阿柴等数代可汗的努力，占据了青海、甘南、四川西部数千里土地。吐谷浑王拾寅继位之后，继续前任政策，在北魏与刘宋之间寻找平衡，宋封拾寅为河南王，魏封其为西平王。

吐谷浑的摇摆政策令拓跋濬不安，拓跋濬决定教训一下吐谷浑。魏军集中凉州诸道军和统万、高平军镇的兵力分两路发起进攻。魏军到达青海西宁，拾寅可汗弃白兰逃往昆仑山。魏骑渡河追击，掠获牲畜三十多万头，终因瘟疫流行而退军。此后，魏国皇帝持续对吐谷浑用兵。

柔然是北魏帝国的心头大患，不仅仅牵扯到西域，而且关系帝国生死。北魏必须确保漠南大草原的安全，这里是北魏畜牧业和军事基地。畜牧业是鲜卑贵族的重要收入，漠南诸部落为帝国提供兵源和军马。此外，对柔然和高车等草原诸部的劫掠仍然是取得财富的一条重要途径。因此，自道武帝开始，柔然始终是北魏帝国军事打击的重点，拓跋濬也不例外。

公元 458 年十月，拓跋濬从凉州调回渔阳王尉眷，征调十万骑兵，十五万战车，亲自率军出击柔然。大军到达阴山，忽逢暴风雪，北风凛冽，天地混沌，雪雾迷漫，大雪掩埋了魏军营帐。拓跋濬准备还师，尉眷不同意："我们动用大军，声势已经造了出去，离开都城不远突然班师，蠕蠕一定怀疑国内发生动乱，必来骚扰。将士虽寒，不可不进！"

魏军冒雪前进，屯军车仑山。接着，越过大沙漠，旌旗千余里，人马战车遍布草原。柔然处罗可汗吐贺真，那位独一无二的大汗望风而逃，柔然别部几千帐落向魏军投降。拓跋濬效仿两汉刻石记功而还。

吐贺真气病而死，郁久闾予成登上汗位，号受罗部真可汗，意为仁慈的大汗。仁慈大汗倡导和平，十余年不犯魏国边境。

平定边患的同时，拓跋濬的政治举措卓见成效。北魏帝国一系列战争的胜利大大鼓舞了国民的士气，历代皇帝提倡简朴的作风赢得了士民的尊重，恤灾救荒的举措增加了帝国的威信。北中国摆脱西晋以来民不聊生的局面，北魏帝国开始走向黄金时代。

贰 清官楷模

鲜卑是胡族，北魏是少数民族政权，边地民族的纯朴形成了北魏帝国朴素的治国方略。中国古代的历史学家们讲历史的时候，总喜欢从三国直接跳跃到隋唐，中间无非轻描淡写地讲述一下淝水之战和孝文汉化两段故事。故事主角苻坚和孝文帝元宏是何种样人，学生们听得稀里糊涂，更不用说北魏和南朝的历史了。人们以北魏的胡人统治为耻，以南朝骨肉残杀、内乱迭起为耻，根本不去探讨这段历史中有益的经验和失败的教训。

两晋时期的胡人政权，匈奴汗国、匈奴前赵、羯族后赵、氐族前秦、羌人后秦，最多不过三世就失败了。与生俱来的强烈危机感让拓跋鲜卑人不敢有丝毫松懈，这是北魏年轻皇帝普遍早熟的原因之一。

拓跋濬十三岁登基，在不到十三年的执政生涯中，修正太武帝拓跋焘激进的变革措施，成功安抚汉和鲜卑等各民族的人心。可以说，北魏帝国在民生方面所做的一切，不比两汉和三国差。

北魏的施政纲领概括起来有两点，节俭和反贪。用禁酒提倡节俭，用酷法威慑贪腐。

饮酒之风，魏晋南北朝风行一时，大有盖过殷商的风头。酿酒业实为一种靡谷耗粮的粮食加工业。古代农业不发达，当粮食歉收之时，酿酒会推动粮价上扬。喝酒误事，妨碍政务。魏人世风剽悍，喝大了，该出手时就出手，动手打架，舞刀弄枪，伤人性命。

历史上，周公颁行过《酒诰》禁酒。西汉建国前期曾经禁止群饮，不准没事凑一块请客喝酒。北魏做得更绝，颁行禁酒令。酿酒、卖酒、饮酒的人一律斩首。

北魏对贪污腐败官员的惩处是历朝历代首屈一指的。拓跋焘太平真君年间曾规定“赃四十匹，处死！”当他发现效果不明显时，加重处罚，“赃三匹皆死！”拓跋濬更加严厉，“百官赃满二丈者皆斩！”拓跋濬增设侯官。侯官是特务组织，大致拥有现代国家安全局和检察院部分职能，监察政府各部门、地方各部门的官员。侯官们微服出访，无孔不入，寻找官员过失。一旦发现，严加追查、严刑拷打、逼招口供。

很多人为北魏官员鸣不平，因为北魏做官是出义务工，不付报酬，没有工资。不给钱，还不让贪污，怎么过活啊？也忒苛刻了吧！

这是鲜卑人和汉人看问题的不同之处。北魏的前身代国是一个部落联盟，氏族社会平均分配财产的习俗浓厚。北魏建立之后，开国君主拓跋珪按等级分配财物，部落大人、群臣、将士们人人有份，份额不等。既然按等级分配，官员本来拿得多，没有必要另拿一份工资。进入中原之后，出来做官的大多是士族豪门子弟。豪门控制资源土地，是富有阶层，出来做官，也没有必要拿国家的钱。

北魏帝国的财政体系不完善，皇室和国家财政分得不清，财政收入大多进入皇室，君主的赏赐等于发薪水。

除了打击贪污之外，北魏政府不允许官商勾结，更不允许官员经商。那样做会造成社会不公平竞争，减少民众收入。拓跋濬思路清晰，他说：“为政之弊，莫过于此。”官员经商比贪污受贿更可恶，“一切禁绝，犯者十匹以上皆死。”

官员经商有暴利可图，禁止相当困难。拓跋濬的父亲，那位后来追认的景穆皇帝拓跋晃多精明的一个人，“营立私田，畜养鸡犬，乃至贩酤市廛，与民争利”。不听高允劝阻，触怒拓跋焘惊吓而死。应该说，我们现在仍没有北魏政府反贪反腐之魄力。

北魏政府在社会救助方面做得有声有色。一有灾荒，必定救灾，经常“开仓廪以赈之”“出布帛仓谷以赈贫穷”。对于看不起病的贫民，国家负责免费医疗。“民有病者，所在官司遣医就家诊视，所需药物，任医量给之。”中国传统政治好的一面，北魏政府几乎全做到了。这源自皇权不断加强，源自北魏帝国对鲜卑和汉人豪强严厉的控制，而在南朝，这是不可能的事。南朝政府只能寄希望于门阀士族和庶族富翁的慈善之举。

当然，北魏官员不发薪水，一些家庭贫困的官员深受其害，如高允。

高允出自士族豪门，可少年时代父亲去世，高允放弃家财给两位兄弟，出家为僧，从此家境贫困。高允做官清廉，任征南大将军杜超的从事中郎时，和几位幕僚一起巡查诸州，查断各地的案件。那些位幕僚因收受贿赂犯了事，唯独高允以清平获赏。

这样一位清廉的官员怎么生活？高允是教授，招收过一千多学生。学费有没有不清楚，腊肉还是有的。这样，他还得依赖两个儿子砍柴度日。

中国传统文化常常依据道德将官员分为两类，清官和贪官。而往往许多凌霜傲雪的清官在执政功绩上不如一些有才干的贪官。清朝的刘墉与和珅便是典型的例子，还有明朝的海瑞和张居正。也许贪官出于善于搂钱的天性，国家财政收入会因之改善，所丧失掉的则是道德准则。

人们希望官员清廉而又富有才干，这样的官员似乎并不多得。宋明理学要么将人炼成腐儒，要么将人炼成伪君子。《菜根谭》中有句话，“智械机巧，不知者为高，知之而不用者尤高”。拥有这种境界的人太少太少了。

作为官员，人民的表率，自然应该有更多付出，来达到孔子所称“圣贤君子”的水平。高允便是才干卓著的清官楷模。

从“崔浩之狱”和“太子经商”两案可以看出，实话实说的高允心机深沉，洞察事态与人性的每一处细节。

和海瑞一样，高允喜欢直言相谏，采用的手法和海瑞相去甚远，原则性中透着灵活。他总是和皇帝单独谈。二人可以从红日东升谈到日落西山，甚至一连几天不出宫，群臣莫知其所言。高允说话有时言辞激烈、切中要害。拓跋濬听不下去，命人把高允搀扶下去，但是始终对高允很好。当时，有人上书措辞激烈地批评朝政，文成帝看完后说的一番话，足以让直言不阿的大臣们深思。

他说：“君王和父亲是完全一样的。父有过，儿子为什么不把它写在纸上，在大庭广众之下进行劝谏，要私下里说？无非是不想让父亲的罪恶昭彰在外。君主有了过失，作为臣子不能够当面直言劝谏，却要上书进行公开指责。彰君之短，明己之直，这是忠臣吗？像高允那样的人，才是地地道道的忠臣。朕有过失，总能够当面批评。有些话朕难以接受，高允从不回避。朕由此知道自己的过失，但天下人却不知道，难道这不是忠心吗？”

拓跋濬要为北魏大臣树立楷模，对群臣说：“你们这些人虽然执弓刀在朕左右，白站着，没有人劝谏过一句话。等着朕高兴的时候，讨个一官半爵，什么功劳没有却做到王公。高允用一支笔辅佐我们国家几十年，功劳不小，仍然不过是个郎官，你们难道不感到惭愧吗？”

拓跋濬下诏拜高允为中书令。中书令是正二品，连升两级，相当于现在的书记处书记，而且中书令一官在南北朝最为清贵华重，只能由有文学才望者担职。

陆丽一看高允要升官了，忙奏道：“高允虽然蒙受陛下您宠待，但是，他家的生活相当贫困，妻子和孩子没有生活来源。”

高允清贫得养不起子女妻儿这是拓跋濬没有想到的。中书侍郎怎么会穷到这种地步？拓跋濬对陆丽很不满意，面有愠色，怒道：“你为什么不早说？看朕准备重用高允才告诉我他家穷？”

善于巴结的人分几个层次，最高级的，在你未发迹的时候就知道有价值，如吕不韦视秦国公子异人奇货可居。差一点的呢？在你时来运转的当口扶你一把，像陆丽这种人。最末流的才跟在高官或老板后头拍马屁，这种人付出的最多。按照能量守恒定律，有眼光的人费时间但省力，目光短浅的人省时间费力。费时间的，无非再等一等。费力的呢？有时讨不到好去。

说话的当天，拓跋濬亲自来到高允家视察，过几天再去万一作秀怎么办？只见：草屋数间，几床粗布被褥，床上摆放着旧麻絮做的棉袍，厨中空荡荡，只有一些青菜和食盐。拓跋濬由衷尊重，叹息不已：“古人之清贫岂有此乎？”北魏皇帝称呼臣下有个习惯，均直呼其名。从这一天起，文成帝不再直呼高允的名字，而尊称为令公。令公之名，扬于青史。

拓跋濬重用高允，除了他清正无私，治国有良策之外，他能安抚北方势力强大的汉人豪强也是一个原因。

血缘关系的融合是民族融合之根本。美国种族矛盾近年来有缓解的迹象，原因在于白人与黑人慢慢开始联姻。包括中国各个民族，血缘关系很重要。

北魏帝国又诞生了一位有汉人血统的皇子。他的母亲李氏是南朝人，是一个卑贱的宫奴。

叁 梁国李氏

拓跋联盟至代国，历代皇后均为异族女子，不和本族女人通婚。通过不断联姻扩大种族是拓跋部长盛不衰的原因之一。北魏国始祖神元皇帝力微娶妻没鹿回部大人之女纥豆陵氏，即孝文汉化后的窦氏。其后几任部落联盟首领多娶乌桓女子。老代王什翼犍与慕容鲜卑联姻。拓跋珪的母亲是匈奴贺兰部女儿。

北魏建国以来，皇帝一般有两个皇后，一个正式皇后，一个被后代皇帝追封的皇后。拓跋珪的正牌皇后是慕容氏，后代追封的皇后是匈奴人刘氏。明元皇帝拓跋嗣生前未立皇后，宠妃羌人姚氏死后被册封为皇后，为后代皇帝追封的皇后是汉人杜氏。太武帝拓跋焘的皇后是匈奴赫连氏，死后追封代北贺氏为皇后。文成皇帝拓跋濬的母亲柔然人郁久闾氏也是死后追封。

为什么会有这么多先皇嫔妃被下一任皇帝追封呢？因为她们都是帝母。她们的遭遇验证了一句话："世事无常，红颜薄命！"

母以子贵。中国封建社会宫廷中，诸皇妃以生儿子为荣，母亲为儿子能继承皇位，对老皇帝争宠献媚，费尽心机，一旦儿子立为太子，登上帝位，母亲便被尊为太后，享齐人之福，荣耀无边。这种情况在北魏宫廷不存在，北魏开国皇帝拓跋珪立下的规矩是：立太子先杀其母。

本书第一部已探讨过"子贵母死"政策的起源，以及所要达到的效果，不必重复论述。"子贵母死"作为北魏国一条铁的律令，七代君王严格冷酷地执行。自道武帝拓跋珪末年到献文帝拓跋弘皇兴三年六十年间，共有五位皇后死于这条野蛮的诏令下，梁国李氏是第四位。

李氏本是宋朝人，与拓跋濬的千里姻缘曲折多难，两人一见钟情，爱情故事离奇哀婉。

李氏家住寿春，父亲李方叔做过刘宋的济阴太守。李氏出生，李方叔逢人便讲我的女儿必将大贵。他是如何看出来的？想必批了八字，用《易经》推的。李氏长大之后，姿容美丽，窈窕动人。

南北朝第二次元嘉大战，拓跋焘率大军南下饮马长江。侄儿永昌王拓跋仁率军攻打寿春，在李家后宅偶遇姿色妍丽的李氏，抢到军中纳为姬妾。陆丽等人发动政变拥立拓跋濬，时任长安镇将的拓跋仁谋反被诛杀，李氏没入皇宫为奴。

两次为奴的经历，难以让人相信李氏会如父亲所料的那样大富大贵。改变命运的一刻是李氏进入皇宫三个月后的一个初冬清晨。

冬雾迷漫，秋菊飘香，由城北曲折流淌进入平城皇宫的如浑水冰凉刺骨。闲来无事的拓跋濬登上白楼举目远眺，一眼瞧见正在劳作的李氏。

体态风流，袅娜纤巧。布衣荆钗难掩天生丽质。“蒹葭苍苍，白露为霜。所谓伊人，在水一方”。凄凉缠绵的情致挑动了年仅十四岁、情窦初开的少年朦胧的情欲。

拓跋濬动情地对左右侍从道:“此妇人佳乎？”（这女子长得漂亮吗？）侍从们点头附和:“世上所罕！”拓跋濬从高台下来，一路跟着李氏到了斋库。斋库是皇宫内存放货物的仓库。拓跋濬按捺不住心头的情欲，在仓库里和李氏翻云覆雨，春风一度。

李氏年过花季，做这事自是从容，何况皇帝不容抗拒。可不想这场姐弟恋仅仅做了一次，便珠胎暗结。

拓跋濬很快将这件事忘到脑后，到南方城市信都、中山观察风俗，第二年夏天去阴山避暑，视察塞北六镇。

李氏怀孕之事掀起北魏宫廷一场轩然大波：

谁掌管着拓跋濬时代的北魏后宫对梁国李氏的命运至关重要。

拓跋濬年轻未立皇后，生母郁久闾氏不在人间，但仍有皇太后。北魏宫廷前期有两种皇太后，一种是先皇皇后，一种是皇帝乳母。“子贵母死”的政策使太子没有生母，往往和喂养自己的乳母关系亲密，如同亲母子。太武帝拓跋焘曾封乳母窦氏为保太后，后来干脆尊为皇太后。拓跋濬的乳母常氏同样被尊为保太后，不久成为北魏国的皇太后。

常太后不仅哺育了拓跋濬，而且对他有救命之恩。宗爱发动政变谋杀太武帝，一度想对皇孙下手。常氏冒着砍头的危险背着父母双亡的皇孙逃出平城，藏身鹿苑丛林，直到陆丽等人成功发动军事政变。

太皇太后赫连氏屈从宗爱，平叛之后悄无声息地去世。宫中一切事务全是常太后说了算。史称常太后“慈和履顺”。这位循规蹈矩、慈祥安和的老妇人祖籍辽西。干吗要提到辽西呢？辽西是原北燕国土，宫中辽宁一带的人很多，除了常太后，还有冯昭仪。冯昭仪是北燕国主冯弘的公主，送给拓跋焘和亲。

冯氏与拓跋氏两家皇室之间的关系到此远远没有结束。冯弘有个儿子冯朗举辽西投降北魏，受封辽西王，官至秦、雍二州刺史。后来因罪被杀，家财抄没，冯朗年幼的女儿冯氏没入宫廷。冯氏出生于长安，母亲乐浪王氏，当时的高句丽人，即今朝鲜平壤一带的人。冯氏具有汉、朝鲜两种血统。

冯氏入宫非常幸运，没有遭到李氏罚做宫奴的命运。她的姑母是拓跋焘的左昭仪。冯昭仪对侄女细心呵护，教她鲜卑习俗、宫中礼仪、文学史籍。冯氏天资聪颖，勤奋好学，对算术和经济表现出浓厚的兴趣。由于自小长于宫廷，对宫中的尔虞我诈、钩心斗角等游戏规则耳濡目染。

娉娉袅袅、豆蔻年华的冯氏知书达理、光彩照人，引起北魏宫廷的注意。拓跋濬登基为帝，年长他一岁、十四岁的冯氏成为皇帝的贵人。

李氏莫名其妙怀孕一石击起千层浪，震动了常太后，也震动了冯贵人。常太后是个恪守规矩的人。她有两个兄弟一个妹妹。常太后大富大贵，同父异母的长兄常英自七品小县令飙升至大将军、辽西王；弟弟常喜升镇东大将军；妹夫王睹升平州刺史。常太后的生母宋氏不满意，对她说："咱们一家子贫贱的时候，王睹怎么对我？常英怎么对我？你现在怎么能让常英为王，不给王睹王爵呢？"常太后沉默了一会儿，赔着笑说："常英是长兄，一家之主。家里一些过节不值得您这么计较。王睹虽然一片孝心，可他毕竟是外姓，怎么能列在常英之上呢？"

常太后行为处世的法则注定她要做一个公正、古板的人。她亲自细细盘查李氏："这孩子是谁的呀？"李氏照实说，皇帝的。常太后出身保姆，非贵族女子，对下人比较同情，下旨调查这件事。恰好守卫斋库的官吏在库墙上记录了当时发生的时间和事件，两相核对，毫无差错，李氏怀的这个胎幸运地获得宫廷认可。

拓跋濬兴奋异常，带着怀孕的李氏来到阴山塞外。此中深意不难理解，皇宫藏污纳垢，阴谋汇集之地，谁能保证小皇子的安全？

秋高气爽，风吹草低，牛羊遍野。公元 454 年七月，正当江南刘宋王朝一轮骨肉残杀刚刚偃旗息鼓之时，皇子拓跋弘在阴山之北，茫茫大草原上诞生了。闻着大草原粗犷豪迈的气息，流淌着汉人仁慈博爱的血液，拓跋弘开始了他传奇的人生。这是一场失败的命运，造就了中国历史上最年轻的一任太上皇帝。

拓跋弘出生，李氏册封为贵人，眼见又一个灰姑娘的故事诞生。冯昭仪和冯贵人感到形势的紧迫，这对姑侄于是精心策划了一场阴谋。

肆 红颜薄命

两年后，北魏宫廷热闹非凡，冯贵人不出意料地母仪天下，而不满两周岁的拓跋弘被立为皇太子。

笳鼓声中，李贵人按照北魏“子贵母死”的旧法将被处死。拓跋濬年仅十七岁，远无必要这么早册立太子，冯氏女人们在背后起的作用可想而知。李氏命运坎坷多难，眼见有个幸福的结局，儿子立为太子成为帝国接班人，然而初为人母的她却要永远离开孩子。

灰姑娘死的时候非常凄凉，身边没有一个亲人。她从南朝来到北国时有一个姐妹，女人做不成什么事。按照北魏宫廷的规定，被处死的皇子母亲可以托付后事。李氏的兄弟家人都在南朝，孤身一人，有谁可以依托呢？李氏想到了李洪之。

李洪之，北魏国著名的酷吏。他原本不叫李洪之，本名李文通，河南灵宝人。李氏家住寿春，两家毫不相干。能和李贵人攀上亲戚，显出李文通善于钻营的本性。小时候出家做沙门，成年之后还俗。他让人想起《红楼梦》中给贾雨村护官符的葫芦庙里的小沙弥，两人同样精明。

上天赋予世人的秉性各不相同，有人适合经商，有人适合做官，有人适合从事艺术活动，有些人只能给人打工。孟子讲：“劳心者治人，劳力者治于人。治于人者食人，治人者食于人，天下之通义也。”准确的自身定位，正确的社会分工，是大自然的生存法则。

裙带可使做官成为坦途，许多人叹息命运不济，未能生于达官显贵之家。李文通从来不怨天尤人，属于那种有条件要上，没有条件创造条件也要上的人。

李文通还俗后当上一名军官，跟随永昌王拓跋仁南征。拓跋仁得到李氏姐妹，大为宠爱。李文通看到向上爬的机会，私下里向李氏馈赠礼品。南北朝时期重门第，两家都姓李，李文通攀上宗族。打听到李氏有个兄长叫李珍之，于是改名李洪之，与李氏结为兄妹。

李氏临死，理所当然地想到这位与自己同宗亲近的兄弟。李氏拉着李洪之的手，心头想念两岁年幼的儿子和远在他国的父母亲人，心如刀割，悲不自胜。她将亲手列出的南方亲人的名字交付李洪之，嘱托千万寻到亲人。每叫一声兄弟，拊胸痛哭，泪流满面，不由让人痛恨拓跋濬的野蛮无情。

李氏含恨而死，北魏国上上下下将李洪之尊为太子亲舅，而小太子则交给新皇后。冯后悉心抚养，如同亲生。冯后、李贵人、太子拓跋弘这一段若隐若现的恩怨情仇，为日后北魏国的一场场滔天巨浪结下前因。

拓跋濬有志干一番大业，从未忘却鲜卑人马上武功。他与群臣在灵丘山练习骑射，赌射四百余丈高的山峰。武将们的箭射到中途便势竭而坠，没有一个能越过山峰。拓跋濬手执千斤硬弓，挽弓搭箭，一箭越过山峰三十多丈，直落到山南二百二十余步方才坠下。

天妒英才，一代守成之主拓跋濬年仅二十六岁就病死。执政生涯的短暂让人很快忘却了这位皇帝，但他的名字和云冈石窟一道记在世界人民心中。失之东隅，收之桑榆，世界真的很奇怪。

从历史功绩来说，皇后冯氏大大超越了他。

冯氏和拓跋濬自小在宫中玩大，和所有幸福婚姻一样，生活平淡祥和。唯一一点美中不足，冯氏没有给拓跋濬生育一儿半女。

冯氏如愿当上帝国皇后，舒心度过九个春秋。与人们的愿望相反，上天似乎并不希望人一生幸福。

一声晴天霹雳，拓跋濬去世了。

丈夫死了，不是世界末日。女人会有更多选择。对于后宫嫔妃来说，皇帝是唯一赖以寄托的人，这是所有皇妃的悲哀。

生性刚强的冯后看不到未来，对生活已然失去信心。她忽然感觉自己很傻，以前做过的一切都是徒劳。守着皇后桂冠过一辈子，是幸运还是残忍？

皇帝去世。根据拓跋鲜卑人的风俗，国丧第三天，皇帝生前用过的御服器物一律焚烧，文武官员和后宫妃嫔要去哭丧。

火焰冲天，哀声一片。让人意想不到的一幕发生了。

悲伤不已的冯后竟一头扑入烈焰之中，要追随丈夫拓跋濬去地下。侍从们自然不能眼睁睁看着帝国皇后殉情，手忙脚乱地救起昏迷不醒的冯后。宫廷内外第一次领略到这位具有高句丽血统的皇后的刚强性情。

旧皇已去，新皇登基。梁国李氏的儿子、年仅十二岁的拓跋弘登上帝位，是为献文帝。

第十六章 太上皇帝

献文帝拓跋弘是中国历史上最年轻的一任太上皇帝，他让出帝位的时候年仅十八岁。太上皇，用现代话叫“退居二线”。中国历史中太上皇很多，如北齐后主高纬、唐玄宗李隆基、宋徽宗赵佶、乾隆皇帝弘历等。没有人会轻易放弃龙椅，即使让给亲生儿子。要么国事艰难，要么受到武力胁迫，要么重病缠身，不得不退。而拓跋弘却不然，北魏国泰民安、蒸蒸日上，既无内忧也无外患；拓跋弘本人也身体健康、精力旺盛。

据史书记载，拓跋弘“喜好佛道，雅薄富贵，常有出世之心”。退位之后的确与和尚、道人混在一处，难道真是看破红尘，皈依佛祖？少年天子弃世背后隐藏着多少秘密？

壹 乙浑专权

拓跋弘贵为太子，人生却坎坷艰难。两岁生母去世，少年登基便遭遇飞扬跋扈的权臣。文成帝死得突然，没来得及为小皇帝安排辅政大臣。拓跋弘根本驾驭不了朝局。

大多数人总是喜欢欺凌弱小，即使你是皇帝也不例外。车骑大将军乙浑就是这样的人。

若想独揽大权必须搞掉政敌。乙浑矫诏连杀三位重臣，接着设计圈套，派穆多侯去向正在温泉疗养的平原王陆丽通报皇帝驾崩的消息，让陆丽回都城奔丧。穆多侯劝告陆丽注意乙浑动向，陆丽不以为然，想都没想就回到平城。

陆丽为大意付出代价，和穆多侯同时遇害。皇族拓跋郁密谋诛杀乙浑，谋泄被杀。乙浑外联大将慕容白曜，内结私党，在极短的时间内将朝廷重臣一一除掉，独揽大权。少年皇帝形同傀儡，乙浑气焰嚣张，不可一世。

人在狂妄的时候就容易露出破绽。乙浑忽视了一个女人，一个可以置他于死地的女人。

北魏帝国禁止后宫干政，自从开国皇帝拓跋珪定下这条铁律以来，没有一任太后插手军国事务。这就是乙浑丝毫不把后宫放在眼里的原因。

可他面对的是冯氏，一个注定永载史册的女人。如果她会让人随意欺凌，那么她就不是冯氏。

冯太后隐居宫帷幕后导演了一出锄奸的好戏。乙浑至死也不知道是谁杀了他。

一个人杀了人却不为人知，这样的人不仅是个杀人高手，而且还是谋略高手。

将欲取之必先予之。冯太后授意少年天子加封乙浑为丞相，位居诸王之上，总管朝政，朝廷事务无论大小都由乙浑决定。

乙浑被冯太后的迷魂汤灌晕，竟然狂妄地让主管吏曹事务的安远将军贾秀想办法封他的妻子为公主。

这是一个极其可笑的想法，大臣的妻子怎么能称公主，公主是封的吗？除非皇帝或皇后认她做干女儿。

北魏帝国仍然充斥着野蛮人的气息。蛮横，不讲道理的人太多。

但不是所有的人都不讲理，不是所有的人都怕死。

贾秀严词拒绝："荒谬！公主怎么能是皇族外姓女儿所应该称呼的？我宁肯今日去死，也不取笑后世。"

乙浑大怒，破口大骂："老奴才，死抠门儿！"

不是抠门儿不抠门儿的事。乙浑视皇家如无物，骄横狂妄，毫无防备。冯太后暗地里联络官员密谋除掉乙浑。

一年后，拓跋丕在冯太后授意下上表告发乙浑谋反。冯太后以迅雷不及掩耳之势派兵将乙浑拿下，斩首。乙浑一死，党羽瓦解。

一切如此完美，如行云流水般舒畅，让北魏朝野上下见识到了这位年轻太后的果敢与智慧。

冯太后临朝称制。汉人得到重用，中书令高允、中书侍郎高闾及贾秀进入决策中心。冯太后的兄长冯熙拜为太傅。

冯太后此时的心思并不完全在权力上，她不是权力欲极重的女人，因为她有感情。

一年后的炽热夏季，拓跋弘的皇子拓跋宏降临人世。骄阳炎炎，令人目眩，璀璨耀眼。随着这个婴儿的出世，北魏帝国即将达到盛世顶点，世界史上也将写下令人瞠目结舌、辉煌壮丽的一页。

冯太后还政拓跋弘，退入后宫，悉心教导皇孙。她知道，帝国和冯家的命运就在这个孩子身上。

度过两年傀儡生涯，拓跋弘开始亲政。他任命岳父李惠都督关右诸军事作为外援，并在朝中形成自己的势力。

拓跋弘聪明睿智、悟性强，更是一名锐意进取、有想法的君主，史评“聪睿夙成，刚毅有断”。但年轻气盛，容易受人挑唆，做事欠妥当。少年亲政，正是大有作为的时期，可浮躁性格使拓跋弘失去大部分官员的支持。

亲政两年来，拓跋弘在内政方面雷厉风行地做了三件事。一是兴汉学，二是减赋税，三是肃贪。

拓跋弘的教育体制改革成效显著，在贵族子弟当中普及汉学，设立郡县乡学，建设官办学校，使北魏国有了一套较为完整的地方教育体系。汉代开始地方办学，但真正系统化、制度化始自拓跋弘。

北魏帝国的赋税、徭役很杂乱，拓跋弘一上台便免除所有杂调，只保留十一税。北魏官员不发工资导致廉洁自律性差，拓跋弘痛恨贪腐，却没有为肃贪找到一条正确道路，一味施行严刑酷法，几乎不近情理。

历史上著名的“羊酒之罚”就出自他的手笔，“凡官吏接受其边区进奉的羊一头、酒一斛的，处死，行贿的人以从犯论处。如果有人揭发尚书以下官员犯罪，则免除被揭发官员的职位，由揭发人接任”。

从古到今，这都是最另类的一条“肃贪法”。尚书相当于现在的部长级官员，以贪污犯的官职作为奖金，试想有谁会不告密。官员们人人自危，惶惶不安。

诏令受到抵制，不计报酬工作不如检举别人得官容易，这不是养奸吗？不贪也可以，发工资啊！新法搁浅。

汉人官员张白泽的话代表了官员的心声：“皇上这样规定不妥，假若接受一头羊、一斛酒就被处死，那皇上和谁共治天下？前代有俸禄。现在国家不发工资，还不让收礼，那怎么成？检举得官更不妥，那样做只会让小人得志，忠良寒心。不如实施班禄制，给官员发工资，如果有工资还要贪污，随皇上处置。”

如果按照“羊酒之罚”办理，北魏国90%的官员要被处死，可见贪腐之严重。拓跋弘只得做出让步，把这道诏令废止。然而，他心有不甘。为什么亲政两年，仍然无法按照自己的方略治国？为什么政令不能畅通？为什么有这么多的官员不听话？

拓跋弘在沉思！他终于想明白了。天不容二日，国不容二主，无论幕前还是幕后。大臣们之所以不畏惧皇帝，是因为皇帝并不是最高决策者。最高决策者是谁呢？冯太后！

冯太后是太上皇！

有哪个皇帝能够容忍别人指手画脚呢？没有！拓跋弘要挣脱冯太后的束缚，机会终于让他抓住了！

贰 李敷之案

公元470年，拓跋弘称帝第五年，北魏朝廷发生了两件大案。征南大将军慕容白曜和南部尚书高平公李敷谋反。慕容白曜和李敷双双被斩，朝野震惊！

两件案子互不关联。慕容白曜是慕容燕国的嫡系子孙、北魏著名将领，刚刚取得南征胜利。他率军苦战三年，从宋朝手中夺得山东和淮北之地，立下了汗马功劳。

慕容白曜谋反了吗？没有一点证据。皇帝说他谋反就是谋反。

文武大臣们震惊之余，莫名其妙，聪明人自然洞悉其中的奥妙。

乙浑专权之时，慕容白曜曾经党附乙浑。乙浑的党羽很多，为什么别人不追究，单单不放过慕容白曜呢？因为拓跋弘希望借此警告那些不听话的大臣，我连战功赫赫的慕容白曜都敢杀，何况你们！

就在人们战战兢兢之时，又发生一起大狱。这起案件是拓跋弘亲手策划，指使人告发李敷。

皇帝给大臣下套，大臣岂有活命？拓跋弘为什么要置李敷于死地呢？拓跋弘并不是要李敷死，而是要让李敷的三弟李弈死。他最终目的也不是要李弈死，而是给“太上皇”一点颜色瞧瞧。

因为李弈是冯太后的情人。

李弈和李敷出自赵郡李氏，北方高门之一。李弈年少进宫做侍卫，是一名禁卫军官，为冯太后除掉乙浑出过力。李弈漂亮英俊，才艺出众，冯太后对他一见钟情。

不到三十的女人独守空帷，二人很快两情相悦。太后拥有男宠，这在北魏帝国历史上从未有过。拓跋弘之震怒可想而知，感觉受到了侮辱。与太后通奸，无论鲜卑贵族还是汉人豪强都无法接受。拓跋弘准备利用此事杀一杀太后的威信。

事情不能张扬，尤其是宫闱隐私。不能从李弈下手，那样做等于“此地无银三百两”。只能从亲戚——李弈的大哥李敷入手。治李敷的罪要有一个恰当的理由。李敷做事谨慎，为官清廉，没有犯罪事实。

谁可能掌握李敷的罪证呢？谁告发李敷，朝野才会相信呢？只有他们内部的人。李敷不犯法难保亲戚朋友不犯法，拓跋弘想到了李䜣。

李䜣与李敷是发小，是从小玩到大的好朋友。突破口就是他！

拓跋弘一查，果然李䜣任相州刺史时收受贿赂，贪赃枉法。于是，便指使人告发，一个连环案形成了。

李䜣的案子报到朝廷，不明真相的李敷还在为他极力掩饰开脱。拓跋弘下诏把李䜣押回平城受审，经过调查审理，其贪赃枉法证据确凿，应当处死。

就在李䜣将被处斩的前天深夜，女婿裴攸悄悄地探监，告诉岳父说：“朝廷已经暗示了，如果你能够主动揭发李敷的罪，可以免死。”李䜣开始不肯，“我与李敷恩情过于兄弟，我怎么可能诬告他呢！”

李䜣试图拔下头簪自杀，解下腰带自尽，终因求生欲望强烈，没有死成。千古艰难唯一死，不面临绝望，谁也没有真正的勇气，谁也不会对自己下手。

李䜣动摇了："我根本不知道李敷犯过什么法，有什么办法！"裴攸道："这事明摆着，是皇上要杀李敷兄弟，岳父大人何必做替死鬼。有个叫冯阐的人被李敷害死，家人对李敷恨之入骨。我找他们，一定能探听到李敷兄弟的罪行。"

李䜣向死亡屈服，最终和李敷的仇人范标一道上书告发李敷兄弟三十余条罪状。

拓跋弘当然大怒！李敷兄弟当然人头落地！李䜣当然继续做官！

拓跋弘自以为得计，殊不知聪明人都看得出其中的猫腻。杀慕容白曜，显出他心胸狭窄，不能容人；杀李敷兄弟，给人一种狡诈狠毒、不择手段的感觉。

冯太后哑巴吃黄连有苦说不出，眼看情人被杀却无能为力，心里恨透了拓跋弘。

拓跋弘并没有达到预期效果，寒心的官员们反倒同情起冯太后。为什么会出现一边倒的格局呢？

由于各种各样的原因，南北朝史料极度缺乏，历史研究落后。我们无从确切知道当时发生的具体情形。

拓跋弘和冯太后的争执离不开个人恩怨，但是对于鲜卑和汉人豪强来说，他们关心的并不是两人孰是孰非，而是两人的国家政策。

首先，对教育体制的看法。中国高层对教育的看法基本不离老子的那段著名理论："不尚贤，使民不争；不贵难得之货，使民不为盗；不见可欲，使民心不乱。"这就是著名的愚民术。上层垄断知识，实施精英政治。

隋唐之后，为笼络人才实行科举，科举其实也是一种精英政治，即用精英来管理国家，用懂文化的少数精英来统治众多的民众，以保持国家稳定。

科举制度打上深深的儒学烙印，因为考试范围基本在四书五经的框架之内。这是冤枉孔子，孔子是个大教育家，门下弟子三千，当时中国才多少人口，是什么环境？如果换成现代条件下，孔子绝对是主张普及教育的第一人。

有些道理看似复杂其实简单。拓跋弘少年气锐，主张普及教育，当然不是全民，那个时代没有条件，而是抛弃门阀限制。鲜卑贵族看不起教育，认为只要弓马娴熟、懂得牧羊放马就行，知识无用。汉人豪强垄断受教育的权力，对于官办教育不感冒。

其次，拓跋弘看重廉政建设。一支清廉的官员队伍是精英统治所必需的，因为国家依靠精英们管理老百姓。官员出了问题，国家就完蛋。这和全民教育不一样，全民教育人民的素质很高，可以通过选举将自身的利益表现出来，如制定法律、选举官员等。

拓跋弘严法肃贪，又不主张班禄制。当时北魏是贵族做官，贵族做官是为国家出义务工，再者鲜卑贵族也反对拿薪水，因为一旦拿了薪水，他们就无法享受原始部落分配制度的一些特权。

用长远的眼光看，知识无疑是人类进步的源泉。但在当时的情况下，长于权谋的冯太后自然比拓跋弘圆滑老到。冯太后向群臣暗示，北魏帝国需要一次改革，一场增加财富的伟大变革。

面对支持率的急剧下滑，年轻的拓跋弘又一次意气用事，出人意料地做出惊天动地的举动：禅让帝位！

皇帝做得没趣味，不做还不成吗，我要参禅！

真这么简单吗？没这么简单！

叁 禅让之谜

当群臣得知年仅十八岁的皇帝竟然要禅让帝位出家为僧时，大为震惊。皇帝自愿削发为僧的在中国历史上只有三位，北魏献文帝拓跋弘、南朝梁武帝萧衍和清朝顺治皇帝。皇帝怎么能弃万民于不顾去吃斋念佛呢？朝野反对，三位虔心向佛的皇帝均未能如愿成行，拓跋弘也不例外。

和尚不能做，并不代表帝位不可禅让。禅国让贤是儒家传统美德，是儒学重要的政治理念之一，贤王尧舜都是禅让。禅让光明正大，群臣找不到反对理由。可是，令群臣深感震惊的是，年轻皇帝竟然要把帝位禅让给叔父京兆王拓跋子推。

禅国让贤必是大圣人，也只有大圣人才当得起禅让。拓跋子推是尧舜那样的大贤吗？

拓跋弘有十三位直系皇叔。父皇文成皇帝拓跋濬排行老大，老二阳平王拓跋新成早死，接受禅位的京兆王拓跋子推是老三。

拓跋子推性格沉雅，做过征南大将军、长安镇都大将，政绩不错。关中百姓，服其威惠。从长安回到平城后担任中都大官，主管刑狱，比较称职。

这个简历下来，我们一看，非常清楚，寻常一官吏。离着大贤，差得远呢！

拓跋弘心里到底卖的哪门子关子？

我们决不能以平常人的心理去猜度某些优秀国家领导者的心思。拓跋弘十二岁继承帝位，迄今六年之久，看他处理政务的果断与狡诈，已经是一个政坛高手。那么，拓跋弘禅让帝位的背后又隐藏着多少秘密呢？

拓跋弘的确非常喜好黄老、佛学，经常召见朝廷官员和沙门共谈玄理，曾经在诏书中说过："朕希心玄古，志存淡泊，不图名利，只求悠闲自得，栖心浩然。"

拓跋弘是不是真像他说的那样，看破红尘，雅薄富贵，有遗世之心呢？心境淡泊是有的，看破尘世恐怕未必。因为我们已经知道禅让帝位后的拓跋弘仍然牢牢地掌握着军权。

当你洞悉他隐藏于内心世界的真实想法后，会发现这个人心机之高深，权术运用之巧妙，已达出神入化的境界。

拓跋弘禅让帝位的目的只有一个，将冯太后排斥在权力中枢之外。怎样才能让冯太后不干政？必须把太后的头衔拿掉。于是，拓跋弘准备禅让帝位给五岁的儿子拓跋宏，自己做太上皇。冯太后顺理成章晋位太皇太后，自然失去参政权。

那么，拓跋弘又为何禅位皇叔？岂非多此一举，画蛇添足，增添不必要的麻烦？

禅位给皇叔则是拓跋弘导演的一出戏，这出戏惟妙惟肖，既调侃戏弄了猜忌多疑的冯太后，又为幼主赢得人心。一旦皇叔拓跋子推继位，冯太后甚至连留在皇宫大内的权利也将被剥夺。

难道拓跋弘不怕节目演砸，恶作剧变成现实？

以拓跋弘的精明，当然知道朝野上下决不会同意让位于皇叔，因为自古无成例。

果然，满朝文武齐声反对。反对禅让就是反对新皇帝。不管做什么事，总要有个带头人。

八皇叔任城王拓跋云第一个打破沉默，表态反对："天下，祖宗之天下。父子相传由来已久。陛下必欲委弃尘务，则皇太子宜承正统。"拓跋云讲得很清楚，纵使你不想干，也只能由太子接任。

拥有漠南六镇军权的太尉源贺随声附和，朝中重臣拓跋丕、陆馛、赵黑、高允纷纷表态支持太子。陆馛态度坚决，以死相逼："陛下若舍太子，更议诸王，臣请刎颈殿庭，不敢奉诏！"

拓跋弘脸色大变，正欲发怒。选部尚书宦官赵黑木着脸说道："臣以死奉戴皇太子，不知其他！"

老臣高允则伏地哭泣："臣不敢多言，以劳神听，愿陛下上思宗庙托付之重，追念周公抱成王之事。"

太子刚刚五岁，年纪太小，群臣难免有轻视之意。所以拓跋弘以退为进，故意禅位皇叔，借机观察群臣举动，一则给冯太后施以颜色；二则坚定群臣辅佐太子之心。

鲜卑、汉大臣力保皇太子让拓跋弘放下心来，见好就收，态度立马转变："立太子，群公辅佐，有何不可！陆馛直臣，必能保护我子。"

拓跋弘这场戏演得不可谓不精彩，劝谏大臣们日后都成为太子拓跋宏的忠臣。冯太后曾有过废掉拓跋宏的心思，终因群臣反对作罢。

有其父必有其子，拓跋宏日后的表演丝毫不逊色于乃父，青出于蓝而胜于蓝。有意思的是，拓跋弘竟给儿子取名拓跋宏，与其名字同音近义。在注重家讳的南北朝时期，这似乎又是拓跋弘留下的一个小小的谜团。个人猜度，拓跋弘似乎想让冯太后知道，天下永远是拓跋弘的。当然了，南北朝读音未必与现在相同，要知道汉词四声在之后的三十年才能出现。

说拓跋弘演戏另有一个重要的证据，皇叔拓跋子推一家的下场很悲凉。太子拓跋宏即位，拓跋子推离开平城转任青州刺史，在半路去世。拓跋子推死得蹊跷，如果说染疾在身，拓跋弘为何要选一个病秧子做皇帝。拓跋子推的儿子拓跋太兴看破红尘，舍弃一身荣华，太和年间出家为僧，法号僧懿。

一切都在拓跋弘的导演下进行。公元471年八月，年方五岁的太子拓跋宏举止雍容地登上象征天下之权的御座。庆贺新皇登基的所有人均想不到，这位貌似傀儡的小皇帝会成为中国历史教科书必讲的人物，从小学到大学。

群臣上表说："昔日，汉高祖刘邦称皇帝，尊其父为太上皇，明确表明不统治天下。今皇帝幼冲，万机大政仍宜由陛下掌管，谨上尊号曰太上皇帝。"

把拓跋弘的太上皇帝和刘邦父亲刘太公的太上皇明确区别开，表明拓跋弘仍然要掌握朝廷大权。他费尽心思设计的这一切，只有一个目的，让冯太后远离中枢权力。看上去，这一招相当美妙。

可惜，机智过人的拓跋弘保住了儿子，却没能保住自己。因为他的对手是冯太后。

其实，禅让帝位是拓跋弘帝海生涯的一大败笔，原本以为太子拓跋宏继承帝位，自己成为太上皇帝，而冯太后则成为太皇太后，无论如何也没有干政的资格。可他丢掉一个重要的光环，他不再是君临天下、独一无二的皇帝，臣下们要对付他再也用不着冒着弑君的风险。

肆 鹿野浮屠

退位后的拓跋弘迁到北苑崇光宫居住。

没有任何人会把崇光宫看作一处宫殿，因为它俭朴得不能再俭朴，自然得不能再自然。

崇光宫的台阶由泥土堆砌，房椽是未经砍伐的木材。乍看上去，仿佛回到太古时代，回到古印度的波罗奈城。

太上皇帝特意在苑中西山兴建佛教塔寺，起名鹿野浮屠，让沙门僧侣居住。苑中并没有养太多的鹿，这必是拓跋弘受到佛祖释迦牟尼鹿野苑说法的影响而起的名字。

山苑幽幽，佛家圣境。拓跋弘终日和高僧们在一起谈禅说道，似乎大彻大悟，脱离尘世，得道成佛。

年轻皇帝心中怎能舍弃万里河山？

军国大事要向他请示，征伐柔然要亲自出马。太上皇帝频繁视察各地，裁撤不合格的官员。

以法治国是拓跋弘追求的目标。以前，各部门有疑难困惑之事，大多当面奏报，听候皇上裁决，然后再口头转达皇上的决定。中间存有猫腻，官员们有时会歪曲或假传圣旨。

中国官员们习惯于人治，办人情案。不管案子是不是很难办，动不动把案子推给上司，上司再把案子推给皇帝。拓跋弘相当反感，下诏：无论案件大小，都要根据法律法规办，合于法律朝廷批准，违背法律朝廷批驳。最终意见用手诏直接发出。

太上皇帝尤其重视刑事判决，死刑犯大多下令复审，有些囚犯在监狱中关押好几年没有定案，群臣颇有意见。拓跋弘道："长久羁押，当然不是好办法，但是不比草率乱杀要好吗？人在监狱中受到痛苦会全心向善，所以聪明的人把监狱当作磨炼的场所。朕就是要使犯人受一点苦楚，希望他们悔过自新，然后再对他们宽恕！"如此下来，北魏国犯人囚禁时间虽长，但定罪大多能够恰当。拓跋弘认为大赦是鼓励犯罪，自延兴以后，北魏不再实行大赦。

拓跋弘和冯太后之争，除去个人间的恩怨，也反映出法治与人治之争。拓跋弘没有清楚地认识到宫廷斗争的残酷阴险。李敷案发后应该乘胜而进，把冯太后幽禁，就当时形势而言，成功把握相当大，可他缺少铁石心肠。

一念之慈，对法治的过分依赖，使年轻的太上皇帝忘记人性中的恶。忘记人性的恶会丧失警惕，丧失警惕意味着死亡。所以太上皇帝死了！

应该说拓跋弘是个文武全才的好皇帝，勤于为治，赏罚严明，拔清节，黜贪污，使得北魏延续太武帝时期吏治清明的局面，又数次出征柔然，深入漠北，每次都能得胜而还。

论猜忌残忍、权术机诈，拓跋弘万万不及冯太后。冯太后已经牢牢控制住皇宫中的每一个人。

冯太后善于用人。她待人非常严厉，即便身边亲信犯有小小过失也会遭到鞭笞，甚至抽一百多鞭。可是，她对人从不记仇，第二天仍然同平常一样善待你。越打你越赏你，甚至有人因鞭笞更加富贵。

一鞭子换来一座楼房，一百鞭子换来一顶乌纱，谁不肯呢？越打越忠心，死都跟你！冯太后左右亲信始终没有离心离德的人。

太上皇帝拓跋弘至死都认为自己很安全，因为帝国军队掌握在自己手里。即使有百万大军护卫，你也是个人。是人就有弱点，有弱点就会死！

拓跋弘轻率无备的性格，使得冯太后轻而易举就结果掉他的性命。

公元476年的六月，冯太后假借小皇帝的诏令，将京都平城军队分三批调离。六天后，宫廷正式宣布太上皇帝的死讯。太上皇帝莫名其妙地驾崩了，死时年仅二十三岁。当然，在忠于太上皇帝的军队调出之前，太上皇帝已经不在人间。

尽管事情做得非常机密，但朝廷内外仍然传言此事系冯太后所为。传得有声有色，太上皇帝是被毒死的，可谁也没有证据，只能说冯太后杀人手段出神入化。

三十四岁的冯太后再次宣布临朝称制，然后开始清理献文帝一党，对李䜣进行报复，将其处决。接着又以叛逃罪名杀死小皇帝的外公南惠王李惠，大权独揽。北魏帝国进入冯太后专制的十四年。

历史轮到她登场了。作为女人，她是成功者，她拥有许多才华出众的情人，把红颜薄命魔咒死死踩在脚下；作为太皇太后，她仍是成功者。她即将改写历史，开创均田制，使北魏从野蛮走向文明，由武功转向文治，将游牧帝国变成农耕帝国。

中世纪中国失落的三百年给冯太后提供了施展才华的舞台，为其戴上千古第一后的桂冠。

第十七章
北魏冯太后

中国历史上太后临朝称制不乏其人。小皇帝年幼，母后垂帘听政实属平常，但大多手握军国大权的女人庸碌无为，文治武功出类拔萃的太后屈指可数。吕雉、王政君、邓绥、萧绰、刘娥、慈禧算是其中佼佼者，当然称帝的武则天不在其数。若论历史功绩，这些人都难以超越北魏冯太后。冯太后究竟有何本事能够担得起千古第一后的称谓？

壹 中山王捍虎乐

冯太后最伟大的政绩莫过于开创均田制。均田制是中国历史发展的一个里程碑，为隋唐王朝所推崇，延续了三百年之久，是中国两个大的田制之一。北魏的均田制并非像字面意义所讲的那样，平均田地，而是使经营能力和经营规模相适应，同时兼顾平均的土地政策，巧妙平衡了国家公有制与土地私有制。它对于现实的意义不言而喻。

又有谁能想到，北魏国的重大变革竟出自冯太后情人之手。

冯氏宗族力量弱小。冯太后能够在宫廷残酷斗争中屹立不倒、游刃有余，全在于用人的功夫，一双识人的慧眼。

鲜卑人的朝廷不排斥宦官，他们可以像平常人一样出将入相。冯太后大力培植宦官，从不吝惜赏赐。赵黑、剧鹏、李丰、张祐、王遇、抱嶷、苻承祖、李坚等人都成为冯氏死党。太上皇帝之死，宦官集团必定出力不少。

冯太后极力拉拢安抚拓跋贵族和朝中重臣，拓跋丕、游明根等元老无一不受到重赏。一旦发现青年才俊，不拘一格，越级录用。

作为女人，冯太后同样渴望男女之间的爱情，从不压抑欲望。与武则天不同，武则天选择男人，只要容貌俊美、文才出众，据说张昌宗美若莲花。而冯太后不仅需要感情寄托，更需要治理国家的人才。

不可否认，冯太后的才干确实难敌中国数千年来独一无二的女皇武则天，但她选择的情人却远远超过武则天的那些男宠。

冯太后第一个情人是李弈。他已经死了。第二个情人叫王睿，他们的相知相爱有着浓浓的传奇色彩。

王睿是太原人，战乱迁徙到凉州。父亲王桥，精通天文卜筮，是个巫师。北魏平定凉州，一家人迁到平城，靠算命占卜维持生计。王睿姿貌伟丽，聪明好学，深得父亲真传。景穆太子拓跋晃把他从闹市间提拔起来，任命为太卜令。这是南北朝最大的区别。除非军功卓著，南朝普通人获得晋升的可能性微乎其微。

冯太后临朝称制，王睿官升得飞快，越级到给事中，继而散骑常侍、侍中，直做到吏部尚书（组织部长），一年一个台阶。许多人怀疑两人有私情，一场惊险奇遇使这段感情大白于天下。

老虎跑出牢笼是屡见不鲜的事，现代有，古代当然也有。

地方官吏给宫廷进献了几只老虎。冯太后、孝文帝以及文武大臣，还有周边国家的使臣一起去虎圈欣赏老虎。

老虎似乎想认识一下至高无上的皇帝和太皇太后。一只斑斓猛虎从虎圈里一跃而出，顺着御道冲向宝座。

侍卫们毕竟不是武松，见猛虎扑来吓得惊慌逃散，太后和皇帝惊出一身冷汗。千钧一发之际，王睿随手抄过一支长戟横身挡在御座之前，以身护卫。如果没有伟大的爱情，不知道王睿肯不肯冒着被老虎吃掉的危险。

猛虎为真情所感动，没有伤害任何人。

王睿的英勇征服了冯太后。女人很容易被男人感动，为男人倾心。冯太后感觉自己没有看错人，从此疯狂地爱上了他。

王睿的一生由此改变，升任尚书令（总理），晋爵中山王，地位之隆，荣宠之盛，王公大臣望之莫及。

冯太后的大床上多了一位相貌英俊、身材魁伟的常客。冯太后的爱情像火焰一样燃烧，两人如胶似漆，在比她大九岁的情人怀里，高贵威严、猜忌残忍的冯太后如同一只听话的小猫，得到销魂的满足。爱屋及乌，冯太后甚至让孝文帝册封王睿的妻子为王妃。王睿女儿出嫁，冯太后亲自相送，轰动京城，老百姓都道天子太后嫁女。

冯太后的恩赏像流水一般浩浩荡荡，赏赐的财物不可胜计，田园、奴婢、牛马、杂畜，应有尽有，皆是世间上品。

不过，该避讳的总要避讳，毕竟王睿于国于民没有特别大的贡献。冯太后表现出女人的羞涩之处，财物不能白天给。夜深人静、繁星满天之时，宦官们一车车往王睿府里拉东西，车体用帷幔遮得严严实实，唯恐别人知道皇宫大内的奇珍异宝流入中山王府。

朝臣们也跟着王睿沾光，为表示自己对待臣下一视同仁，只要明里赏赐王睿的，同级别的大臣们都有。慷慨大方算得上冯太后的一大优点。

上天嫉妒人们的幸福。甜蜜的日子没过几年，王睿病死了，时年四十八岁，最多做了冯太后八年情人。

冯太后重感情，对丈夫如此，对情人同样情深义重。王睿病重，冯太后亲自探视，问疾的侍从道路相望。死后，冯太后亲自去王府祭奠，痛哭流涕，伤心难止。

为慰藉相思之心，冯太后命画师将王睿捍虎的形象画成图像悬挂于大殿之上。平城的仕女们也喜欢这个英俊男人，谱写乐曲，弦歌演奏，起名《中山王乐》。此歌竟入朝廷乐府，合乐演奏，王睿不虚此生了。

贰 情夫当国

谁道男宠误国？冯太后的情人皆是国家栋梁，另外一个情人更是才华横溢，勤政不倦。冯太后这位情人毕生所做的，是至今仍然困扰着我们的、中国历史上最难办的事情。

与王睿阳刚勇武的形象相反，秘书令李冲风流倜傥、姿貌丰美，沉雅有大量。和武则天皇帝不同，冯太后喜欢年长的情人，李冲比她大七岁。

李冲是西凉国主李歆的后代，陇西望族。若根据唐朝开国皇帝李渊的攀附，他算是李唐王朝的先人。

北凉国主沮渠蒙逊灭西凉，李冲父亲李宝逃到西域。太武帝拓跋焘平凉州，李宝返回敦煌，举敦煌降魏，领沙州牧，后至六镇，任怀荒大将。李冲是李宝最小的儿子，早年丧父，跟随兄长荥阳太守李承生活。

北魏时的官家子弟，走门路，搞特权，为所欲为，搜刮辖区内的财富。李冲从来不干这种事情。献文帝时入太学，毕业后进入宫廷，任秘书中散，掌管图书文事，不久，升任内秘书令、南部给事中，一直做到中书令。

李冲是个很规矩的孩子，按照现在的说法，他是一名好学的高干子弟，从北大毕业直接进入中央办公厅，很快升任办公厅主任。

李冲升迁之快，离不开和冯太后的情人关系。李冲虽然以恩幸起家，但人品威望并未受损。《魏书》的作者魏收没有把他像王睿一样收到恩幸列传中，而是与北魏名臣李孝伯并列一传。

北魏帝国延续鲜卑民族旧有的习气，在朝堂之上，皇帝称呼臣下，无论王公权贵都喊名字，孝文帝却时常称呼李冲的官名“中书”，不直呼其名。

朝野上下对李冲何以如此推崇呢？因为李冲人品出众，对北魏帝国做出了巨大的贡献。

李冲早年丧父，又不做搜刮钱财的事，家境清贫。自从成为冯太后的情人，每月的赏赐数十万，恩宠日盛。冯太后私下里偷着送的奇珍异宝更是多得数不过来，外人根本不知道。李冲陡然间成为腰缠万贯的富翁。李冲有钱，却不守财，慷慨好施。当今社会慈善家恐怕都比不上他，有钱就散，姻族亲戚、街坊邻居没有不沾光的，因之声名鹊起。

李冲对国家忠心耿耿，知无不尽，忧国忧民，形于颜色，旧臣戚辅，无人能比。冯太后正是在他的帮助下，完成了北魏帝国一系列社会改革。

没有一个社会可以一劳永逸，人类总是在不断变革中前进。革命、改革、创新是人类社会永远的旋律。

太和八年（484 年）、九年（485 年）、十年（486 年），是中国历史跨时代的三年，中国北方摆脱了民族大迁徙带来的战乱，五胡十六国的动乱画上句号。在拓跋鲜卑武力胁迫下，北中国开始恢复传统政治文化，重新建立社会组织。

以班禄制为起点，北魏帝国的改革拉开序幕。成长为青年的皇帝拓跋宏用一种欣赏的态度注视着祖母带给这个国家的每一个变化。冯太后就像一名理性的斗士，坚忍而细腻地规划着崭新的帝国。

班禄制就是国家发工资，保障官员们的正常生活，解除后顾之忧。我们早已实行，但北魏国有特殊性，朝廷官员不发俸禄。

可能许多人好奇，不发工资谁当官？鲜卑是游牧民族，各级官员是部落首领或贵族，用不着工资，帝国常年征战，掠夺来的财富最初实行班赏制。进入中原之后，不少汉人豪强进入朝廷，也用不着工资。到了太武帝之后，战争少了，掠夺和赏赐相应减少，平民鲜卑人和一些经济不富裕的汉人成为各级官员。他们贪婪地剥削辖区内的老百姓。作为官员灰色收入很多，即使是最清廉的官员，无须贪污受贿，只要不挥霍，钱也花不完。

冯太后给官员们开工资，希望以此杜绝贪腐问题。人的欲望无止境，要解决腐败，只能法制与道德建设双管齐下，冯太后自然懂得其中道理。她能够做到为人表率。冯太后情性俭素，不好华丽的服饰，御用丝织品无花纹，一日三餐减少到北魏帝王平常标准的十分之八。对于恶习不改的贪官污吏，冯太后坚决拿高官开刀。太皇叔汝阴王拓跋天赐和南安惠王拓跋桢贪赃枉法一案反映出冯太后惩贪的决心和封建王朝反腐的微妙与艰难。

冯太后、孝文帝和满朝文武大臣在皇信堂讨论此案时的对话意境悠远，耐人寻味。

二王按律当死，冯太后对群臣说：“你们认为，应该顾念亲情、毁弃法律呢？还是应该大义灭亲、严明法律呢？”大臣们几乎异口同声：“二王，景穆皇帝（拓跋晃追谥）之子，应该得到宽恕。”冯太后默不作声，孝文帝打了圆场：“二王所犯的罪行难以宽恕。但是，太皇太后追思高宗（文成皇帝）大恩，顾念手足之情，且南安王侍奉母亲十分孝敬恭谨，内外闻名。因此，特赦二王死罪，削夺官爵，禁锢终身。”等于判了无期徒刑。

冯太后心有不甘，又拿闾文祖说事。中散大夫（谏官）闾文祖作为特派人员曾到长安调查拓跋桢贪赃一案，暗中收受贿赂，为他隐瞒辩护。案件彻查之后，闾文祖抵罪。

冯太后于是对大臣们叹息说：“闾文祖以前自称廉洁奉公，而今竟也贪赃枉法，从这件事上可以看出人心叵测。”孝文帝就势发下狠话：“古有待放之臣，你们在座的如果扪心自省，认为不能克制贪欲，允许辞职回家。”当下，中散大夫慕容契站起来，抗声道：“小人之心常变，帝王法律不变，以常变之心去应付不变的法律，恐怕不是我所能够担当的，我辞官。”孝文帝迅速转变态度：“慕容契知道人心是不可能不变的，就一定知道贪婪是多么令人厌恶，何必请辞！”

国家难以根除腐败，在于难以消除人的欲望，欲字不除，反腐不立。然而，人的欲望又是社会进步的推动力。消灭人欲，同时也会熄灭人类向上的火焰。这就是腐败难除的根源。

法律威慑和道德建设的作用显而易见。冯太后处死一批贪官污吏，将一千多名只拿小鱼小虾，对大的贪污犯不闻不问的侯官全部撤换。北魏的侯官具有今天国家安全局和检察院的双重职责。为配合祖母的肃贪政策，拓跋宏亲自查办舅爷李洪之，赐家中自尽。各地一把手有四十多人被杀头。经过冯太后和孝文帝雷厉风行的肃贪，北魏官场贪污状况得到一定程度的改善。

肃贪不是最终目的，保证一个廉洁的政府班子是为了更好地推行政务。北魏政府准备颁布均田令。

叁 诈作赵郡鹿

土地国有还是私有？这个命题长久以来困扰着中国人。从夏商周的井田到现在的“土地集体所有制”及“土地承包责任制”和“流转土地承包权”。人们众说纷纭，争论不休，轻则形成党争，重则国破家亡。

“民以食为天。”粮食是人们生存的根本，而土地则是产生粮食的地方。也许有人会说：“我吃肉。”那么动物吃什么呢？

国家制定土地政策的目的基本有三：第一，保证粮食供给；第二，刺激经济发展；第三，增加国家财政收入。

商品经济高度发达之后，国家逐渐放松征收粮食的赋税，转而全力保证粮食供给。

中世纪商品经济不发达，社会财富主要从农业中来。土地问题是国家考虑的重中之重。北魏国率先进行土地改革。北魏国的土改有它的急迫性，也有它的有利性。许多人会说，北魏之所以搞均田制是因为国家手中掌握许多土地，而南朝不具备。可我们应该看到，江南土地大开发是在东晋和刘宋两朝实现的。

刘宋王朝土地私有，建国初期不允许“封锢山泽”，到了孝武帝刘骏时代，完全放开了，土地自由买卖，爱怎么搞怎么搞。随着江南的繁荣，传统经济中心逐渐南移，南北朝时期，南方经济较北方发达。

土地国有好，还是私有好？秦国的商鞅给出了答案。“废井田，开阡陌”，也就等于废除土地国有。对土地极度渴望的民众使秦国成为战国七雄之一，最终统一中国。

然而，当土地得不到扩张的时候，一个土地私有的帝国将面临极大的困境。秦末、两汉末，以及南朝末年。人口不断增长，土地不断兼并，很多人吃不上饭。除非你去发动战争，侵略别的国家。

中国的地理形势决定了难以扩张，北有草原和森林，南有亚热带林地，东有大海，西有高原和沙漠。内部解决注定要有动乱。古代现代一个道理。当今世界粮食问题之所以不紧张，很大程度上得益于新大陆的发现。美国社会之所以相对稳定，就因为它只是个新大陆而已，和文明关系不大。如果下去两百年，美国人口达到十五亿，恐怕美国人也难以过得如此悠闲。所以，我们不应该指责西欧人口的负增长，更不该指责中国的计划生育，机器大生产形势下世界上的人越少越好。

北魏帝国面临着这样的形势，扩张的势头已被地理环境遏制，只能反求诸己。

公有制的“井田”能不能复古，答案是否定的，谁也不愿意做王莽。那么，西晋王朝的“占田制”可不可以恢复？“占田制”说白了是“限田”，和土地私有没什么区别，如何能够限制统治者去搞兼并呢？

既要把土地掌握在国家手里，又不能阻碍生产力的发展。北魏国的政治家和经济学家们前无古人地制定出“均田制”。

“均田制”实现了中国农民“耕者有其田”的梦想了吗？看看它的设计师吧！

首次提出“均田制”方案的人是一个大豪强，北方的高门望族赵郡李氏李安世，他是北魏名臣李孝伯的侄子。李安世十一岁即被选为中书学生。据说面试的时候，文成帝拓跋濬当时嫌弃李安世太小，但小安世朝堂之上应答如流，举止得体，成为最小的天子门生。

萧齐王朝外交官刘缵最欣赏李安世。刘缵是南朝的美男子，为俊秀风流、光彩照人的江东名士，与冯太后有过鱼水之情。

负责接待刘缵的就是李安世。南北朝外交官聚在一起互相吹嘘自己的国家，从军事政治到文化经济、人文风俗无所不吹。

南朝承晋国正统，除了军事之外，经济和文化比较发达，瞧不起北方人，李安世听着很生气，找机会耍笑了刘缵一回。

一天，李安世陪刘缵逛集市，刘缵发现魏国的黄金珠玉价格特别便宜，拎了大口袋疯狂购物，一边买一边说："北方金玉大贱，想必山川之中出得多啊！"李安世冷冷一笑："圣朝不看重金玉，所以贱同瓦砾。皇上德通神明，山不爱宝，故无川无金，无山无玉。"

一席话说得刘缵张口结舌，说不出话来。说南方怎么怎么文明，分明比北方人贪财嘛。刘缵本想多多地买，搞了一个灰头土脸。他哪里知道，摊上的金玉宝贝都是北魏宫廷里的，专门用来堵他嘴的。李安世的聪明可想而知。

刘缵更加尊重李安世，对同事称赞说："没有这样的君子，怎么会有这样的国家！"萧齐王朝的外交官们每次见到李安世总是客气地称呼为"典客"，就像我们尊称某国外交官为"大使"。

"典客"是秦朝制定负责外交工作的官职，周朝叫"掌客"，汉武帝改为"大鸿胪"，当时北魏国定名为"主客"。

李安世不满意，责问道："诸位怎么能用亡秦的官名称呼上国呢？"刘缵理屈，仰天打个哈哈，还想找回些面子，便问道："请教一下，这个官名改过几次呢？"

李安世从容答道："周朝称作掌客，秦朝改称典客，汉朝呼作鸿胪，当朝定名为主客。诸位对周文王、汉武帝不大尊敬，对亡秦的态度倒是很殷勤啊。"

刘缵又没词了，抬头向远方望去，外交官脑子快，立刻转移话题，指着平城外隐约的方山山脉问道："这座山离燕然有多远呢？"

谁能知道燕然山到魏都平城具体有多远？李安世回答得很巧妙：“也就是石头城离番禺那么远吧。”你还别说，从山西大同到蒙古的杭爱山和从南京到广州的距离还真差不了多少。

李安世出身于北方门阀大族之家，深刻了解当时北中国的现状。现今社会以村镇为基本单位，当时北方以坞为单位，一种小型城堡，有些像中世纪欧洲的城堡。

东汉时代，中国形成庄园经济。西晋发生八王之乱，接下来民族大迁徙，即所谓蛮族入侵。北方的汉人能走的迁往江南。不能走的、不愿走的留在故乡，纠合同族同宗同乡的人沿河流溪涧、地势险阻之处修筑堡垒，据险自守，躲避战乱，形成大大小小的坞。

坞构成中国北方奇特的景观，城市里反而空荡荡，人们大多聚集在坞堡中，因为有地可以耕种，城里没有土地。

赵郡李氏统领着赵郡一带的坞堡，势力极大。势力大到什么地步呢？有一伙强盗打家劫舍、无恶不作。有一天，一个小喽啰在常山地界捡到一只死鹿，兴高采烈回到营地。强盗头子问：“什么地方弄的？”小喽啰顺口答道：“赵郡那边搞到的。”强盗头子吓得脸都绿了，“混账！赵郡的东西你也敢要，快给我送回原处。”邻郡的人由此编了句歌谣，“诈作赵郡鹿，犹胜常山粟。”赵郡李氏可比《水浒传》中的祝家庄厉害多了，别说打，捡东西都不成。

北魏进入中原，历届朝廷对各地豪强另眼相看，承认他们的宗主权利，让他们替鲜卑人督护地方。

胡汉统治者们搭起手来，农民的生活可想而知。百余年间，中原地区的百姓或在战乱中死亡，或逃往江南，漂流异乡。剩下的人大多依附在豪强地主的坞堡庄园里做农奴。

北方长年战乱，百姓流亡，中原萧条，有的地方千里无人烟。一边是大片的土地成为无主荒地，另一边汉人豪族庇荫了大量的农民。

北魏帝国对外掠夺人口和财富的战争停顿下来之后（讨伐柔然和统一北方的战争），突然发现劳动力大多控制在汉人豪强手里。朝廷与豪族之间的矛盾激化，各地豪强参与到各族百姓的农民起义中去。

当时北中国的民族杂乱，鲜卑、汉、匈奴、羯、氐、羌、乌桓，其他小族如吐京、屠各、敕勒、羯、丁零，没有一个民族不想成为主人。各地的起义此起彼伏。仅孝文帝即位起十年间，就爆发了十一起农民起义，平均一年一起。

“李波小妹字雍容，褰裳逐马如卷蓬。左射右射必叠双。妇女尚如此，男子安可逢！”

这是北魏孝文帝时期民间流传的一首乐府歌词，展现北方女子飒爽、英武的巾帼风采。李波小妹李雍容骑术高超，箭法精湛，风卷蓬草，一箭双雕。最后一句话点明主题，妇女如此，男儿还了得！强大的李氏家族是一支反抗北魏帝国的起义队伍，击败过北魏的正规军。平定叛乱的恰恰是与李波同为豪强的李安世，他诱斩义军将领三十多人，一举平叛。

李安世从中看到了北魏帝国的危机，提出了著名的“均田制”。在他看来，“均田制”目的有三：第一，平息帝国与农民的矛盾；第二，平息朝廷与豪族的矛盾；第三，增加政府财政收入。

肆 耕者有其田

在这里我们不必过多着墨于经济话题，毕竟这是经济学家们考虑的事情。鉴于“均田制”对北魏帝国的影响以及与当今社会的极度相似性，大体介绍一下。

北魏帝国有相当一部分土地掌握在国家手里，十六国终结于北魏。每攻灭一个国家，就会占有一大片土地。北魏建国初期，曾经强行迁徙中原各地百姓到六镇屯垦。六镇屯垦线大体在阴山山脉以南，长城以北，东起承德，西至包头二千余里。百姓既有平民也有豪强。

《颜氏家训》记载了当时一些情况，“虽千载冠冕，不晓书记者，莫不耕田养马。”即便你是门阀士族、书香门第，原先的达官显贵，只要你不懂会计，不会算账，国家分给土地、农具和耕牛，都要去干活。想当年，我们也曾经有过上山下乡、劳动改造、支援边疆搞生产的建设兵团。

现在要改革，搞平均土地，那些控制在私人手里的土地怎么办？没收重新分配吗？搞农村公社吗？冯太后和孝文帝没有我们开国领袖的勇气。

说是土地国有，我已经占了，耕种了，能强行收回去再分配吗？连标榜“杀富济贫”的李闯王也不得不说“许业主认耕”，谁种是谁的。

北魏土改在一种温和的氛围中进行，第一次提出“还受”的原则。以生死为断，人死了土地归还国家。也就是说，受田者只获得土地使用权，而不具有所有权。然而，其中又有活扣，分配的土地分“露田”“桑田（麻田）”和“宅田”。露田必须归还，桑田和宅田不必归还，永远属于业主。露田顾名思义，暴露的田地，就是耕地。桑田即种桑树的田，宅田就是房基地和菜地。北魏政府通过这项法律将其中一部分土地牢牢控制住。

李安世提出的土地分配原则是“力更均量”，即“力业相称”，经营能力与经营规模相适应，能种多少种多少。

大家的想法是，分配土地嘛，一人一块。北魏建国初期是这个指导方针，“计口授田”，有多少人口分多少地。这不又来王莽那套井田制吗？王莽得罪了多少人？豪强大族广占土地，非要收回来分给老百姓，可能吗？打土豪分田地，打不倒什么都别说。你王莽光靠一张嘴，说得好听办不到。

经营能力怎么算？豪强大族不是有奴婢和牛吗，奴隶和牛都要分地。有钱人满意了。照现在说法，有多少钱分你多少地，这就是经营能力。

算来算去，有的汉人豪强占的土地还是多，怎么办？这也不收回，“多不退，少补”。多了自个留着，少了的，补齐。少了的，自然是指鲜卑新贵族。甚至提出多的地可以自由买卖。

人口密集的地方不够分的怎么办？去宽乡，到吐鲁番去，那种地方还可以向国家借田。窄乡一人八十亩，宽乡二十里，种去吧你。当然，就是打个比方，当时人口少，跑不那么远。

均田还是体现了抑制兼并、照顾平民等意愿，如有一些原则，“先贫后富”“照顾孤寡老人不还田”。

均田制能够顺利推行，以至于无论是鲜卑化国家北齐、北周，还是汉化国家隋、唐都继续着这一土地政策，延续三百余年，自然有它的合理之处。

北魏国人少地多，土地要分配，人却找不到。人到哪里去了呢？

冯太后和孝文帝面临着和慕容宝的后燕、桓温的东晋一样的问题，农业人口多被豪强地主荫附。

慕容宝搜检荫户，桓温推行土断，都是强行从豪强地主手中抢人，效果并不好，慕容宝因之亡国，桓温因之得不到高门士族支持误了皇帝梦。冯太后聪明，靠李冲出谋划策，采取胡萝卜加大棒的办法，让农民们自己从豪门地主庄园和坞堡里走出来。

均田分土地是胡萝卜，那么大棒是什么呢？三长制！

所谓三长制，即五家为一邻，设邻长；五邻为一里，设里长；五里为一党，设党长。如同像当年我们设小队长、队长、村长、镇长。一举瓦解了“水泼不进、针扎不透”的坞堡，废除了“宗主督护”制。

“三长制”激起汉人豪强的不满，荥阳郑氏郑羲、渤海高氏高祐强烈反对。郑羲当庭恫吓冯太后：“事败之后，当知臣言之不谬。”等把事情搞砸了，才知道我说的话是正确的。傅思益火上添柴：“九品差调实行很长时间了，一旦改变，必会引起天下骚乱。”

冯太后从不怀疑拓跋鲜卑的武力，该轮到拓跋贵族出场了。鲜卑大臣拓跋丕傲慢地表示：“三长制于公于私只有好处，没有坏处。”他的背后是数以万计的鲜卑铁骑，行与不行试试看吧！

均田制和三长制的效果出奇地好，人们纷纷从坞堡里出来向朝廷领取土地，成为国家的编户农民。改革基本定型，北魏经济快速发展起来，十年后达到繁荣顶峰。冯太后开启了帝国的繁荣局面，“千古一后”的美誉并不为过。

冯太后晚年游览平城北面的方山，感叹山川之美，心有所思地对群臣说：“舜葬于苍梧，英、娥二妃却葬在湘水之滨，何必远去附葬先帝的陵寝以为贵重。我百年之后，神安此地。”

在冯太后之前，历代北魏君主和皇后死后均埋葬在盛乐金陵，那是拓跋鲜卑的龙兴之地。作为皇后，自愿放弃与夫君合葬，离开皇室陵墓，可见冯太后对毒死拓跋弘仍旧耿耿于怀，心有余悸。

北魏太和十四年（公元490年）九月，冯太后病逝，终年四十九岁。孝文帝满足了她的心愿，将其埋葬于方山永固陵。唐朝诗人温庭筠游览冯太后墓时，凭吊赋诗，缅怀这位远见卓识、权诈机变的红颜皇后。

云中北顾是方山，永固名陵闭玉颜。

艳骨已消黄壤下，荒坟犹在翠微间。
春深岩畔花争放，秋尽祠前草自斑。
欲吊香魂何处问？古碑零落水潺瑗。

——唐·温庭筠《题元魏冯太后永固陵》

冯太后永远埋葬在山西平城，孝文帝拓跋宏继承其遗志，脱下胡装，换上汉服，数十万大军在潇潇霖雨中自塞上南下。

“知我者谓我心忧，不知我者谓我何求。”鲜卑少年天子孝文帝拓跋宏纵马眺望烟雨笼罩下的古都洛阳，反复吟哦着《诗经·黍离》中的句子。雨中，他的身影孤单落寞，谁知我心？谁与我同路？

图书在版编目（CIP）数据

南北朝那些事儿. 贰, 南北争霸卷 / 云海孤月著. —北京：中国工人出版社，2017.8
ISBN 978-7-5008-6778-4

Ⅰ.①南… Ⅱ.①云… Ⅲ.①中国历史—南北朝时代—通俗读物 Ⅳ.①K239.09

中国版本图书馆CIP数据核字（2017）第192330号

南北朝那些事儿. 贰　南北争霸卷

出 版 人	芮宗金
责任编辑	王学良　李　倩
责任校对	董春娜
责任印制	黄　丽
出版发行	中国工人出版社
地　　址	北京市东城区鼓楼外大街45号　邮编：100120
网　　址	http://www.wp-china.com
电　　话	（010）62005043（总编室）　（010）62005039（出版物流部） （010）62379038（社科文艺分社）
发行热线	（010）62005049　（010）62005042（传真）
经　　销	各地书店
印　　刷	北京美图印务有限公司
开　　本	710毫米×1000毫米　1/16
印　　张	15
字　　数	234千字
版　　次	2017年9月第2版　2021年10月第9次印刷
定　　价	36.80元